ATLAS AKAL DE LA PRIMERA GUERRA MUNDIAL

Títulos publicados

Atlas Akal
**DE LA GUERRA
Y LA PAZ**
Dan Smith

Atlas Akal
**DEL ESTADO
DEL MUNDO**
Michael Kidron
Ronald Segal

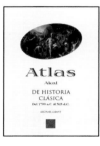

Atlas Akal
DE HISTORIA CLÁSICA
DEL 1700 A. C AL 565 D. C
Michael Grant

Atlas Akal
**DEL ESTADO DE
LAS RELIGIONES**
Joanne O'Brien
Martin Palmer

Atlas Akal
**DEL ESTADO
MEDIOAMBIENTAL**
Joni Seager

Atlas Akal
**DEL ESTADO DE
LA MUJER EN EL MUNDO**
Joni Seager

Atlas Akal
**DE LA CRIMINALIDAD
FINANCIERA**
Jean de Millard

Atlas Akal
DEL FUTURO
Ian Pearson

ATLAS AKAL DE LA PRIMERA GUERRA MUNDIAL

Martin Gilbert
Miembro honorario del Merton College de Oxford

Título original: *The Routledge Atlas of de First World War,*
originalmente publicado por Routledge, miembro del
Taylor & Francis Group, Londres
Portada: Sergio Ramírez
Traducción: Rosa Mecha López

© Martin Gilbert, 1970, 1994, 2002.
© Ediciones Akal, S. A., 2003
para todos los países de habla hispana
Sector Foresta, 1
28760 Tres Cantos
Madrid - España
Tel.: 91 806 19 96
Fax: 91 804 40 28

ISBN: 84-460-1867-5
Depósito legal: M. 45.109 -2003
Impreso en Fernández Ciudad, S. L.
(Madrid)

ÍNDICE GENERAL

INTRODUCCIÓN

La idea de enseñar Historia a través de una serie de mapas era algo nuevo para mí hasta que llegó a mis manos el Atlas histórico de Gran Bretaña de Martin Gilbert. Enseguida me interesé por la obra y por los atlas que había publicado de otros países. Las imágenes visuales de los hechos históricos siempre son necesarios para los estudiantes de colegios y universidades: es como mirar a través de una ventana el objeto de estudio antes de descender a un análisis detallado y, por supuesto, esencial.

Mi propia experiencia en el estudio de la Historia me ha demostrado, como soldado, que la guerra ha sido una y otra vez un factor decisivo en el proceso de cambio histórico —aunque, por supuesto, no el único—. Siempre ha adoptado la posición de árbitro cuando han fracasado otros métodos de llegar a un acuerdo.

Este atlas de la guerra de 1914-1918 resulta para mí de particular interés, ya que en ella dirigí un pelotón de 30 hombres hacia la batalla contra el ejército alemán en agosto de 1914, permaneciendo en el frente occidental de Europa hasta que acabó la guerra. Por esa misma causa, fue un honor para mí que mi amigo Martin Gilbert me pidiera escribir la introducción a esta obra. Desde entonces, espero con impaciencia su atlas de la guerra de 1939-1945, en la que luché en los campos de batalla de África y Europa —aunque por entonces ya tenía mayor rango que en el lejano 1914.

Vizconde MONTGOMERY DEL ALAMEIN, mariscal de campo

PRÓLOGO

Este Atlas pretende ser una guía introductoria a aquellos aspectos de la Primera Guerra Mundial que pueden ser puestos en forma de mapa: todo lo relacionado con los ámbitos militar y naval, aéreo, diplomático, técnico, económico y, ante todo, humano. Los libros principales sobre los que me he basado, tanto para los hechos como para las ideas, están recogidos en la bibliografía que se incluye al final de la obra. Dos de los mapas están enteramente construidos a partir de material de los archivos del gobierno británico del Registro Público de Londres: *Un plan para Oriente Medio 1915* (mapa 34) fue creado a partir de un documento del Consejo de Ministros titulado «The Spoils» escrito en marzo de 1915 por el Secretario Colonial, Lewis Harcourt, que contiene la primera propuesta formal para la futura Palestina de posguerra; y *Defensas británicas contra una posible invasión alemana 1915* (mapa 44), a partir de los hechos presentados a los miembros del Consejo de Guerra a principios de enero de 1915. Por lo demás, he creado cada mapa tras un estudio detallado de las evidencias disponibles, en parte bien conocidas, en parte aún oscuras, y a veces no publicadas previamente, como sucede en el caso de los dos mapas ahora señalados.

Muchos de los aspectos aquí cartografiados, aunque habían sido tratados, nunca habían sido puestos en forma de mapas. Espero que el aspecto visual de un mapa como *Los propósitos alemanes de guerra en el oeste* (mapa 124) o *Suministros británicos a los aliados 1914-1918* (mapa 140) pueda ser tan útil y revelador como lo publicado en los libros; del mismo modo, tengo la esperanza de que poner juntos hechos normalmente dispersos y diversos como *Disturbios por la falta de alimentos en Alemania 1916* (mapa 77), *El Cuerpo Británico de Trabajadores 1914-1918* (mapa 136) o *Beneficios en oro 1914-1918* (mapa 143) pueda despertar un inesperado interés sobre problemas que, a causa de su excepcionalidad, no encuentran siempre su lugar en la compleja historia de las guerras.

Durante los cuatro años que pasé recopilando información y elaborando los borradores de estos mapas, tuve la fortuna de recibir el consejo de compañeros y amigos. El Museo de la Guerra Imperial y, en particular el Dr. Christopher Dowling y Vernon Rigby me regalaron su amplio conocimiento y habilidad crítica inigualable. El Dr. Immanuel Geiss me ofreció su cuidadoso estudio de los propósitos y la política de guerra alemana; los mapas rusos se beneficiaron de la mezcla única de erudición y entusiasmo de Michael Glenny; el señor y la señora Tsvi Hercherg me acompañaron a varios campos de batalla en el frente occidental y me animaron con su entusiasmo y sugerencias; y Madame Taillandier me introdujo vivamente en el efecto de la guerra sobre un pueblo francés cruelmente empujado a la línea de frente. La Comisión de Tumbas de Guerra de la Commonwealth me proporcionó mapas detallados del frente occidental en el que más de 2.000 cementerios británicos marcan lo feroz de su progreso y preservan al tiempo un eco sombrío de la intensidad de la lucha que tuvo lugar. Norman Pemberton, representante de la Comisión de Tumbas de Guerra de la Commonwealth en Çannakkale, me acompañó amablemente a los cementerios que tiene a su cuidado en la Península de Gallípoli; A. G. Major me acompañó hasta la cumbre de Sari Bair desde donde, mirando hacia abajo el Mar Egeo a través de toda el área de Anzac, casi sentimos la presencia viva de las aspiraciones, la locura, el sufrimiento y el heroísmo de la humanidad. El alcalde de Eceabat (la ciudad de Maidós en los mapas 35 y 38), Vedat Okay, y el Gobernador de Çannakale, Celâlettin Tüfekçi, me brindaron su ayuda cuando estuve en los Dardanelos; Okay no sólo puso a mi disposición un vehículo todoterreno, sino que me regaló su tiempo para asegurarse de que mi recorrido por los campos de batalla resultase lo más completo posible. Mi visita se hizo realidad gracias a la generosidad del gobierno turco, que me invitó a Turquía en relación con mi trabajo sobre la biografía oficial de Winston Churchill, capacitándome para desarrollar simultáneamente ambas investigaciones como historiador y como geógrafo.

Arthur Manks supervisó con su destreza habitual las actividades de su equipo de cartógrafos, entre los que el difunto Terry Bicknell merece una mención especial por su alta cualificación en cartografía. Jane Cousins supervisó las correcciones cartográficas finales; Joseph Robinson C. B. E. examinó los mapas con la visión profesional de uno de los miembros más antiguos del servicio diplomático; y Jean Kelly aportó su formación geográfica. Finalmente, Sarah Graham, además de mecanografiar los textos iniciales, la bibliografía y el índice, sometió los mapas a un exhaustivo examen crítico. También estoy hondamente agradecido a todos aquellos que me ayudaron a eliminar errores y ambigüedades, siendo yo el único responsable de los que puedan quedar. Igualmente, estoy abierto a sugerencias para futuros mapas, y agradeceré correcciones o añadidos sobre los existentes.

Treinta y cuatro años han pasado desde que A. J. P. Taylor me dio mi último seminario de licenciatura en su despacho con vistas al Deer Park en Magdalen, mas luego, hasta su muerte, nunca dejé de beneficiarme de su extraordinario entusiasmo por la Historia y sus muchos consejos. Fue él, por ejemplo, quien ante la urgencia de incluir gráficos en este Atlas, me guió en la preparación de *Víctimas y prisioneros en el frente británico 1918* (mapa 119) y *Barcos mercantes británicos perdidos 1917-1918* (mapa 85), así como en la preparación del gráfico que aparece en *Pérdidas aliadas fuera de Norteamérica 1917* (mapa 86). Igualmente, su entusiasmo por el ferrocarril me hizo aproximarme a él y a los problemas de transporte de la Primera Guerra Mundial, cartografiando *El ferrocarril Berlín-Bagdad en 1914* (mapa 4), *Las comunicaciones en Ypres 1918* (mapa 22) y *Las comunicaciones ferroviarias de las Potencias Centrales 1916* (mapa 61).

Por último, deseo por encima de todo agradecer a mi difunto padre, Peter Gilbert, su constante interés y verdadero entusiasmo. Sus dudas me llevaron a búsquedas de las que no me habría ocupado de otro modo. Durante el tiempo que trabajé en el Atlas me acompañó dos veces a Ypres y juntos oímos el Último Correo tal como sonaba cada noche bajo la Puerta de Menin. Támbién me acompañó a los campos de Flandes, en busca de los cráteres de *Messines: las minas* (mapa 90), y con el fin de encontrar la localización exacta de las granjas y fortificaciones de *Churchill en Flandes 1916* (mapa 58). Con toda mi gratitud por estas y otras cosas, dedico esta obra a su memoria.

MARTIN GILBERT
Merton College, Oxford
17 de enero de 1994

ÍNDICE DE MAPAS

Sección 1

EL PRELUDIO DE LA GUERRA

Es terrible y doloroso lo fácil que resulta
llevar una nación a la guerra ...
Las guerras están apoyadas en un tipo de argumentos
que, cuando terminan, la gente comprende que eran
argumentos que no deberían haber escuchado.

JOHN BRIGHT
Cámara de los Comunes
31 de marzo de 1854

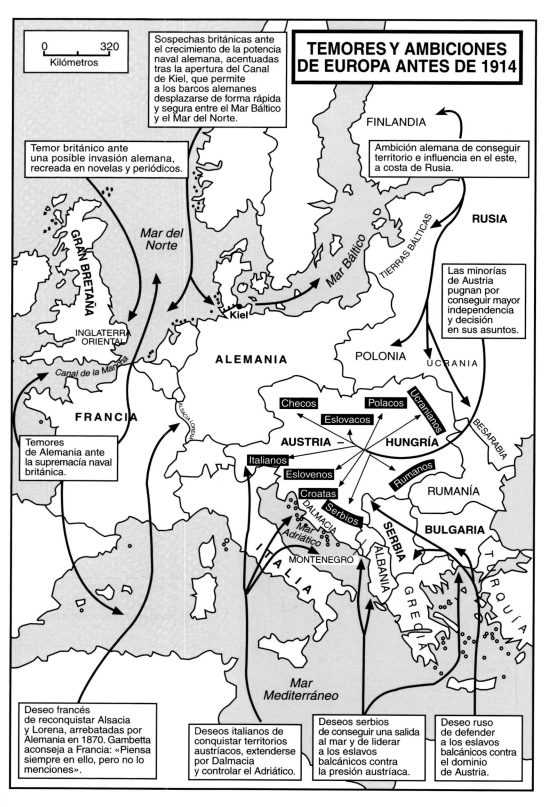

TEMORES Y AMBICIONES DE EUROPA ANTES DE 1914

Sospechas británicas ante el crecimiento de la potencia naval alemana, acentuadas tras la apertura del Canal de Kiel, que permite a los barcos alemanes desplazarse de forma rápida y segura entre el Mar Báltico y el Mar del Norte.

Temor británico ante una posible invasión alemana, recreada en novelas y periódicos.

Ambición alemana de conseguir territorio e influencia en el este, a costa de Rusia.

Las minorías de Austria pugnan por conseguir mayor independencia y decisión en sus asuntos.

Temores de Alemania ante la supremacía naval británica.

Deseo francés de reconquistar Alsacia y Lorena, arrebatadas por Alemania en 1870. Gambetta aconseja a Francia: «Piensa siempre en ello, pero no lo menciones».

Deseos italianos de conquistar territorios austríacos, extenderse por Dalmacia y controlar el Adriático.

Deseos serbios de conseguir una salida al mar y de liderar a los eslavos balcánicos contra la presión austríaca.

Deseo ruso de defender a los eslavos balcánicos contra el dominio de Austria.

FINLANDIA

RUSIA

GRAN BRETAÑA

Mar del Norte

Mar Báltico

TIERRAS BÁLTICAS

Kiel

INGLATERRA ORIENTAL

Canal de la Mancha

ALEMANIA

POLONIA

UCRANIA

FRANCIA

ALSACIA LORENA

Checos

Polacos

Ucranianos

Eslovacos

BESARABIA

AUSTRIA — HUNGRÍA

Italianos

Eslovenos

Rumanos

Croatas

DALMACIA

Serbios

RUMANÍA

Mar Adriático

SERBIA

BULGARIA

MONTENEGRO

ALBANIA

ITALIA

GRECIA

TURQUÍA

Mar Mediterráneo

0 — 320
Kilómetros

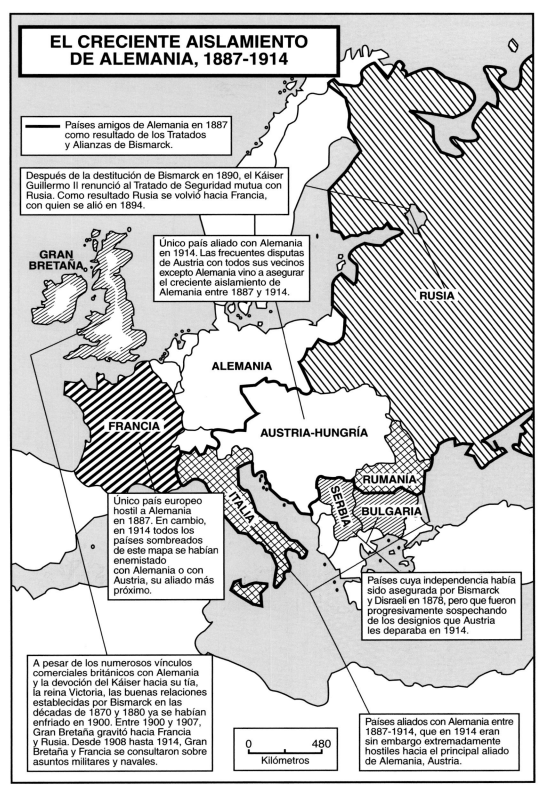

EL CRECIENTE AISLAMIENTO DE ALEMANIA, 1887-1914

Países amigos de Alemania en 1887 como resultado de los Tratados y Alianzas de Bismarck.

Después de la destitución de Bismarck en 1890, el Káiser Guillermo II renunció al Tratado de Seguridad mutua con Rusia. Como resultado Rusia se volvió hacia Francia, con quien se alió en 1894.

Único país aliado con Alemania en 1914. Las frecuentes disputas de Austria con todos sus vecinos excepto Alemania vino a asegurar el creciente aislamiento de Alemania entre 1887 y 1914.

GRAN BRETAÑA

RUSIA

ALEMANIA

FRANCIA

AUSTRIA-HUNGRÍA

ITALIA

SERBIA

RUMANÍA

BULGARIA

Único país europeo hostil a Alemania en 1887. En cambio, en 1914 todos los países sombreados de este mapa se habían enemistado con Alemania o con Austria, su aliado más próximo.

Países cuya independencia había sido asegurada por Bismarck y Disraeli en 1878, pero que fueron progresivamente sospechando de los designios que Austria les deparaba en 1914.

A pesar de los numerosos vínculos comerciales británicos con Alemania y la devoción del Káiser hacia su tía, la reina Victoria, las buenas relaciones establecidas por Bismarck en las décadas de 1870 y 1880 ya se habían enfriado en 1900. Entre 1900 y 1907, Gran Bretaña gravitó hacia Francia y Rusia. Desde 1908 hasta 1914, Gran Bretaña y Francia se consultaron sobre asuntos militares y navales.

0   480
Kilómetros

Países aliados con Alemania entre 1887-1914, que en 1914 eran sin embargo extremadamente hostiles hacia el principal aliado de Alemania, Austria.

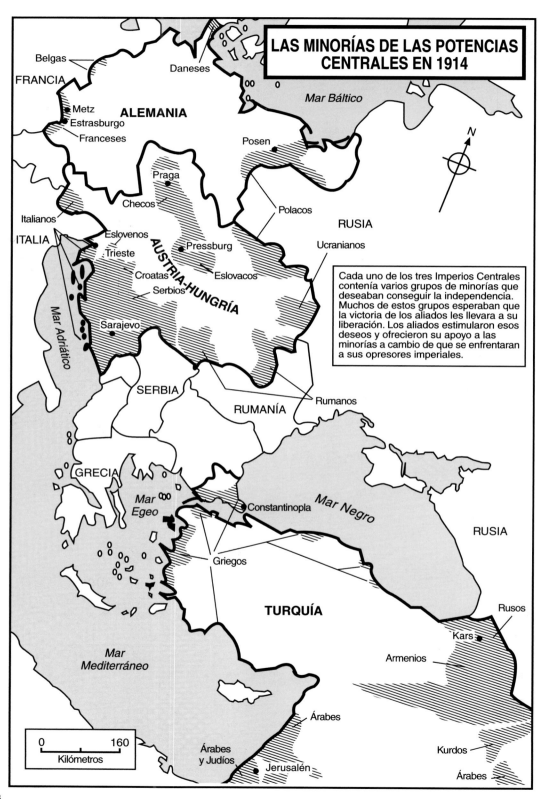

LAS MINORÍAS DE LAS POTENCIAS CENTRALES EN 1914

Belgas

Daneses

FRANCIA

Mar Báltico

Metz

ALEMANIA

Estrasburgo

Franceses

Posen

Praga

Checos

Polacos

Italianos

RUSIA

ITALIA

Eslovenos

Trieste

Pressburg

Ucranianos

AUSTRIA-HUNGRÍA

Croatas

Eslovacos

Serbios

Mar Adriático

Sarajevo

Cada uno de los tres Imperios Centrales contenía varios grupos de minorías que deseaban conseguir la independencia. Muchos de estos grupos esperaban que la victoria de los aliados les llevara a su liberación. Los aliados estimularon esos deseos y ofrecieron su apoyo a las minorías a cambio de que se enfrentaran a sus opresores imperiales.

SERBIA

RUMANÍA

Rumanos

GRECIA

Mar Egeo

Constantinopla

Mar Negro

RUSIA

Griegos

TURQUÍA

Rusos

Kars

Mar Mediterráneo

Armenios

Árabes

| 0 | 160 |

Kilómetros

Árabes y Judíos

Jerusalén

Kurdos

Árabes

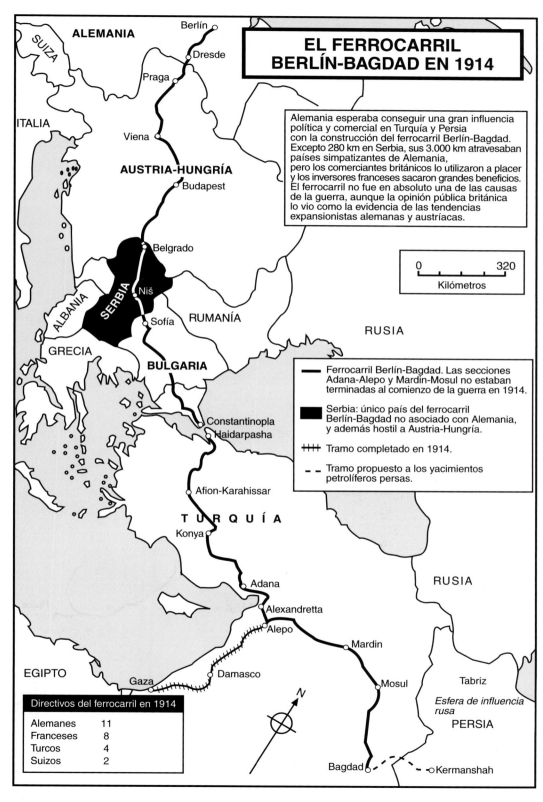

EL FERROCARRIL BERLÍN-BAGDAD EN 1914

Alemania esperaba conseguir una gran influencia política y comercial en Turquía y Persia con la construcción del ferrocarril Berlín-Bagdad. Excepto 280 km en Serbia, sus 3.000 km atravesaban países simpatizantes de Alemania, pero los comerciantes británicos lo utilizaron a placer y los inversores franceses sacaron grandes beneficios. El ferrocarril no fue en absoluto una de las causas de la guerra, aunque la opinión pública británica lo vio como la evidencia de las tendencias expansionistas alemanas y austríacas.

0		320
Kilómetros		

— Ferrocarril Berlín-Bagdad. Las secciones Adana-Alepo y Mardin-Mosul no estaban terminadas al comienzo de la guerra en 1914.

■ Serbia: único país del ferrocarril Berlín-Bagdad no asociado con Alemania, y además hostil a Austria-Hungría.

+++ Tramo completado en 1914.

- - Tramo propuesto a los yacimientos petrolíferos persas.

ALEMANIA — Berlín — Dresde — Praga

SUIZA

ITALIA

Viena

AUSTRIA-HUNGRÍA — Budapest

Belgrado

ALBANIA — SERBIA — Niš — Sofía

GRECIA — **BULGARIA** — RUMANÍA

RUSIA

Constantinopla — Haidarpasha

Afion-Karahissar

T U R Q U Í A

Konya

Adana — Alexandretta — Alepo — Mardin

EGIPTO — Gaza — Damasco — Mosul — Tabriz

RUSIA

Esfera de influencia rusa

PERSIA

Bagdad — Kermanshah

N

Directivos del ferrocarril en 1914	
Alemanes	11
Franceses	8
Turcos	4
Suizos	2

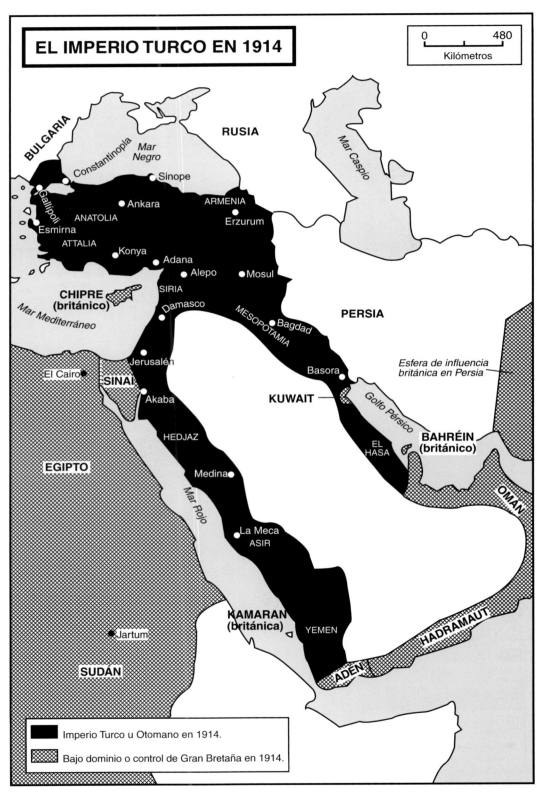

EL IMPERIO TURCO EN 1914

0   480
Kilómetros

BULGARIA

RUSIA

Constantinopla

Mar Negro

Sinope

Mar Caspio

Ankara

ARMENIA

ANATOLIA

Erzurum

Esmirna

ATTALIA

Konya

Adana

Alepo

Mosul

PERSIA

CHIPRE (británico)

Mar Mediterráneo

SIRIA

Damasco

MESOPOTAMIA

Bagdad

Jerusalén

Basora

El Cairo

SINAI

KUWAIT

Akaba

HEDJAZ

Golfo Pérsico

Esfera de influencia británica en Persia

BAHRÉIN (británico)

EL HASA

EGIPTO

Medina

Mar Rojo

OMÁN

La Meca

ASIR

KAMARAN (británica)

YEMEN

Jartum

HADRAMAUT

ADÉN

SUDÁN

▮ Imperio Turco u Otomano en 1914.

▨ Bajo dominio o control de Gran Bretaña en 1914.

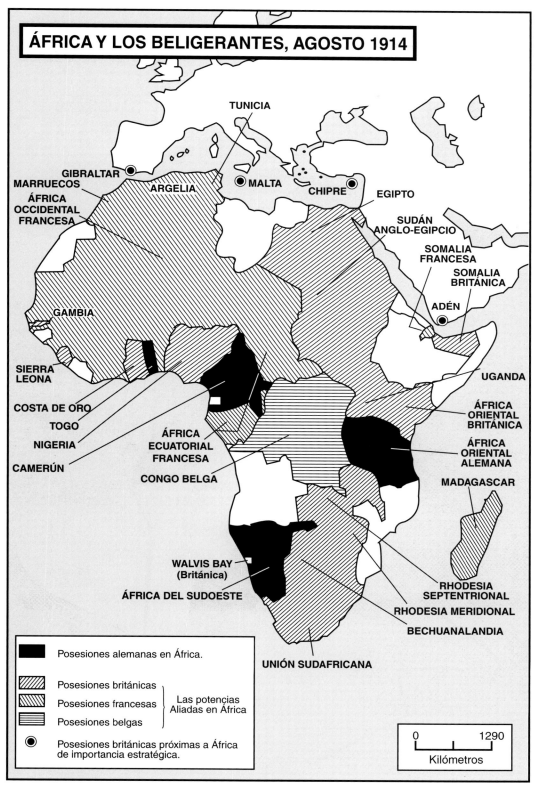

ÁFRICA Y LOS BELIGERANTES, AGOSTO 1914

TUNICIA

GIBRALTAR
MARRUECOS
ÁFRICA
OCCIDENTAL
FRANCESA

ARGELIA

MALTA

CHIPRE

EGIPTO

SUDÁN
ANGLO-EGIPCIO

SOMALIA
FRANCESA

SOMALIA
BRITÁNICA

ADÉN

GAMBIA

SIERRA
LEONA

UGANDA

COSTA DE ORO

TOGO

NIGERIA

CAMERÚN

ÁFRICA
ECUATORIAL
FRANCESA

CONGO BELGA

ÁFRICA
ORIENTAL
BRITÁNICA

ÁFRICA
ORIENTAL
ALEMANA

MADAGASCAR

WALVIS BAY
(Británica)

ÁFRICA DEL SUDOESTE

RHODESIA
SEPTENTRIONAL

RHODESIA MERIDIONAL

BECHUANALANDIA

UNIÓN SUDAFRICANA

Posesiones alemanas en África.

Posesiones británicas

Posesiones francesas

Posesiones belgas

Las potencias
Aliadas en África

Posesiones británicas próximas a África
de importancia estratégica.

0   1290

Kilómetros

6

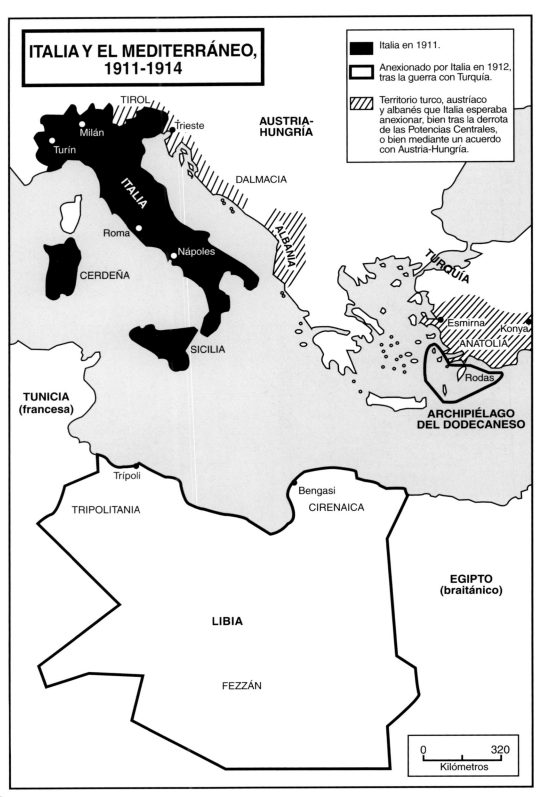

ITALIA Y EL MEDITERRÁNEO, 1911-1914

Italia en 1911.

Anexionado por Italia en 1912, tras la guerra con Turquía.

Territorio turco, austríaco y albanés que Italia esperaba anexionar, bien tras la derrota de las Potencias Centrales, o bien mediante un acuerdo con Austria-Hungría.

TIROL
Trieste
Milán
AUSTRIA-HUNGRÍA
Turín
ITALIA
DALMACIA
ALBANIA
TURQUÍA
Roma
Nápoles
CERDEÑA
Esmirna
Konya
ANATOLIA
Rodas
SICILIA
TUNICIA (francesa)
ARCHIPIÉLAGO DEL DODECANESO
Trípoli
Bengasi
TRIPOLITANIA
CIRENAICA
EGIPTO (braitánico)
LIBIA
FEZZÁN

0   320
Kilómetros

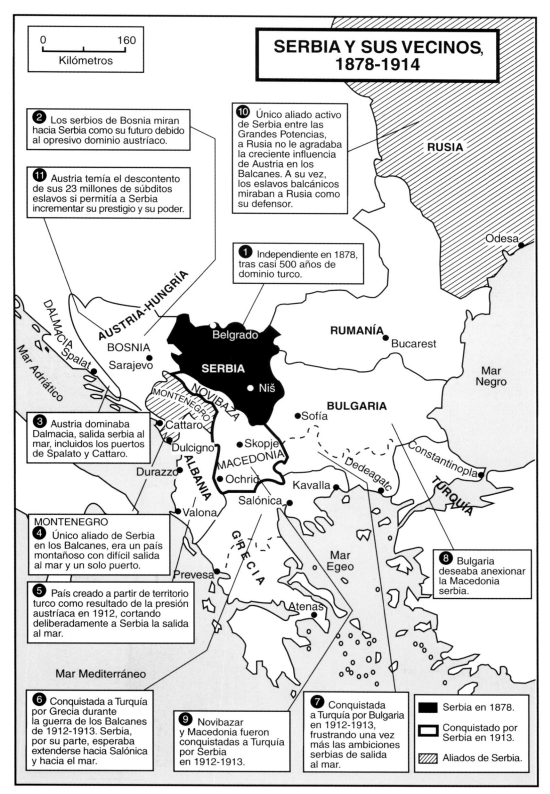

SERBIA Y SUS VECINOS, 1878-1914

0 ———— 160
Kilómetros

② Los serbios de Bosnia miran hacia Serbia como su futuro debido al opresivo dominio austríaco.

⑪ Austria temía el descontento de sus 23 millones de súbditos eslavos si permitía a Serbia incrementar su prestigio y su poder.

⑩ Único aliado activo de Serbia entre las Grandes Potencias, a Rusia no le agradaba la creciente influencia de Austria en los Balcanes. A su vez, los eslavos balcánicos miraban a Rusia como su defensor.

① Independiente en 1878, tras casi 500 años de dominio turco.

③ Austria dominaba Dalmacia, salida serbia al mar, incluidos los puertos de Spalato y Cattaro.

MONTENEGRO
④ Único aliado de Serbia en los Balcanes, era un país montañoso con difícil salida al mar y un solo puerto.

⑤ País creado a partir de territorio turco como resultado de la presión austríaca en 1912, cortando deliberadamente a Serbia la salida al mar.

⑧ Bulgaria deseaba anexionar la Macedonia serbia.

⑥ Conquistada a Turquía por Grecia durante la guerra de los Balcanes de 1912-1913. Serbia, por su parte, esperaba extenderse hacia Salónica y hacia el mar.

⑨ Novibazar y Macedonia fueron conquistadas a Turquía por Serbia en 1912-1913.

⑦ Conquistada a Turquía por Bulgaria en 1912-1913, frustrando una vez más las ambiciones serbias de salida al mar.

■ Serbia en 1878.
□ Conquistado por Serbia en 1913.
▨ Aliados de Serbia.

RUSIA
Odesa

DALMACIA
Mar Adriático
Spalat

AUSTRIA-HUNGRÍA
BOSNIA
Sarajevo
Belgrado
SERBIA
Niš

RUMANÍA
Bucarest

Mar Negro

MONTENEGRO
Cattaro
Dulcigno
Durazzo
ALBANIA
Ochrid
Valona
NOVIBAZAR
Skopje
MACEDONIA
Salónica
Kavalla
Dedeagatc

BULGARIA
Sofía

Constantinopla
TURQUÍA

GRECIA
Prevesa
Mar Egeo
Atenas

Mar Mediterráneo

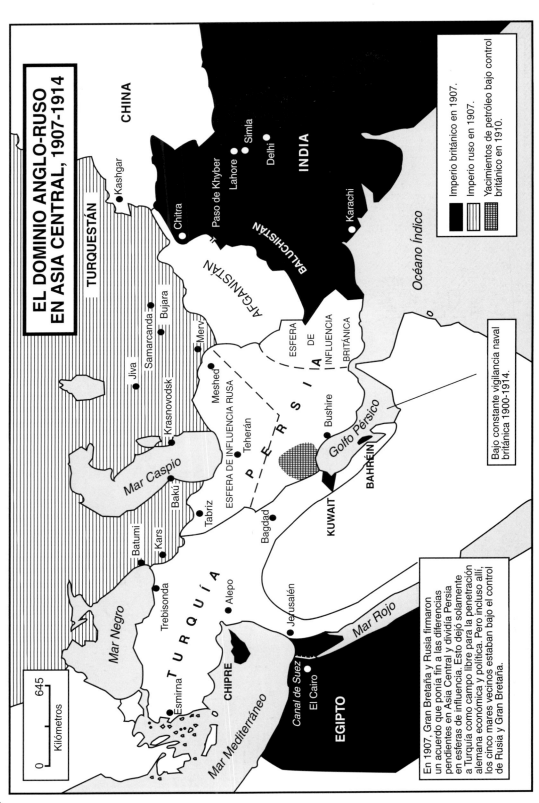

EL DOMINIO ANGLO-RUSO EN ASIA CENTRAL, 1907-1914

CHINA

Kashgar

TURQUESTÁN

Samarcanda
Bujara
Jiva
Merv
Krasnovodsk
Chitra
Paso de Khyber
Simla
Lahore
Delhi

INDIA

AFGANISTÁN

BALUCHISTÁN

Karachi

Océano Índico

ESFERA DE INFLUENCIA BRITÁNICA

Meshed

ESFERA DE INFLUENCIA RUSA

P E R S I A

Teherán

Mar Caspio

Bakú

Bushire

Golfo Pérsico

BAHRÉIN

Tabriz

KUWAIT

Batumi
Kars
Bagdad

Mar Negro

Trebisonda
Alepo
Jerusalén

T U R Q U Í A

Mar Rojo

Esmirna

CHIPRE

Canal de Suez
El Cairo

EGIPTO

Mar Mediterráneo

Imperio británico en 1907.

Imperio ruso en 1907.

Yacimientos de petróleo bajo control británico en 1910.

Bajo constante vigilancia naval británica 1900-1914.

En 1907, Gran Bretaña y Rusia firmaron un acuerdo que ponía fin a las diferencias pendientes en Asia Central y dividía Persia en esferas de influencia. Esto dejó solamente a Turquía como campo libre para la penetración alemana económica y política. Pero incluso allí, los cinco mares vecinos estaban bajo el control de Rusia y Gran Bretaña.

0   645

Kilómetros

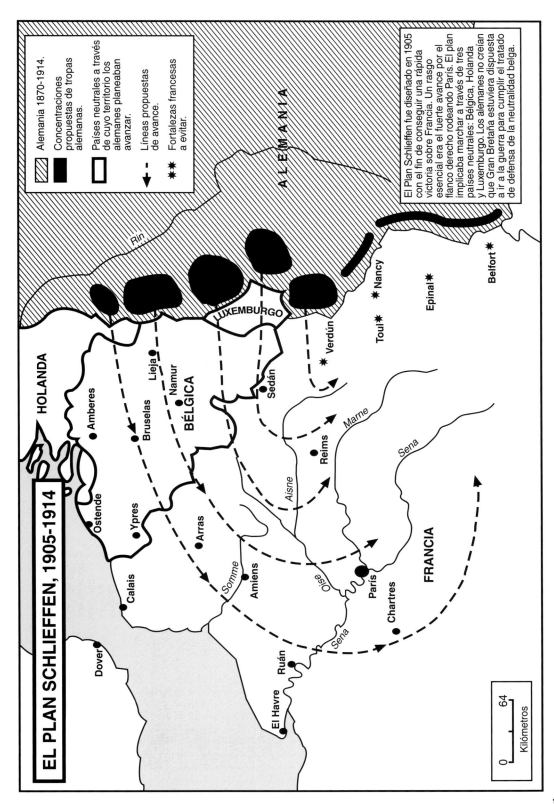

EL PLAN SCHLIEFFEN, 1905-1914

HOLANDA

ALEMANIA

Rin

Amberes

Ostende

Calais

Dover

El Havre

Ruán

Ypres

Arras

Amiens

Bruselas

Lieja

Namur

BÉLGICA

LUXEMBURGO

Sedán

Somme

Oise

Sena

Chartres

París

Reims

Aisne

Marne

Sena

FRANCIA

Verdún

Nancy

Toul

Epinal

Belfort

Alemania 1870-1914.

Concentraciones propuestas de tropas alemanas.

Países neutrales a través de cuyo territorio los alemanes planeaban avanzar.

Líneas propuestas de avance.

Fortalezas francesas a evitar.

El Plan Schlieffen fue diseñado en 1905 con el fin de conseguir una rápida victoria sobre Francia. Un rasgo esencial era el fuerte avance por el flanco derecho rodeando París. El plan implicaba marchar a través de tres países neutrales: Bélgica, Holanda y Luxemburgo. Los alemanes no creían que Gran Bretaña estuviera dispuesta a ir a la guerra para cumplir el tratado de defensa de la neutralidad belga.

0   64

Kilómetros

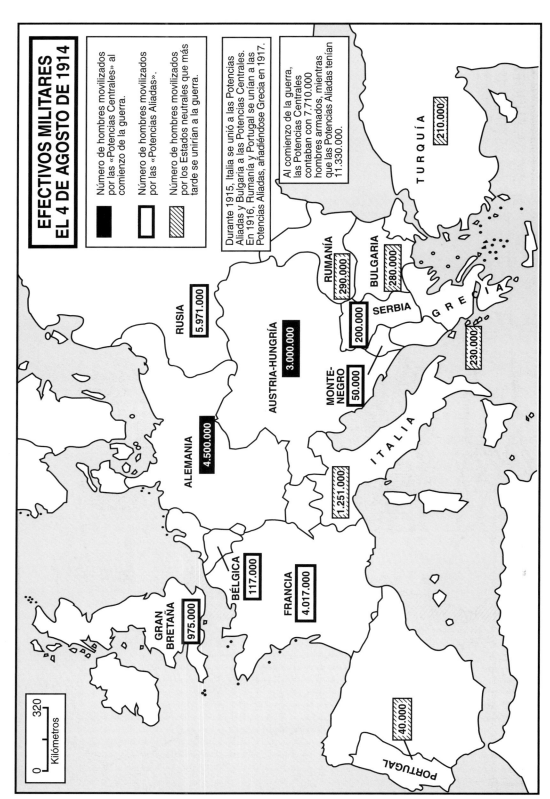

EFECTIVOS MILITARES
EL 4 DE AGOSTO DE 1914

Número de hombres movilizados
por las «Potencias Centrales» al
comienzo de la guerra.

Número de hombres movilizados
por las «Potencias Aliadas».

Número de hombres movilizados
por los Estados neutrales que más
tarde se unirían a la guerra.

Durante 1915, Italia se unió a las Potencias
Aliadas y Bulgaria a las Potencias Centrales.
En 1916, Rumanía y Portugal se unían a las
Potencias Aliadas, añadiéndose Grecia en 1917.

Al comienzo de la guerra,
las Potencias Centrales
contaban con 7.710.000
hombres armados, mientras
que las Potencias Aliadas tenían
11.330.000.

0   320
Kilómetros

GRAN
BRETAÑA
975.000

BÉLGICA
117.000

FRANCIA
4.017.000

PORTUGAL
40.000

ALEMANIA
4.500.000

RUSIA
5.971.000

AUSTRIA-HUNGRÍA
3.000.000

ITALIA
1.251.000

MONTE-
NEGRO
50.000

SERBIA
200.000

RUMANÍA
290.000

BULGARIA
280.000

GRECIA
230.000

TURQUÍA
210.000

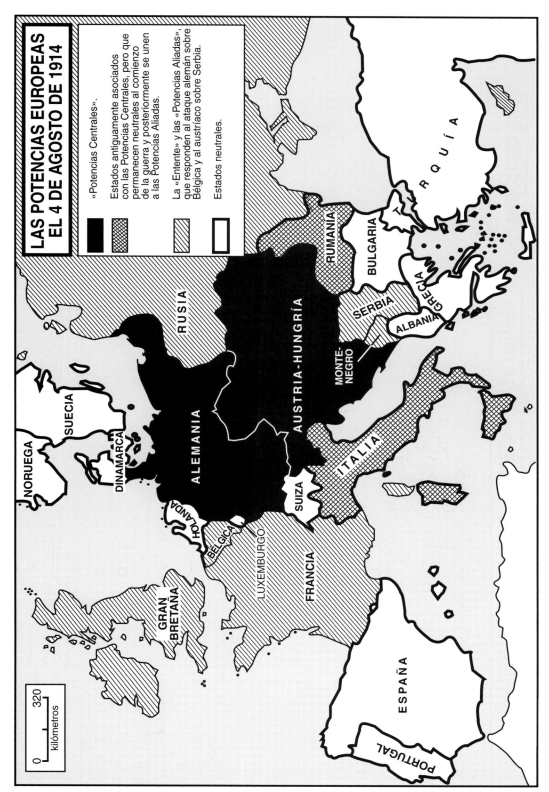

LAS POTENCIAS EUROPEAS EL 4 DE AGOSTO DE 1914

«Potencias Centrales».

Estados antiguamente asociados con las Potencias Centrales, pero que permanecen neutrales al comienzo de la guerra y posteriormente se unen a las Potencias Aliadas.

La «Entente» y las «Potencias Aliadas», que responden al ataque alemán sobre Bélgica y al austríaco sobre Serbia.

Estados neutrales.

NORUEGA

SUECIA

DINAMARCA

ALEMANIA

HOLANDA

BÉLGICA

LUXEMBURGO

GRAN BRETAÑA

FRANCIA

SUIZA

ITALIA

ESPAÑA

PORTUGAL

RUSIA

AUSTRIA-HUNGRÍA

MONTE-NEGRO

SERBIA

ALBANIA

RUMANIA

BULGARIA

GRECIA

T U R Q U Í A

0   320

kilómetros

LA FUGA DEL *GOEBEN* Y EL *BRESLAU*, AGOSTO 1914

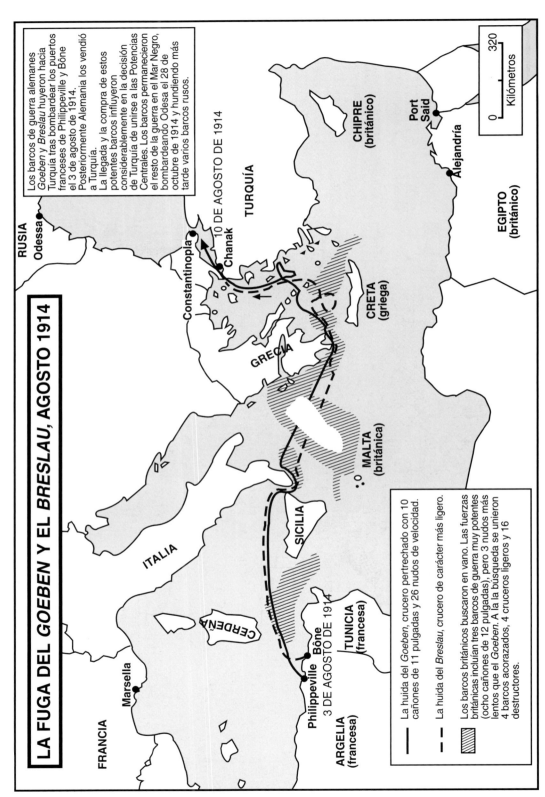

Los barcos de guerra alemanes *Goeben* y *Breslau* huyeron hacia Turquía tras bombardear los puertos franceses de Philippeville y Bône el 3 de agosto de 1914. Posteriormente Alemania los vendió a Turquía.

La llegada y la compra de estos potentes barcos influyeron considerablemente en la decisión de Turquía de unirse a las Potencias Centrales. Los barcos permanecieron el resto de la guerra en el Mar Negro, bombardeando Odesa el 28 de octubre de 1914 y hundiendo más tarde varios barcos rusos.

FRANCIA

Marsella

RUSIA
Odessa

Constantinopla

10 DE AGOSTO DE 1914
Chanak

TURQUÍA

CHIPRE
(británico)

Port
Said

Alejandría

EGIPTO
(británico)

GRECIA

CRETA
(griega)

ITALIA

SICILIA

MALTA
(británica)

CERDEÑA

Bône

Philippeville
3 DE AGOSTO DE 1914

TUNICIA
(francesa)

ARGELIA
(francesa)

0   320
Kilómetros

—— La huida del *Goeben*, crucero pertrechado con 10 cañones de 11 pulgadas y 26 nudos de velocidad.

--- La huida del *Breslau*, crucero de carácter más ligero.

Los barcos británicos buscaron en vano. Las fuerzas británicas incluían tres barcos de guerra muy potentes (ocho cañones de 12 pulgadas), pero 3 nudos más lentos que el *Goeben*. A la la búsqueda se unieron 4 barcos acorazados, 4 cruceros ligeros y 16 destructores.

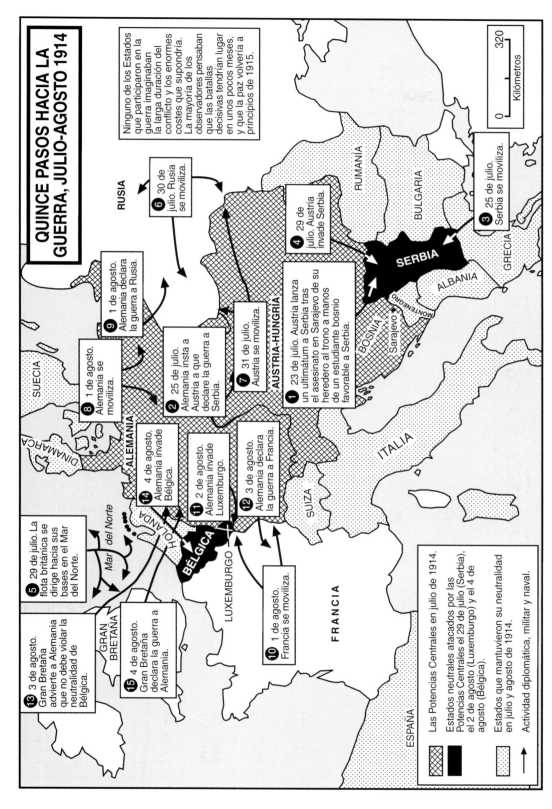

QUINCE PASOS HACIA LA GUERRA, JULIO-AGOSTO 1914

Ninguno de los Estados que participaron en la guerra imaginaban la larga duración del conflicto y los enormes costes que supondría. La mayoría de los observadores pensaban que las batallas decisivas tendrían lugar en unos pocos meses, y que la paz volvería a principios de 1915.

6 30 de julio. Rusia se moviliza.

3 25 de julio. Serbia se moviliza.

4 29 de julio. Austria invade Serbia.

9 1 de agosto. Alemania declara la guerra a Rusia.

8 1 de agosto. Alemania se moviliza.

2 25 de julio. Alemania insta a Austria a que declare la guerra a Serbia.

7 31 de julio. Austria se moviliza.

1 23 de julio. Austria lanza un ultimátum a Serbia tras el asesinato en Sarajevo de su heredero al trono a manos de un estudiante bosnio favorable a Serbia.

5 29 de julio. La flota británica se dirige hacia sus bases en el Mar del Norte.

14 4 de agosto. Alemania invade Bélgica.

11 2 de agosto. Alemania invade Luxemburgo.

12 3 de agosto. Alemania declara la guerra a Francia.

13 3 de agosto. Gran Bretaña advierte a Alemania que no debe violar la neutralidad de Bélgica.

15 4 de agosto. Gran Bretaña declara la guerra a Alemania.

10 1 de agosto. Francia se moviliza.

RUSIA

SUECIA

DINAMARCA

ALEMANIA

HOLANDA

Mar del Norte

GRAN BRETAÑA

BÉLGICA

LUXEMBURGO

FRANCIA

ESPAÑA

SUIZA

ITALIA

AUSTRIA-HUNGRÍA

RUMANIA

BULGARIA

GRECIA

ALBANIA

MONTENEGRO

BOSNIA

Sarajevo

SERBIA

Las Potencias Centrales en julio de 1914.

Estados neutrales atacados por las Potencias Centrales el 29 de julio (Serbia), el 2 de agosto (Luxemburgo) y el 4 de agosto (Bélgica).

Estados que mantuvieron su neutralidad en julio y agosto de 1914.

Actividad diplomática, militar y naval.

0   320

Kilómetros

14

Sección 2

1914

Ahora, demos gracias a Dios, que nos ha enfrentado a su hora,
atrapada nuestra juventud, despiertos de nuestro sueño,
con mano firme, vista clara y poder fuerte,
para volver, como nadadores que saltan hacia la pureza,
contentos de un mundo envejecido, frío y cansado,
dejamos los corazones enfermos que no podría mover el honor,
medio hombres, sucias y deprimentes canciones,
¡y todo el pequeño vacío de amor! ...

RUPERT BROOKE
«1914»

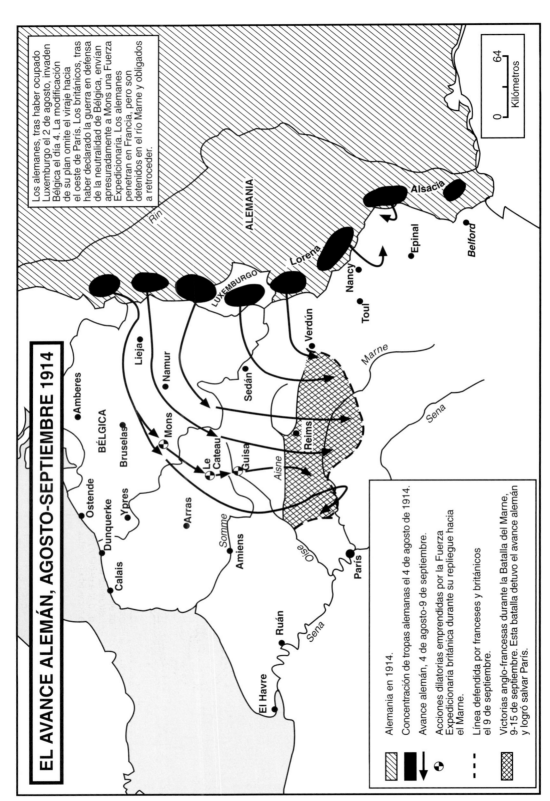

EL AVANCE ALEMÁN, AGOSTO-SEPTIEMBRE 1914

Los alemanes, tras haber ocupado Luxemburgo el 2 de agosto, invaden Bélgica el día 4. La modificación de su plan omite el viraje hacia el oeste de París. Los británicos, tras haber declarado la guerra en defensa de la neutralidad de Bélgica, envían apresuradamente a Mons una Fuerza Expedicionaria. Los alemanes penetran en Francia, pero son detenidos en el río Marne y obligados a retroceder.

ALEMANIA

Rin

Alsacia

Lorena

Nancy

Epinal

Belford

Toul

LUXEMBURGO

Verdún

Marne

Lieja

Namur

Sedán

Sena

BÉLGICA

Amberes

Mons

Reims

Bruselas

Ostende

Le Cateau

Guisa

Aisne

Ypres

Dunquerke

Arras

Somme

Calais

Amiens

Oise

París

Ruán

Sena

El Havre

	Alemania en 1914.
	Concentración de tropas alemanas el 4 de agosto de 1914.
	Avance alemán, 4 de agosto-9 de septiembre.
	Acciones dilatorias emprendidas por la Fuerza Expedicionaria británica durante su repliegue hacia el Marne.
	Línea defendida por franceses y británicos el 9 de septiembre.
	Victorias anglo-francesas durante la Batalla del Marne, 9-15 de septiembre. Esta batalla detuvo el avance alemán y logró salvar París.

0 — 64

Kilómetros

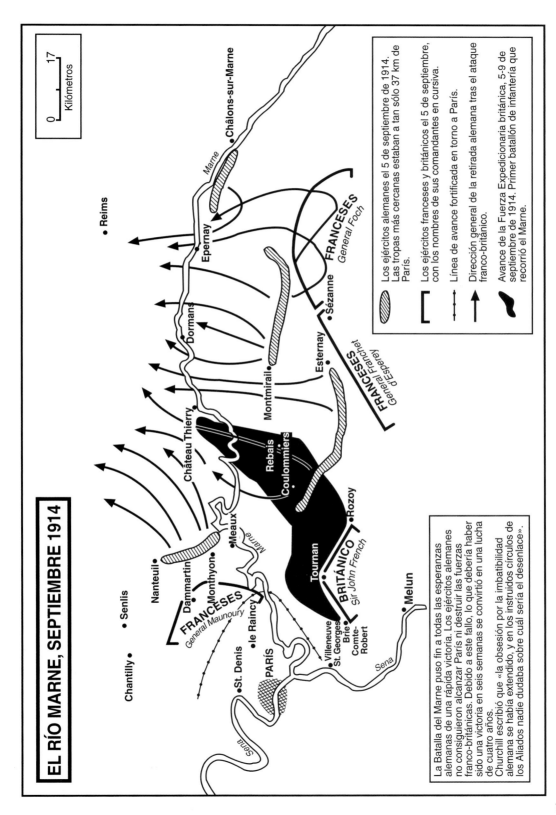

EL RÍO MARNE, SEPTIEMBRE 1914

Los ejércitos alemanes el 5 de septiembre de 1914. Las tropas más cercanas estaban a tan sólo 37 km de París.

Los ejércitos franceses y británicos el 5 de septiembre, con los nombres de sus comandantes en cursiva.

Línea de avance fortificada en torno a París.

Dirección general de la retirada alemana tras el ataque franco-británico.

Avance de la Fuerza Expedicionaria británica, 5-9 de septiembre de 1914. Primer batallón de infantería que recorrió el Marne.

La Batalla del Marne puso fin a todas las esperanzas alemanas de una rápida victoria. Los ejércitos alemanes no consiguieron alcanzar París ni destruir las fuerzas franco-británicas. Debido a este fallo, lo que debería haber sido una victoria en seis semanas se convirtió en una lucha de cuatro años.

Churchill escribió que «la obsesión por la imbatibilidad alemana se había extendido, y en los instruidos círculos de los Aliados nadie dudaba sobre cuál sería el desenlace».

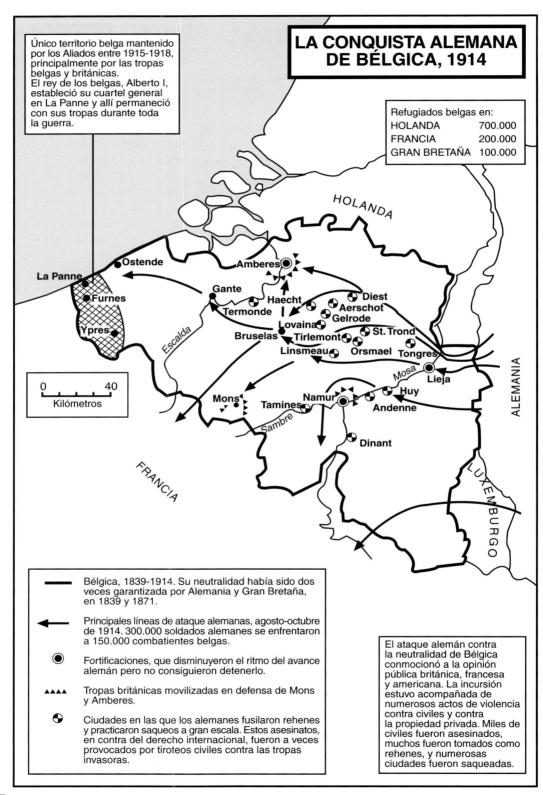

LA CONQUISTA ALEMANA DE BÉLGICA, 1914

Único territorio belga mantenido por los Aliados entre 1915-1918, principalmente por las tropas belgas y británicas.
El rey de los belgas, Alberto I, estableció su cuartel general en La Panne y allí permaneció con sus tropas durante toda la guerra.

Refugiados belgas en:
HOLANDA   700.000
FRANCIA   200.000
GRAN BRETAÑA   100.000

HOLANDA

Ostende
La Panne
Furnes
Ypres
Gante
Termonde
Amberes
Haecht
Diest
Aerschot
Gelrode
Lovaina
Bruselas
Tirlemont
Linsmeau
Orsmael
St. Trond
Tongres
Lieja
Mosa
Escalda
Mons
Tamines
Namur
Huy
Andenne
Dinant
Sambre

FRANCIA

ALEMANIA

LUXEMBURGO

0   40
Kilómetros

Bélgica, 1839-1914. Su neutralidad había sido dos veces garantizada por Alemania y Gran Bretaña, en 1839 y 1871.

Principales líneas de ataque alemanas, agosto-octubre de 1914. 300.000 soldados alemanes se enfrentaron a 150.000 combatientes belgas.

Fortificaciones, que disminuyeron el ritmo del avance alemán pero no consiguieron detenerlo.

Tropas británicas movilizadas en defensa de Mons y Amberes.

Ciudades en las que los alemanes fusilaron rehenes y practicaron saqueos a gran escala. Estos asesinatos, en contra del derecho internacional, fueron a veces provocados por tiroteos civiles contra las tropas invasoras.

El ataque alemán contra la neutralidad de Bélgica conmocionó a la opinión pública británica, francesa y americana. La incursión estuvo acompañada de numerosos actos de violencia contra civiles y contra la propiedad privada. Miles de civiles fueron asesinados, muchos fueron tomados como rehenes, y numerosas ciudades fueron saqueadas.

LA CARRERA HACIA EL MAR, SEPTIEMBRE-OCTUBRE 1914

Fuerzas alemanas en el río Aisne, tras su retroceso desde el Marne.

Fuerzas alemanas congregadas a mediados de septiembre, con sus líneas de avance.

Fuerzas francesas en el Aisne.

Fuerzas francesas congregadas a mediados de septiembre, con sus líneas de avance.

Línea de frente alemana el 1 de octubre.

Fuerzas británicas a lo largo del Aisne.

Movimiento de las fuerzas británicas del 2 al 19 de octubre, aislando a los alemanes desde los puertos del Paso de Calais.

Mayor avance alemán, principalmente de unidades aisladas de caballería.

Línea anglo-alemana a finales de octubre. Desde Ypres hasta el mar fue mantenida por los belgas.

Mar del Norte

HOLANDA (neutral)

Escalda

Amberes

Gante   Lokeren

Línea belga

Estrecho de Dover

Calais   Dunkerque   Thielt

Ypres

Boulogne   St. Omer   Bailleul   Menin

Armentières

Béthune   Lille

Desde Metz

Lens   Douai   Mons

Desde Alsacia

Abbeville   Somme   Cambrai

Bapaume

Albert

Amiens   Péronne

St. Quintín

Noyon

Compiègne   Aisne

Beauvais   Soissons

Tropas retenidas por el sitio de Amberes entre el 28 de septiembre y el 10 de octubre. El asedio, en el que tomaron parte tropas británicas, impidió a los alemanes alcanzar St. Omer, que fue ocupado por las tropas británicas el 9 de octubre, salvando así Calais y Dunkerque.

Ciudades bajo control francés, octubre 1914.

Ciudades bajo control alemán, octubre 1914.

Ciudades ocupadas por los alemanes pero recuperadas por los británicos durante el mes de octubre de 1914.

0   32
Kilometros

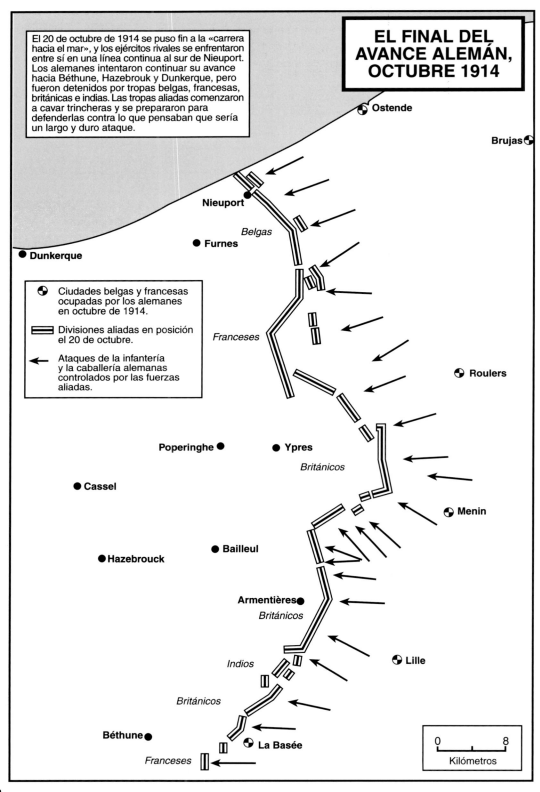

EL FINAL DEL AVANCE ALEMÁN, OCTUBRE 1914

El 20 de octubre de 1914 se puso fin a la «carrera hacia el mar», y los ejércitos rivales se enfrentaron entre sí en una línea continua al sur de Nieuport. Los alemanes intentaron continuar su avance hacia Béthune, Hazebrouk y Dunkerque, pero fueron detenidos por tropas belgas, francesas, británicas e indias. Las tropas aliadas comenzaron a cavar trincheras y se prepararon para defenderlas contra lo que pensaban que sería un largo y duro ataque.

Ostende

Brujas

Nieuport

Belgas

Furnes

Dunkerque

Ciudades belgas y francesas ocupadas por los alemanes en octubre de 1914.

Divisiones aliadas en posición el 20 de octubre.

Ataques de la infantería y la caballería alemanas controlados por las fuerzas aliadas.

Franceses

Roulers

Poperinghe

Ypres

Británicos

Cassel

Menin

Bailleul

Hazebrouck

Armentières

Británicos

Indios

Lille

Británicos

Béthune

La Basée

Franceses

0   8
Kilómetros

19

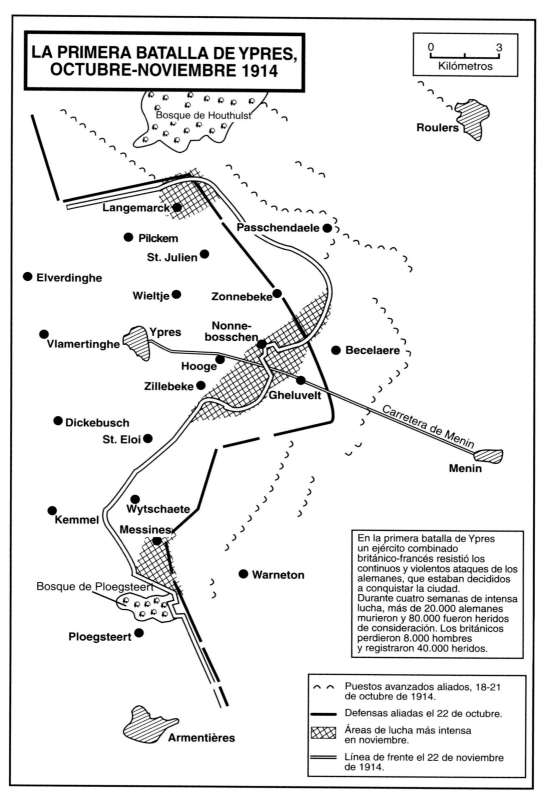

LA PRIMERA BATALLA DE YPRES, OCTUBRE-NOVIEMBRE 1914

0 — 3
Kilómetros

Bosque de Houthulst

Roulers

Langemarck

Passchendaele

Pilckem

St. Julien

Elverdinghe

Wieltje

Zonnebeke

Ypres

Nonne-bosschen

Vlamertinghe

Becelaere

Hooge

Zillebeke

Gheluvelt

Dickebusch

Carretera de Menin

St. Eloi

Menin

Wytschaete

Kemmel

Messines

Bosque de Ploegsteert

Warneton

Ploegsteert

En la primera batalla de Ypres
un ejército combinado
británico-francés resistió los
continuos y violentos ataques de los
alemanes, que estaban decididos
a conquistar la ciudad.
Durante cuatro semanas de intensa
lucha, más de 20.000 alemanes
murieron y 80.000 fueron heridos
de consideración. Los británicos
perdieron 8.000 hombres
y registraron 40.000 heridos.

Armentières

∧ ∧ Puestos avanzados aliados, 18-21
       de octubre de 1914.

——— Defensas aliadas el 22 de octubre.

▨▨▨ Áreas de lucha más intensa
       en noviembre.

═══ Línea de frente el 22 de noviembre
       de 1914.

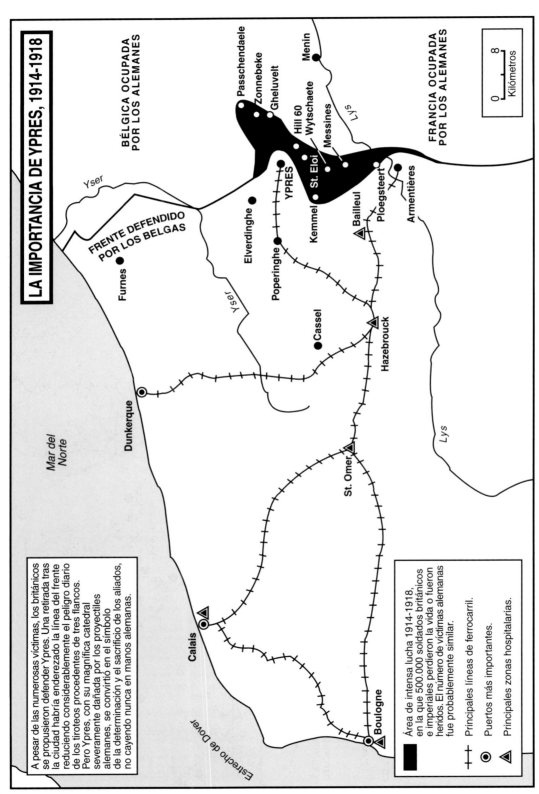

LA IMPORTANCIA DE YPRES, 1914-1918

BÉLGICA OCUPADA
POR LOS ALEMANES

FRANCIA OCUPADA
POR LOS ALEMANES

FRENTE DEFENDIDO
POR LOS BELGAS

Passchendaele
Zonnebeke
Gheluvelt
Menin

Hill 60
Wytschaete
Messines

YPRES
St. Eloi
Kemmel

Ploegsteert
Armentières
Bailleul

Yser

Lys

Furnes

Elverdinghe

Poperinghe

Cassel

Hazebrouck

Dunkerque

St. Omer

Calais

Boulogne

Mar del
Norte

Estrecho de Dover

Lys

Yser

0   8
Kilómetros

A pesar de las numerosas víctimas, los británicos se propusieron defender Ypres. Una retirada tras la ciudad habría enderezado la línea del frente reduciendo considerablemente el peligro diario de los tiroteos procedentes de tres flancos. Pero Ypres, con su magnífica catedral severamente dañada por los proyectiles alemanes, se convirtió en el símbolo de la determinación y el sacrificio de los aliados, no cayendo nunca en manos alemanas.

Área de intensa lucha 1914-1918, en la que 500.000 soldados británicos e imperiales perdieron la vida o fueron heridos. El número de víctimas alemanas fue probablemente similar.

╬╬╬ Principales líneas de ferrocarril.

◉ Puertos más importantes.

◭ Principales zonas hospitalarias.

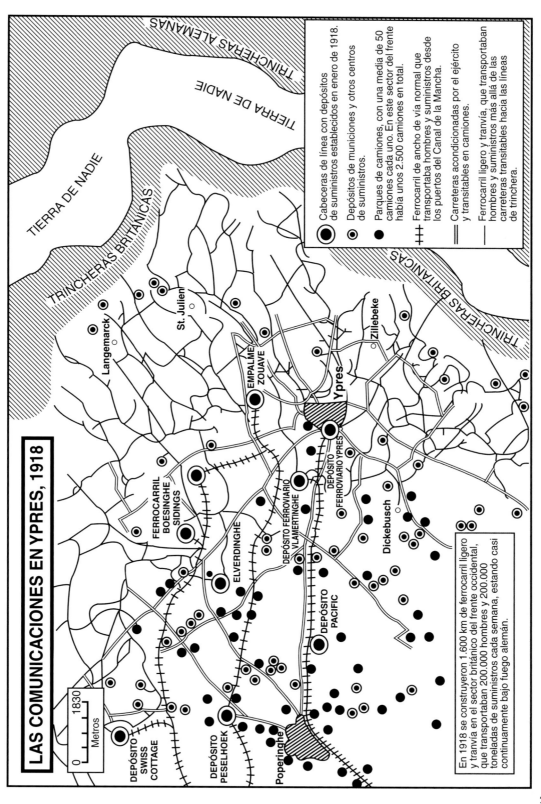

LAS COMUNICACIONES EN YPRES, 1918

TRINCHERAS ALEMANAS

TIERRA DE NADIE

TIERRA DE NADIE

TRINCHERAS BRITÁNICAS

TRINCHERAS BRITÁNICAS

Langemarck

St. Julien

Zillebeke

Ypres

EMPALME ZOUAVE

FERROCARRIL BOESINGHE SIDINGS

DEPÓSITO FERROVIARIO YPRES

DEPÓSITO FERROVIARIO VLAMERTINGHE

ELVERDINGHE

Dickebusch

DEPÓSITO PACIFIC

DEPÓSITO SWISS COTTAGE

DEPÓSITO PESELHOEK

Poperinghe

0 — 1830
Metros

- ◉ Cabeceras de línea con depósitos de suministros establecidos en enero de 1918.
- ◎ Depósitos de municiones y otros centros de suministros.
- ● Parques de camiones, con una media de 50 camiones cada uno. En este sector del frente había unos 2.500 camiones en total.
- ╪╪╪ Ferrocarril de ancho de vía normal que transportaba hombres y suministros desde los puertos del Canal de la Mancha.
- ═══ Carreteras acondicionadas por el ejército y transitables en camiones.
- ─── Ferrocarril ligero y tranvía, que transportaban hombres y suministros más allá de las carreteras transitables hacia las líneas de trinchera.

En 1918 se construyeron 1.600 km de ferrocarril ligero y tranvía en el sector británico del frente occidental, que transportaban 200.000 hombres y 200.000 toneladas de suministros cada semana, estando casi continuamente bajo fuego alemán.

22

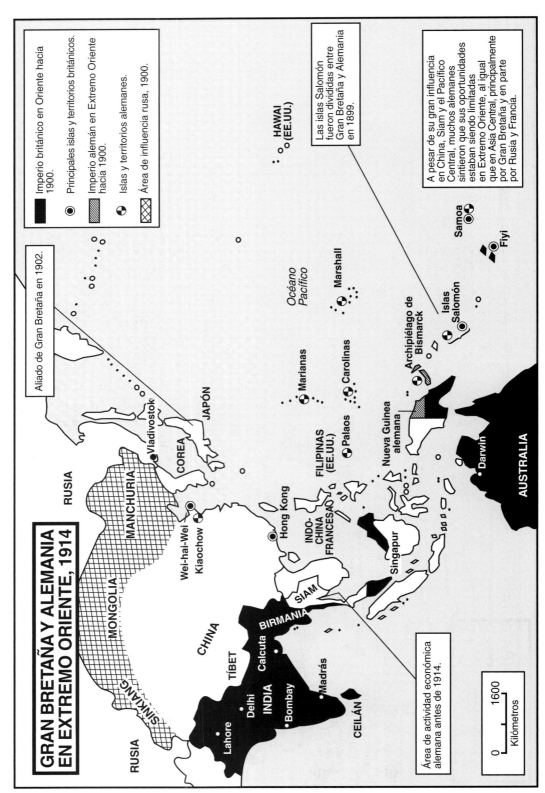

GRAN BRETAÑA Y ALEMANIA EN EXTREMO ORIENTE, 1914

Leyenda:

- ■ Imperio británico en Oriente hacia 1900.
- ◉ Principales islas y territorios británicos.
- ▨ Imperio alemán en Extremo Oriente hacia 1900.
- ◕ Islas y territorios alemanes.
- ▧ Área de influencia rusa, 1900.

Las islas Salomón fueron divididas entre Gran Bretaña y Alemania en 1899.

A pesar de su gran influencia en China, Siam y el Pacífico Central, muchos alemanes sintieron que sus oportunidades estaban siendo limitadas en Extremo Oriente, al igual que en Asia Central, principalmente por Gran Bretaña y en parte por Rusia y Francia.

Aliado de Gran Bretaña en 1902.

Área de actividad económica alemana antes de 1914.

HAWAI (EE.UU.)

Samoa

Fiyi

Marshall

Océano Pacífico

Marianas

Carolinas

Islas Salomón

Archipiélago de Bismarck

Palaos

Nueva Guinea alemana

FILIPINAS (EE.UU.)

JAPÓN

Vladivostok

COREA

RUSIA

MANCHURIA

MONGOLIA

SINKIANG

RUSIA

Wei-hai-Wei
Kiaochow

Hong Kong

INDO-CHINA FRANCESA

SIAM

CHINA

TÍBET

Calcuta

BIRMANIA

Lahore
Delhi
INDIA
Bombay
Madrás

CEILÁN

Singapur

Darwin

AUSTRALIA

0   1600
Kilómetros

23

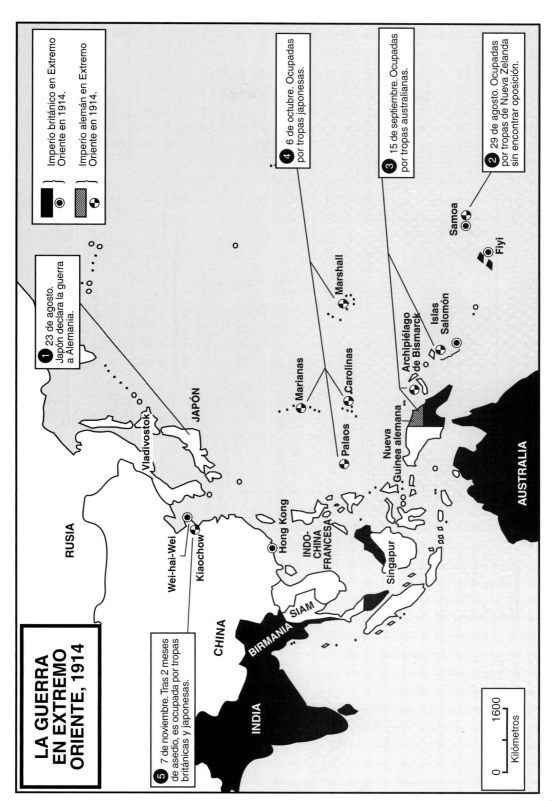

LA GUERRA EN EXTREMO ORIENTE, 1914

① 23 de agosto. Japón declara la guerra a Alemania.

② 29 de agosto. Ocupadas por tropas de Nueva Zelanda sin encontrar oposición.

③ 15 de septiembre. Ocupadas por tropas australianas.

④ 6 de octubre. Ocupadas por tropas japonesas.

⑤ 7 de noviembre. Tras 2 meses de asedio, es ocupada por tropas británicas y japonesas.

Imperio británico en Extremo Oriente en 1914.

Imperio alemán en Extremo Oriente en 1914.

RUSIA

Vladivostok

JAPÓN

Wei-hai-Wei

Kiaochow

CHINA

INDIA

BIRMANIA

SIAM

Hong Kong

INDO-CHINA FRANCESA

Singapur

Marianas

Palaos

Carolinas

Marshall

Nueva Guinea alemana

Archipiélago de Bismarck

Islas Salomón

Samoa

Fiyi

AUSTRALIA

0   1600
Kilómetros

24

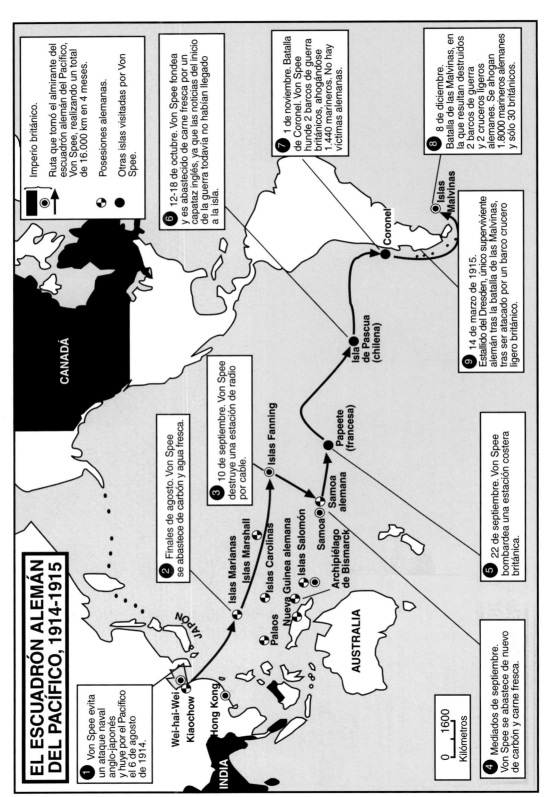

EL ESCUADRÓN ALEMÁN DEL PACÍFICO, 1914-1915

1 Von Spee evita un ataque naval anglo-japonés y huye por el Pacífico el 6 de agosto de 1914.

2 Finales de agosto. Von Spee se abastece de carbón y agua fresca.

3 10 de septiembre. Von Spee destruye una estación de radio por cable.

4 Mediados de septiembre. Von Spee se abastece de nuevo de carbón y carne fresca.

5 22 de septiembre. Von Spee bombardea una estación costera británica.

6 12-18 de octubre. Von Spee fondea y es abastecido de carne fresca por un capataz inglés, ya que las noticias del inicio de la guerra todavía no habían llegado a la isla.

7 1 de noviembre. Batalla de Coronel. Von Spee hunde 2 barcos de guerra británicos, ahogándose 1.440 marineros. No hay víctimas alemanas.

8 8 de diciembre. Batalla de las Malvinas, en la que resultan destruidos 2 barcos de guerra y 2 cruceros ligeros alemanes. Se ahogan 1.800 marineros alemanes y sólo 30 británicos.

9 14 de marzo de 1915. Estallido del Dresden, único superviviente alemán tras la batalla de las Malvinas, tras ser atacado por un barco crucero ligero británico.

Imperio británico.

Ruta que tomó el almirante del escuadrón alemán del Pacífico, Von Spee, realizando un total de 16.000 km en 4 meses.

Posesiones alemanas.

Otras islas visitadas por Von Spee.

CANADÁ

Wei-hai-Wei
Kiaochow

Hong Kong

JAPÓN

INDIA

Islas Marianas

Islas Marshall

Islas Carolinas

Palaos

Nueva Guinea alemana

Islas Salomón

Archipiélago de Bismarck

Samoa

Samoa alemana

Islas Fanning

Papeete (francesa)

AUSTRALIA

Isla de Pascua (chilena)

Coronel

Islas Malvinas

0   1600
Kilómetros

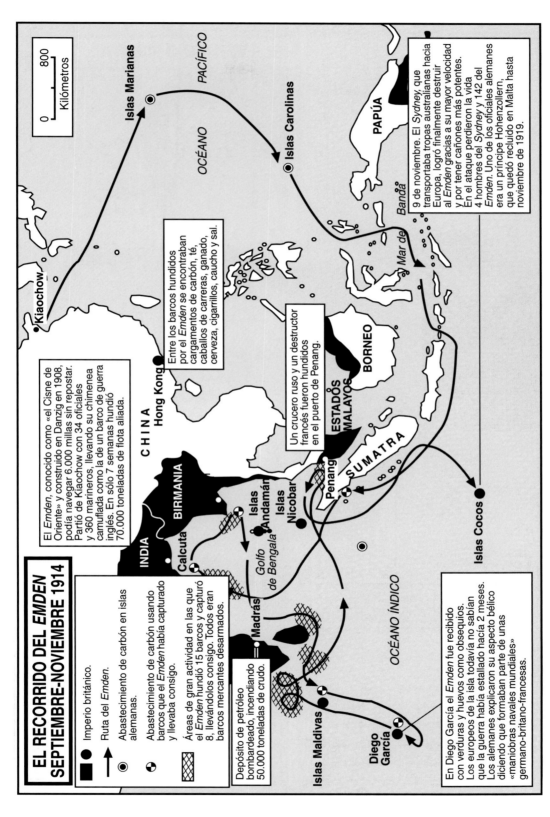

EL RECORRIDO DEL *EMDEN* SEPTIEMBRE-NOVIEMBRE 1914

- ● Imperio británico.
- ↑ Ruta del *Emden*.
- ◉ Abastecimiento de carbón en islas alemanas.
- ○ Abastecimiento de carbón usando barcos que el *Emden* había capturado y llevaba consigo.
- ◔ Áreas de gran actividad en las que el *Emden* hundió 15 barcos y capturó 8, llevándolos consigo. Todos eran barcos mercantes desarmados.
- ▨ Depósito de petróleo bombardeado, incendiando 50.000 toneladas de crudo.

El *Emden*, conocido como «el Cisne de Oriente» y construido en Danzig en 1908, podía navegar 6.000 millas sin repostar. Partió de Kiaochow con 34 oficiales y 360 marineros, llevando su chimenea camuflada como la de un barco de guerra inglés. En sólo 7 semanas hundió 70.000 toneladas de flota aliada.

Entre los barcos hundidos por el *Emden* se encontraban cargamentos de carbón, té, caballos de carreras, ganado, cerveza, cigarrillos, caucho y sal.

Un crucero ruso y un destructor francés fueron hundidos en el puerto de Penang.

En Diego García el *Emden* fue recibido con verduras y huevos como obsequios. Los europeos de la isla todavía no sabían que la guerra había estallado hacía 2 meses. Los alemanes explicaron su aspecto bélico diciendo que formaban parte de unas «maniobras navales mundiales» germano-británo-francesas.

9 de noviembre. El *Sydney*, que transportaba tropas australianas hacia Europa, logró finalmente destruir al *Emden* gracias a su mayor velocidad y por tener cañones más potentes. En el ataque perdieron la vida 4 hombres del *Sydney* y 142 del *Emden*. Uno de los oficiales alemanes era un príncipe Hohenzollern, que quedó recluido en Malta hasta noviembre de 1919.

0 — 800 Kilómetros

Islas Marianas
PACÍFICO
Islas Carolinas
OCÉANO
PAPÚA
Mar de Banda
Kiaochow
CHINA
Hong Kong
INDIA
BIRMANIA
Calcuta
Golfo de Bengala
Madrás
Islas Andamán
Islas Nicobar
Penang
ESTADOS MALAYOS
SUMATRA
BORNEO
Islas Cocos
OCÉANO ÍNDICO
Islas Maldivas
Diego García

26

EL FRENTE ORIENTAL, 1914

Mar Báltico

Gumbinnen
● Königsberg
● Vilkoviski

Danzig ●

● Elbing

PRUSIA ORIENTAL

Lagos Masurianos

Suvalki
Augustov

ALEMANIA

Vístula

● Tannenberg

● Bialystok

Mlawa ●

RUSIA

Plotsk ●

Bug

Kutno ●
● Varsovia

● Brest-Litovsk

● Kalisz
● Lodz

Vístula

Piotrkow ●

● Kielce

● Lublin

Novo Radomsk ●

● Krasnik

SILESIA

Czestochowa

● Komarov

San

Cracovia

● Tarnov

GALITZIA

Przemysl
● Lemberg

Gorlice

Cárpatos

AUSTRIA-HUNGRÍA

Avance ruso en Prusia Oriental del 4 al 23 de agosto. Entre el 26 de agosto y el 13 de septiembre los rusos fueron derrotados en Tannenberg y en los lagos Masurianos, siendo obligados a retroceder hacia Rusia.

Territorio ruso conquistado por Alemania, 28 de septiembre-31 de diciembre. En la batalla de Lodz, en noviembre, los alemanes impidieron el avance ruso hacia Silesia.

Avances austríacos hacia Rusia.

Contraataques rusos hacia Austria.

Conquistado por Rusia desde Austria.

Línea del frente el 31 de diciembre de 1914.

0   80
Kilómetros

◉ Victorias rusas.
◑ Victorias alemanas.

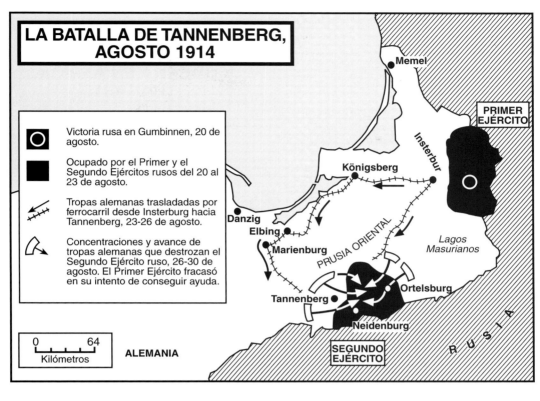

LA BATALLA DE TANNENBERG, AGOSTO 1914

Memel

PRIMER EJÉRCITO

Insterbur

◯	Victoria rusa en Gumbinnen, 20 de agosto.
■	Ocupado por el Primer y el Segundo Ejércitos rusos del 20 al 23 de agosto.
⚡	Tropas alemanas trasladadas por ferrocarril desde Insterburg hacia Tannenberg, 23-26 de agosto.
⤷	Concentraciones y avance de tropas alemanas que destrozan el Segundo Ejército ruso, 26-30 de agosto. El Primer Ejército fracasó en su intento de conseguir ayuda.

Königsberg

Danzig
Elbing
Marienburg

PRUSIA ORIENTAL

Lagos Masurianos

Tannenberg

Ortelsburg

Neidenburg

R U S I A

0 —— 64
Kilómetros

ALEMANIA

SEGUNDO EJÉRCITO

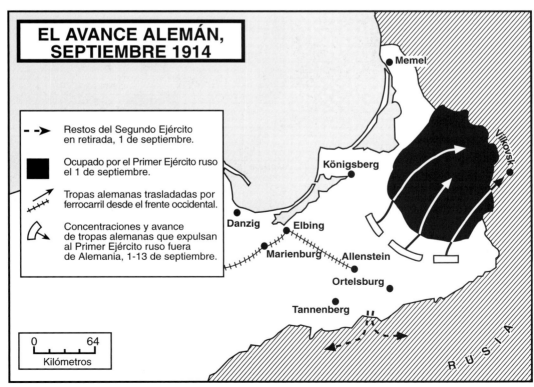

EL AVANCE ALEMÁN, SEPTIEMBRE 1914

Memel

- -▶	Restos del Segundo Ejército en retirada, 1 de septiembre.
■	Ocupado por el Primer Ejército ruso el 1 de septiembre.
↗	Tropas alemanas trasladadas por ferrocarril desde el frente occidental.
⤷	Concentraciones y avance de tropas alemanas que expulsan al Primer Ejército ruso fuera de Alemania, 1-13 de septiembre.

Königsberg

Vilkovisk

Danzig
Elbing

Marienburg
Allenstein

Ortelsburg

Tannenberg

R U S I A

0 —— 64
Kilómetros

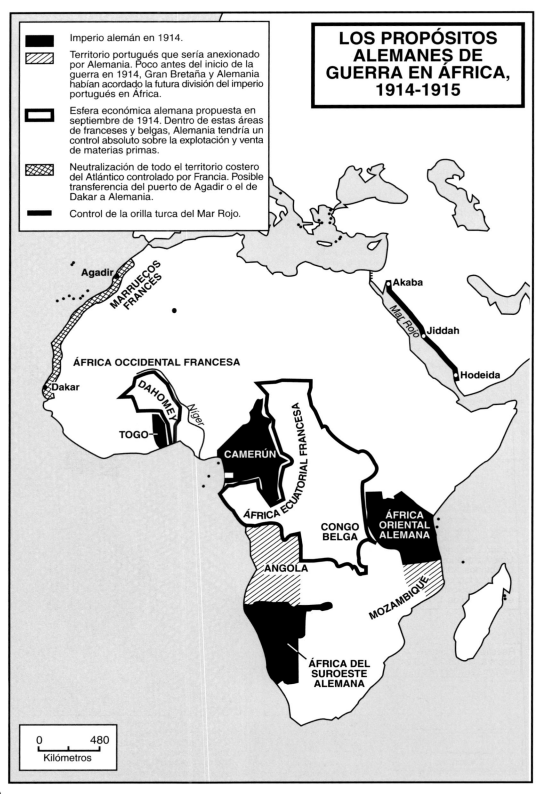

LOS PROPÓSITOS ALEMANES DE GUERRA EN ÁFRICA, 1914-1915

Imperio alemán en 1914.

Territorio portugués que sería anexionado por Alemania. Poco antes del inicio de la guerra en 1914, Gran Bretaña y Alemania habían acordado la futura división del imperio portugués en África.

Esfera económica alemana propuesta en septiembre de 1914. Dentro de estas áreas de franceses y belgas, Alemania tendría un control absoluto sobre la explotación y venta de materias primas.

Neutralización de todo el territorio costero del Atlántico controlado por Francia. Posible transferencia del puerto de Agadir o el de Dakar a Alemania.

Control de la orilla turca del Mar Rojo.

Agadir

MARRUECOS FRANCÉS

Akaba

Mar Rojo

Jiddah

ÁFRICA OCCIDENTAL FRANCESA

Hodeida

Dakar

DAHOMEY

Níger

TOGO

CAMERÚN

ÁFRICA ECUATORIAL FRANCESA

ÁFRICA ORIENTAL ALEMANA

CONGO BELGA

ÁFRICA ECUATORIAL FRANCESA

ANGOLA

MOZAMBIQUE

ÁFRICA DEL SUROESTE ALEMANA

0   480
Kilómetros

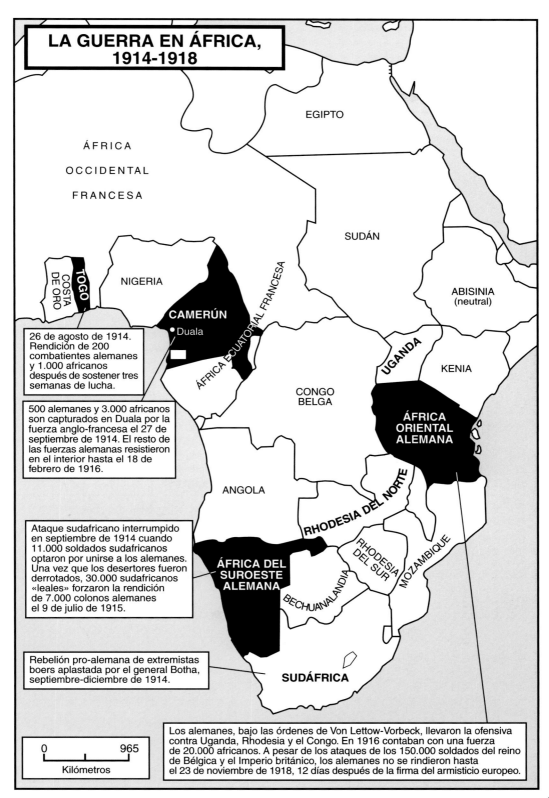

LA GUERRA EN ÁFRICA, 1914-1918

EGIPTO

ÁFRICA OCCIDENTAL FRANCESA

SUDÁN

COSTA DE ORO

TOGO

NIGERIA

ABISINIA (neutral)

CAMERÚN
• Duala

ÁFRICA ECUATORIAL FRANCESA

UGANDA

KENIA

26 de agosto de 1914. Rendición de 200 combatientes alemanes y 1.000 africanos después de sostener tres semanas de lucha.

CONGO BELGA

ÁFRICA ORIENTAL ALEMANA

500 alemanes y 3.000 africanos son capturados en Duala por la fuerza anglo-francesa el 27 de septiembre de 1914. El resto de las fuerzas alemanas resistieron en el interior hasta el 18 de febrero de 1916.

ANGOLA

RHODESIA DEL NORTE

Ataque sudafricano interrumpido en septiembre de 1914 cuando 11.000 soldados sudafricanos optaron por unirse a los alemanes. Una vez que los desertores fueron derrotados, 30.000 sudafricanos «leales» forzaron la rendición de 7.000 colonos alemanes el 9 de julio de 1915.

ÁFRICA DEL SUROESTE ALEMANA

RHODESIA DEL SUR

MOZAMBIQUE

BECHUANALANDIA

Rebelión pro-alemana de extremistas boers aplastada por el general Botha, septiembre-diciembre de 1914.

SUDÁFRICA

0 — 965
Kilómetros

Los alemanes, bajo las órdenes de Von Lettow-Vorbeck, llevaron la ofensiva contra Uganda, Rhodesia y el Congo. En 1916 contaban con una fuerza de 20.000 africanos. A pesar de los ataques de los 150.000 soldados del reino de Bélgica y el Imperio británico, los alemanes no se rindieron hasta el 23 de noviembre de 1918, 12 días después de la firma del armisticio europeo.

Sección 3

1915

Un millón cien mil hombres
vamos rodando y virando sobre la eterna llanura.
¿Quién nos envió allí? ¿Quién nos llevará de nuevo a casa?

Sonido de oraciones -¿para quién?
Maldiciones -¿a quién?- quiebran el aire.
La esperanza lleva de la mano a la tristeza,
sangre, indignación, desesperación...

CHARLES SORLEY

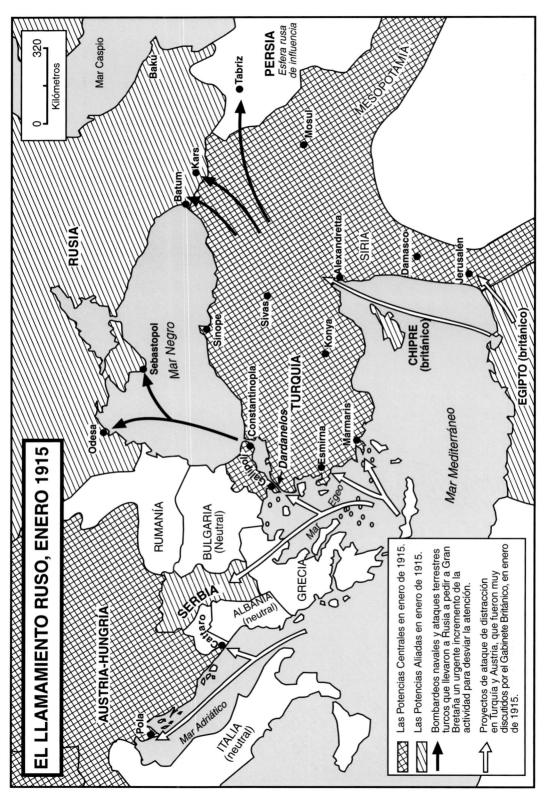

EL LLAMAMIENTO RUSO, ENERO 1915

320
Kilómetros
0

Mar Caspio

Bakú

PERSIA
*Esfera rusa
de influencia*

●Tabriz

MESOPOTAMIA

●Mosul

●Kars

Batum●

RUSIA

SIRIA

Alexandretta●

●Damasco

Jerusalén●

Sebastopol●

Sinope●

Mar Negro

●Sivas

CHIPRE
(británico)

Odesa●

Constantinopla●

TURQUIA

●Konya

Gallipoli

Dardanelos

●Esmirna

Mármaris●

Mar Mediterráneo

EGIPTO (británico)

RUMANÍA

BULGARIA
(Neutral)

Mar Egeo

GRECIA

SERBIA

ALBANIA
(neutral)

AUSTRIA-HUNGRÍA

Cattaro

●Pola

Mar Adriático

ITALIA
(neutral)

▨ Las Potencias Centrales en enero de 1915.

▧ Las Potencias Aliadas en enero de 1915.

➡ Bombardeos navales y ataques terrestres turcos que llevaron a Rusia a pedir a Gran Bretaña un urgente incremento de la actividad para desviar la atención.

⇨ Proyectos de ataque de distracción en Turquía y Austria, que fueron muy discutidos por el Gabinete Británico, en enero de 1915.

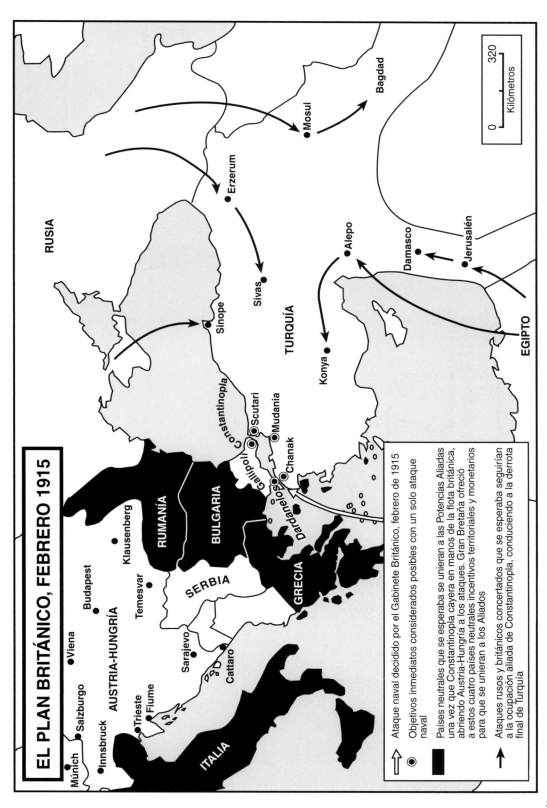

EL PLAN BRITÁNICO, FEBRERO 1915

RUSIA

Bagdad

Mosul

Erzerum

Sivas

Sinope

Alepo

Damasco

Jerusalén

Konya

TURQUÍA

EGIPTO

Constantinopla

Scutari

Mudania

Gallipoli

Chanak

Dardanelos

RUMANÍA

BULGARIA

SERBIA

GRECIA

Klausenberg

Budapest

Temesvar

Viena

Salzburgo

Innsbruck

AUSTRIA-HUNGRÍA

Sarajevo

Cattaro

Trieste

Fiume

Múnich

ITALIA

0   320
Kilómetros

→ Ataque naval decidido por el Gabinete Británico, febrero de 1915

⊙ Objetivos inmediatos considerados posibles con un solo ataque naval

■ Países neutrales que se esperaba se unieran a las Potencias Aliadas una vez que Constantinopla cayera en manos de la flota británica, abriendo Austria-Hungría a los ataques. Gran Bretaña ofreció a estos cuatro países neutrales incentivos territoriales y monetarios para que se unieran a los Aliados

→ Ataques rusos y británicos concertados que se esperaba seguirían a la ocupación aliada de Constantinopla, conduciendo a la derrota final de Turquía

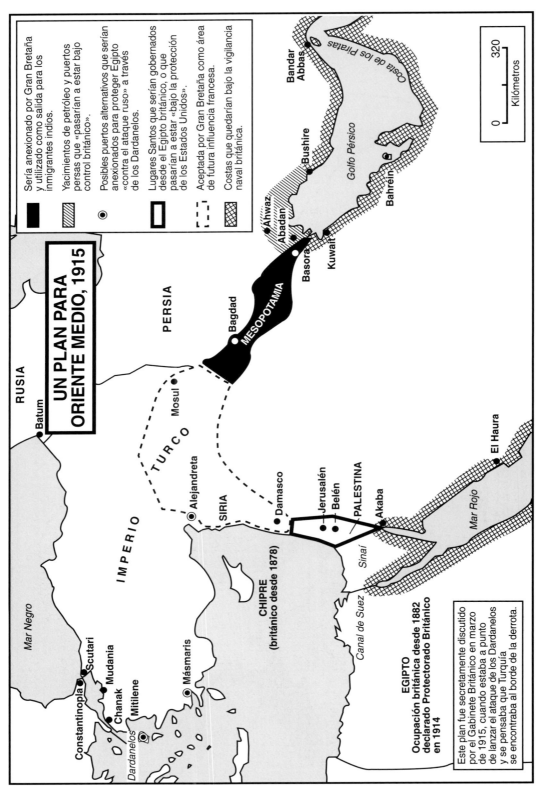

UN PLAN PARA ORIENTE MEDIO, 1915

Sería anexionado por Gran Bretaña y utilizado como salida para los inmigrantes indios.

Yacimientos de petróleo y puertos persas que serían a estar bajo control británico».

Posibles puertos alternativos que serían anexionados para proteger Egipto «contra el ataque ruso» a través de los Dardanelos.

Lugares Santos que serían gobernados desde el Egipto británico, o que pasarían a estar «bajo la protección de los Estados Unidos».

Aceptada por Gran Bretaña como área de futura influencia francesa.

Costas que quedarían bajo la vigilancia naval británica.

RUSIA

Batum

Mar Negro

Constantinopla
Scutari
Mudania
Chanak
Mitilene

Másmaris

Dardanelos

IMPERIO

TURCO

Mosul

Alejandreta

SIRIA

Damasco

CHIPRE
(británico desde 1878)

Canal de Suez

Sinaí

Jerusalén
Belén

PALESTINA

Akaba

Mar Rojo

El Haura

PERSIA

Bagdad

MESOPOTAMIA

Ahwaz
Abadan
Basora

Kuwait

Bushire

Bahréin

Bandar Abbas

Costa de los Piratas

Golfo Pérsico

EGIPTO
Ocupación británica desde 1882 declarado Protectorado Británico en 1914

Este plan fue secretamente discutido por el Gabinete Británico en marzo de 1915, cuando estaba a punto de lanzar el ataque de los Dardanelos y se pensaba que Turquía se encontraba al borde de la derrota.

0   320

Kilómetros

34

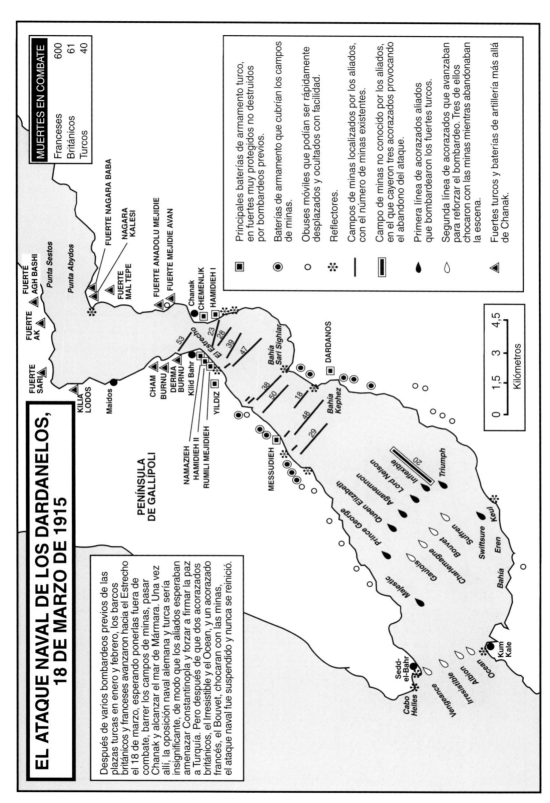

EL ATAQUE NAVAL DE LOS DARDANELOS, 18 DE MARZO DE 1915

Después de varios bombardeos previos de las plazas turcas en enero y febrero, los barcos británicos y franceses avanzaron hacia el Estrecho el 18 de marzo, esperando ponerlas fuera de combate, barrer los campos de minas, pasar Chanak y alcanzar el mar de Mármara. Una vez allí, la oposición naval alemana y turca sería insignificante, de modo que los aliados esperaban amenazar Constantinopla y forzar la paz a Turquía. Pero después de que dos acorazados británicos, el Irresistible y el Ocean, y un acorazado francés, el Bouvet, chocaran con las minas, el ataque naval fue suspendido y nunca se reinició.

MUERTES EN COMBATE

Franceses	600
Británicos	61
Turcos	40

Principales baterías de armamento turco, en fuertes muy protegidos no destruidos por bombardeos previos.

Baterías de armamento que cubrían los campos de minas.

Obuses móviles que podían ser rápidamente desplazados y ocultados con facilidad.

Reflectores.

Campos de minas localizados por los aliados, con el número de minas existentes.

Campo de minas no conocido por los aliados, en el que cayeron tres acorazados provocando el abandono del ataque.

Primera línea de acorazados aliados que bombardearon los fuertes turcos.

Segunda línea de acorazados que avanzaban para reforzar el bombardeo. Tres de ellos chocaron con las minas mientras abandonaban la escena.

Fuertes turcos y baterías de artillería más allá de Chanak.

PENÍNSULA DE GALLIPOLI

0   1,5   3   4,5

Kilómetros

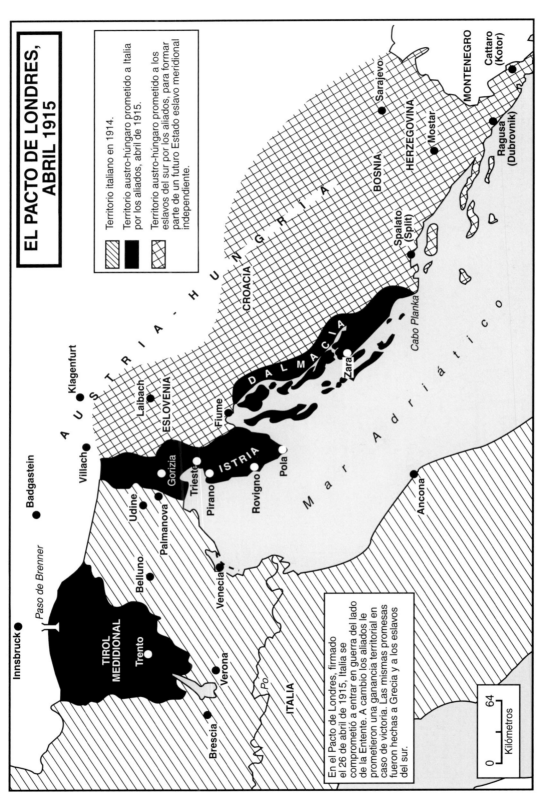

EL PACTO DE LONDRES, ABRIL 1915

Territorio italiano en 1914.

Territorio austro-húngaro prometido a Italia por los aliados, abril de 1915.

Territorio austro-húngaro prometido a los eslavos del sur por los aliados, para formar parte de un futuro Estado eslavo meridional independiente.

Innsbruck

Paso de Brenner

Badgastein

Villach

Klagenfurt

Laibach

A U S T R I A - H U N G R Í A

ESLOVENIA

CROACIA

BOSNIA

Sarajevo

HERZEGOVINA

Mostar

MONTENEGRO

Cattaro (Kotor)

Ragusa (Dubrovnik)

Spalato (Split)

D A L M A C I A

Zara

Cabo Planka

Fiume

ISTRIA

Gorizia

Trieste

Pirano

Rovigno

Pola

TIROL MEDIDIONAL

Trento

Udine

Palmanova

Belluno

Venecia

Po

Verona

Brescia

ITALIA

M a r   A d r i á t i c o

Ancona

En el Pacto de Londres, firmado el 26 de abril de 1915, Italia se comprometió a entrar en guerra del lado de la Entente. A cambio los aliados le prometieron una ganancia territorial en caso de victoria. Las mismas promesas fueron hechas a Grecia y a los eslavos del sur.

0 — 64
Kilómetros

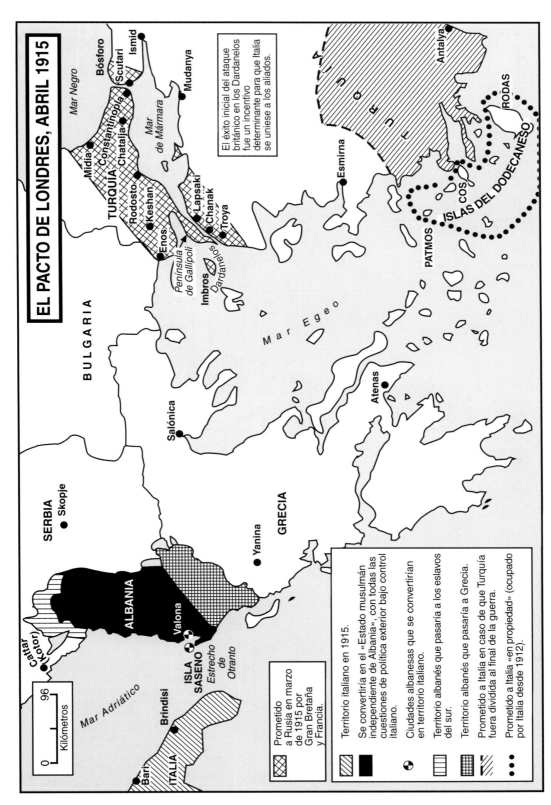

EL PACTO DE LONDRES, ABRIL 1915

El éxito inicial del ataque británico en los Dardanelos fue un incentivo determinante para que Italia se uniese a los aliados.

Mar Negro

Ismid
Bósforo
Scutari
Mudanya
Midia
Constantinopla
Chatalja
Mar de Mármara
TURQUIA
Rodosto
Keshan
Lapsaki
Chanak
Troya
Enos
Península de Gallipoli
Dardanelos
Imbros

Esmirna

Antalya

RODAS

COS
PATMOS
ISLAS DEL DODECANESO

B U L G A R I A

Mar Egeo

SERBIA
Skopje

Atenas

Salónica

GRECIA
Yanina

Cattar (Kotor)

ALBANIA
Valona
ISLA SASENO
Estrecho de Otranto

Mar Adriático

Brindisi
Bari
ITALIA

0   96
Kilómetros

Prometido a Rusia en marzo de 1915 por Gran Bretaña y Francia.

Territorio italiano en 1915.

Se convertiría en el «Estado musulmán independiente de Albania», con todas las cuestiones de política exterior bajo control italiano.

Ciudades albanesas que se convertirían en territorio italiano.

Territorio albanés que pasaría a los eslavos del sur.

Territorio albanés que pasaría a Grecia.

Prometido a Italia en caso de que Turquía fuera dividida al final de la guerra.

Prometido a Italia «en propiedad» (ocupado por Italia desde 1912).

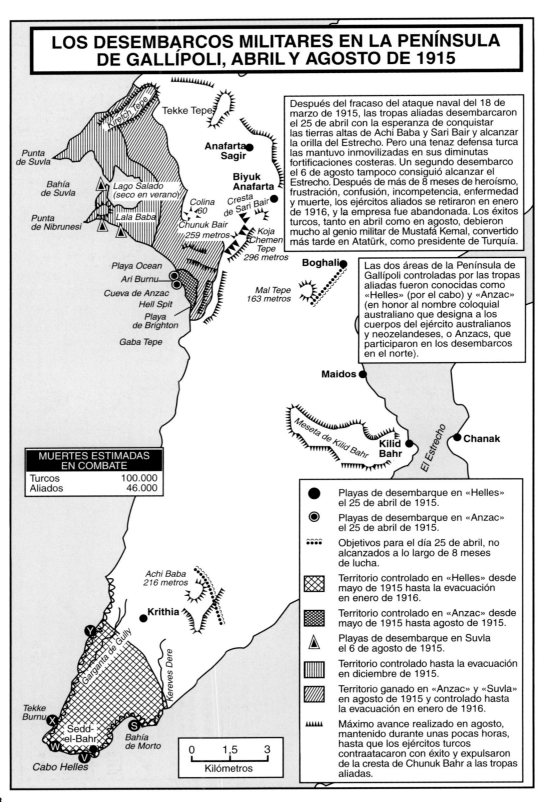

LOS DESEMBARCOS MILITARES EN LA PENÍNSULA DE GALLÍPOLI, ABRIL Y AGOSTO DE 1915

Kiretch Tepe

Tekke Tepe

Punta de Suvla

Anafarta Sagir

Biyuk Anafarta

Bahía de Suvla

Lago Salado (seco en verano)

Colina 60

Cresta de Sari Bair

Punta de Nibrunesi

Lala Baba

Chunuk Bair 259 metros

Koja Chemen Tepe 296 metros

Playa Ocean

Ari Burnu

Boghali

Cueva de Anzac Hell Spit

Mal Tepe 163 metros

Playa de Brighton

Gaba Tepe

Después del fracaso del ataque naval del 18 de marzo de 1915, las tropas aliadas desembarcaron el 25 de abril con la esperanza de conquistar las tierras altas de Achi Baba y Sari Bair y alcanzar la orilla del Estrecho. Pero una tenaz defensa turca las mantuvo inmovilizadas en sus diminutas fortificaciones costeras. Un segundo desembarco el 6 de agosto tampoco consiguió alcanzar el Estrecho. Después de más de 8 meses de heroísmo, frustración, confusión, incompetencia, enfermedad y muerte, los ejércitos aliados se retiraron en enero de 1916, y la empresa fue abandonada. Los éxitos turcos, tanto en abril como en agosto, debieron mucho al genio militar de Mustafá Kemal, convertido más tarde en Atatürk, como presidente de Turquía.

Las dos áreas de la Península de Gallípoli controladas por las tropas aliadas fueron conocidas como «Helles» (por el cabo) y «Anzac» (en honor al nombre coloquial australiano que designa a los cuerpos del ejército australianos y neozelandeses, o Anzacs, que participaron en los desembarcos en el norte).

Maidos

Meseta de Kilid Bahr

Kilid Bahr

Chanak

El Estrecho

MUERTES ESTIMADAS EN COMBATE	
Turcos	100.000
Aliados	46.000

● Playas de desembarque en «Helles» el 25 de abril de 1915.

◉ Playas de desembarque en «Anzac» el 25 de abril de 1915.

⁙ Objetivos para el día 25 de abril, no alcanzados a lo largo de 8 meses de lucha.

▨ Territorio controlado en «Helles» desde mayo de 1915 hasta la evacuación en enero de 1916.

▩ Territorio controlado en «Anzac» desde mayo de 1915 hasta agosto de 1915.

△ Playas de desembarque en Suvla el 6 de agosto de 1915.

▥ Territorio controlado hasta la evacuación en diciembre de 1915.

▧ Territorio ganado en «Anzac» y «Suvla» en agosto de 1915 y controlado hasta la evacuación en enero de 1916.

ᴠᴠᴠ Máximo avance realizado en agosto, mantenido durante unas pocas horas, hasta que los ejércitos turcos contraatacaron con éxito y expulsaron de la cresta de Chunuk Bahr a las tropas aliadas.

Achi Baba 216 metros

Krithia

Garganta de Gully

Kereves Dere

Tekke Burnu

Y

X

Sedd-el-Bahr

W

V

Cabo Helles

Bahía de Morto

0	1,5	3

Kilómetros

TRINCHERAS ALIADAS EN GALLÍPOLI
EL FRENTE DE «HELLES» EN JULIO DE 1915

Mar Egeo

Fusilier Bluff

Garganta de Gully

Ghurka Mule Track

Western Birdcag

Forward Inch

Eastern Birdcage

Eastern Mule Trench

Holborn Circus

Lancashire

Chelmsford

Rue de Paris

Worcester Barricade

Leith Walk

Oldham Rd

Munster Terrace

Princes St.

Nº 1 Australian Line

Arqwick Gn. Wigan Road

Hope St.

Clapham Junction

Nº 2 Australian Line

The Vineyard

Main Street

Sauchiehall Street

Oxford Street

PUEBLO DE KRITHIA

Plymouth Ave

Nelson Ave

Piccadilly Circus

Central St

Leicester Square

Park Lane

Regent St.

Hyde Park Corner

Avenue de

Paris

Esplanade

Avenue de Constantinople

The Haricot

N

Boyan Central

Withered Tree

Dardanelos

0   460
Metros

— — — Línea de frente turca.

⊓⊔⊓⊔ Trincheras aliadas.

⊙ Puestos de primeros auxilios.

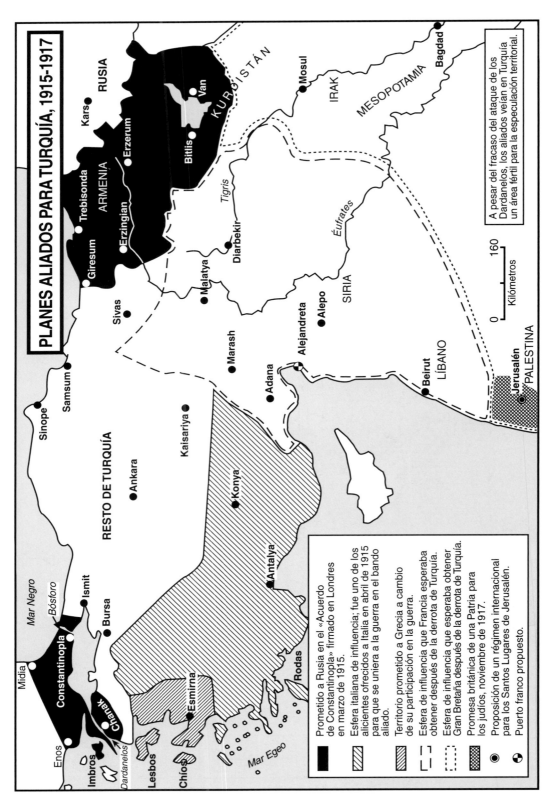

PLANES ALIADOS PARA TURQUÍA, 1915-1917

RUSIA

Kars●

KURDISTÁN

Van●

Erzurum●

Bitlis●

Mosul●

IRAK

Trebisonda●

ARMENIA

Erzingian●

MESOPOTAMIA

Bagdad●

Giresum●

Tigris

Diarbekir●

Éufrates

Sivas●

Malatya●

SIRIA

Samsum●

Marash●

Alepo●

Sinope●

Adana●

Alejandreta●

Beirut●

LÍBANO

A pesar del fracaso del ataque de los Dardanelos, los aliados veían en Turquía un área fértil para la especulación territorial.

160

Kilómetros

0

Jerusalén● PALESTINA

RESTO DE TURQUÍA

Kaisariya●

Ankara●

Konya●

Antalya●

Mar Negro

Bósforo

Ismit●

Bursa●

Constantinopla

Chanak

Esmirna●

Rodas

Midia

Enos

Imbros

Dardanelos

Lesbos

Chios

Mar Egeo

Prometido a Rusia en el «Acuerdo de Constantinopla» firmado en Londres en marzo de 1915.

Esfera italiana de influencia; fue uno de los alicientes ofrecidos a Italia en abril de 1915 para que se uniera a la guerra en el bando aliado.

Territorio prometido a Grecia a cambio de su participación en la guerra.

Esfera de influencia que Francia esperaba obtener después de la derrota de Turquía.

Esfera de influencia que esperaba obtener Gran Bretaña después de la derrota de Turquía.

Promesa británica de una Patria para los judíos, noviembre de 1917.

Proposición de un régimen internacional para los Santos Lugares de Jerusalén.

Puerto franco propuesto.

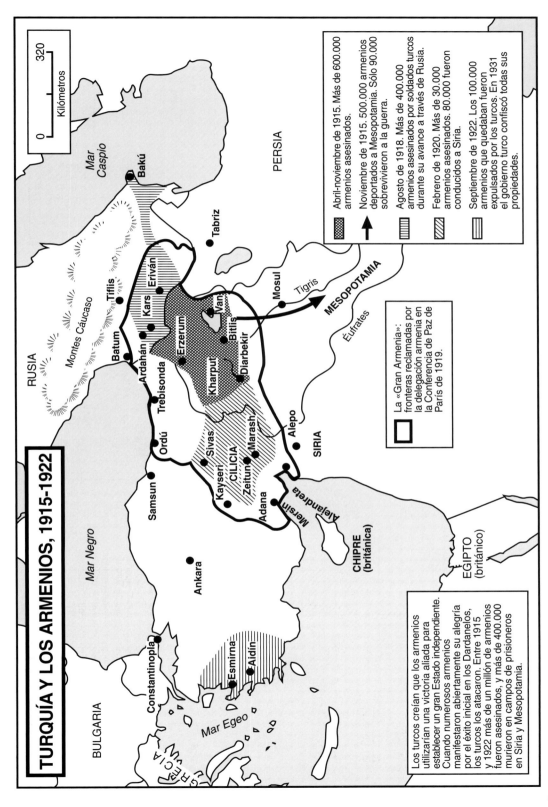

TURQUÍA Y LOS ARMENIOS, 1915-1922

320

Kilómetros

0

Mar Caspio

Bakú

Tabriz

PERSIA

RUSIA

Montes Cáucaso

Tiflis

Kars

Eriván

Batum

Ardahán

Erzerum

Van

Bitlis

Diarbekir

Mosul

Tigris

MESOPOTAMIA

Trebisonda

Kharput

Éufrates

Ordú

Sivas

Marash

Alepo

Samsun

Zeitun

CILICIA

SIRIA

Mar Negro

Kayseri

Adana

Mersin

Alejandreta

Ankara

CHIPRE
(británica)

Constantinopla

Esmirna

Aidín

EGIPTO
(británico)

BULGARIA

Mar Egeo

GRECIA

Abril-noviembre de 1915. Más de 600.000 armenios asesinados.

Noviembre de 1915. 500.000 armenios deportados a Mesopotamia. Sólo 90.000 sobrevivieron a la guerra.

Agosto de 1918. Más de 400.000 armenios asesinados por soldados turcos durante su avance a través de Rusia.

Febrero de 1920. Más de 30.000 armenios asesinados. 80.000 fueron conducidos a Siria.

Septiembre de 1922. Los 100.000 armenios que quedaban fueron expulsados por los turcos. En 1931 el gobierno turco confiscó todas sus propiedades.

La «Gran Armenia»: fronteras reclamadas por la delegación armenia en la Conferencia de Paz de París de 1919.

Los turcos creían que los armenios utilizarían una victoria aliada para establecer un gran Estado independiente. Cuando numerosos armenios manifestaron abiertamente su alegría por el éxito inicial en los Dardanelos, los turcos los atacaron. Entre 1915 y 1922 más de un millón de armenios fueron asesinados, y más de 400.000 murieron en campos de prisioneros en Siria y Mesopotamia.

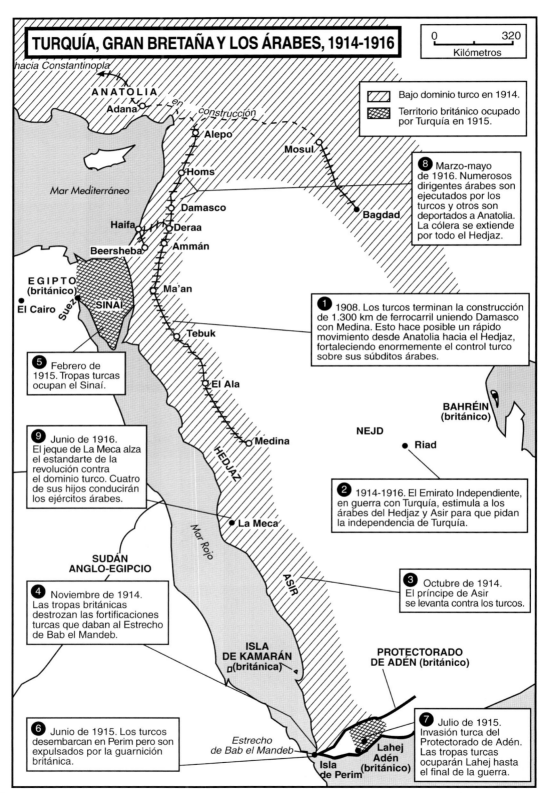

TURQUÍA, GRAN BRETAÑA Y LOS ÁRABES, 1914-1916

0 — 320
Kilómetros

hacia Constantinopla

ANATOLIA
Adana
en construcción
Alepo
Mosul
Homs
Damasco
Bagdad
Haifa
Deraa
Beersheba
Ammán
EGIPTO (británico)
El Cairo
Suez
SINAÍ
Ma'an
Tebuk
El Ala
Medina
Mar Mediterráneo

HEDJAZ

BAHRÉIN (británico)
NEJD
Riad

La Meca

Mar Rojo

SUDÁN ANGLO-EGIPCIO

ASIR

ISLA DE KAMARÁN (británica)

PROTECTORADO DE ADÉN (británico)

Estrecho de Bab el Mandeb
Isla de Perim
Lahej
Adén (británica)

Bajo dominio turco en 1914.

Territorio británico ocupado por Turquía en 1915.

8 Marzo-mayo de 1916. Numerosos dirigentes árabes son ejecutados por los turcos y otros son deportados a Anatolia. La cólera se extiende por todo el Hedjaz.

1 1908. Los turcos terminan la construcción de 1.300 km de ferrocarril uniendo Damasco con Medina. Esto hace posible un rápido movimiento desde Anatolia hacia el Hedjaz, fortaleciendo enormemente el control turco sobre sus súbditos árabes.

5 Febrero de 1915. Tropas turcas ocupan el Sinaí.

9 Junio de 1916. El jeque de La Meca alza el estandarte de la revolución contra el dominio turco. Cuatro de sus hijos conducirán los ejércitos árabes.

2 1914-1916. El Emirato Independiente, en guerra con Turquía, estimula a los árabes del Hedjaz y Asir para que pidan la independencia de Turquía.

3 Octubre de 1914. El príncipe de Asir se levanta contra los turcos.

4 Noviembre de 1914. Las tropas británicas destrozan las fortificaciones turcas que daban al Estrecho de Bab el Mandeb.

6 Junio de 1915. Los turcos desembarcan en Perim pero son expulsados por la guarnición británica.

7 Julio de 1915. Invasión turca del Protectorado de Adén. Las tropas turcas ocuparán Lahej hasta el final de la guerra.

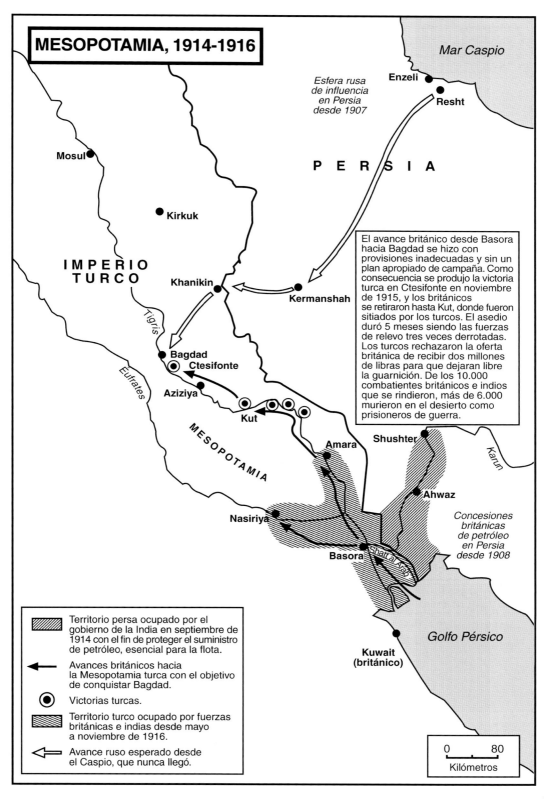

MESOPOTAMIA, 1914-1916

Mar Caspio

Esfera rusa de influencia en Persia desde 1907

Enzeli

Resht

P E R S I A

Mosul

Kirkuk

I M P E R I O T U R C O

Khanikin

Kermanshah

Tigris

Eufrates

El avance británico desde Basora hacia Bagdad se hizo con provisiones inadecuadas y sin un plan apropiado de campaña. Como consecuencia se produjo la victoria turca en Ctesifonte en noviembre de 1915, y los británicos se retiraron hasta Kut, donde fueron sitiados por los turcos. El asedio duró 5 meses siendo las fuerzas de relevo tres veces derrotadas. Los turcos rechazaron la oferta británica de recibir dos millones de libras para que dejaran libre la guarnición. De los 10.000 combatientes británicos e indios que se rindieron, más de 6.000 murieron en el desierto como prisioneros de guerra.

Bagdad
Ctesifonte

Aziziya

Kut

M E S O P O T A M I A

Amara

Shushter

Karun

Ahwaz

Concesiones británicas de petróleo en Persia desde 1908

Nasiriya

Basora

Shatt al Arab

Golfo Pérsico

Kuwait
(británico)

Territorio persa ocupado por el gobierno de la India en septiembre de 1914 con el fin de proteger el suministro de petróleo, esencial para la flota.

Avances británicos hacia la Mesopotamia turca con el objetivo de conquistar Bagdad.

Victorias turcas.

Territorio turco ocupado por fuerzas británicas e indias desde mayo a noviembre de 1916.

Avance ruso esperado desde el Caspio, que nunca llegó.

0		80

Kilómetros

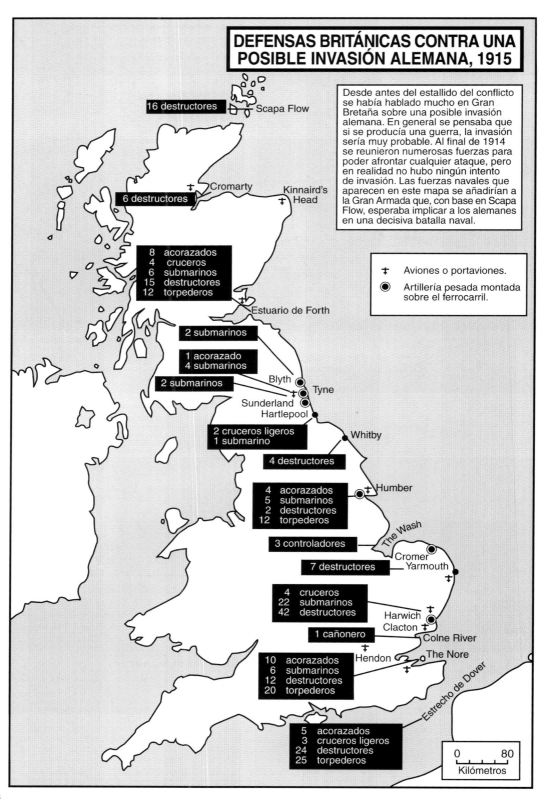

DEFENSAS BRITÁNICAS CONTRA UNA POSIBLE INVASIÓN ALEMANA, 1915

Desde antes del estallido del conflicto se había hablado mucho en Gran Bretaña sobre una posible invasión alemana. En general se pensaba que si se producía una guerra, la invasión sería muy probable. Al final de 1914 se reunieron numerosas fuerzas para poder afrontar cualquier ataque, pero en realidad no hubo ningún intento de invasión. Las fuerzas navales que aparecen en este mapa se añadirían a la Gran Armada que, con base en Scapa Flow, esperaba implicar a los alemanes en una decisiva batalla naval.

16 destructores — Scapa Flow

Cromarty
Kinnaird's Head

6 destructores

✝ Aviones o portaviones.

◉ Artillería pesada montada sobre el ferrocarril.

8   acorazados
4   cruceros
6   submarinos
15 destructores
12 torpederos

Estuario de Forth

2 submarinos

1 acorazado
4 submarinos

2 submarinos

Blyth
Tyne
Sunderland
Hartlepool

2 cruceros ligeros
1 submarino

Whitby

4 destructores

4   acorazados
5   submarinos
2   destructores
12 torpederos

Humber

The Wash

3 controladores

Cromer
Yarmouth

7 destructores

4   cruceros
22 submarinos
42 destructores

Harwich
Clacton

1 cañonero

Colne River

Hendon

The Nore

10 acorazados
6   submarinos
12 destructores
20 torpederos

Estrecho de Dover

5   acorazados
3   cruceros ligeros
24 destructores
25 torpederos

0   80
Kilómetros

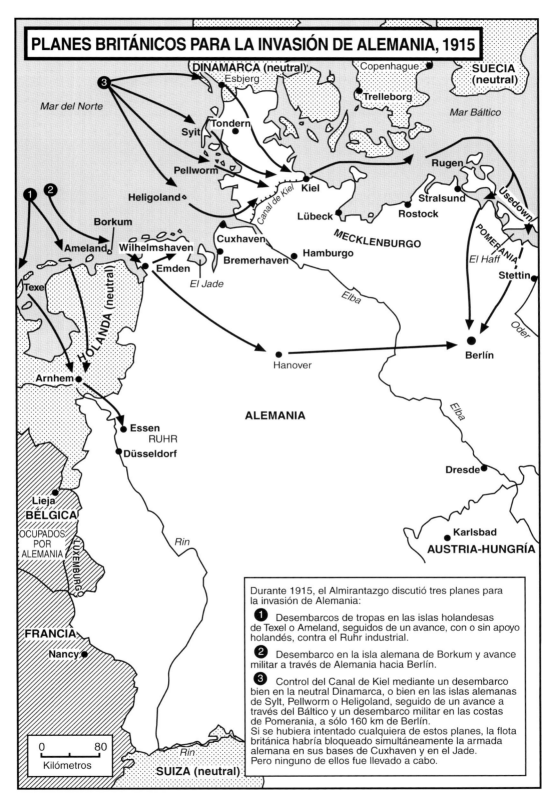

PLANES BRITÁNICOS PARA LA INVASIÓN DE ALEMANIA, 1915

DINAMARCA (neutral)

Copenhague

SUECIA (neutral)

Esbjerg

Trelleborg

Mar del Norte

Mar Báltico

Syit

Tondern

Rugen

Pellworm

Kiel

Usedown

Heligoland

Canal de Kiel

Stralsund

Borkum

Lübeck

Rostock

POMERANIA

Ameland

Cuxhaven

MECKLENBURGO

Texel

Wilhelmshaven

Emden

Bremerhaven

Hamburgo

El Haff

Stettin

El Jade

Elba

Oder

HOLANDA (neutral)

Hanover

Berlín

Arnhem

Essen

RUHR

Düsseldorf

Dresde

ALEMANIA

Elba

Lieja

BÉLGICA

OCUPADOS POR ALEMANIA

Karlsbad

AUSTRIA-HUNGRÍA

Rin

FRANCIA

Nancy

Durante 1915, el Almirantazgo discutió tres planes para la invasión de Alemania:

1 Desembarcos de tropas en las islas holandesas de Texel o Ameland, seguidos de un avance, con o sin apoyo holandés, contra el Ruhr industrial.

2 Desembarco en la isla alemana de Borkum y avance militar a través de Alemania hacia Berlín.

3 Control del Canal de Kiel mediante un desembarco bien en la neutral Dinamarca, o bien en las islas alemanas de Sylt, Pellworm o Heligoland, seguido de un avance a través del Báltico y un desembarco militar en las costas de Pomerania, a sólo 160 km de Berlín.
Si se hubiera intentado cualquiera de estos planes, la flota británica habría bloqueado simultáneamente la armada alemana en sus bases de Cuxhaven y en el Jade.
Pero ninguno de ellos fue llevado a cabo.

0   80
Kilómetros

Rin

SUIZA (neutral)

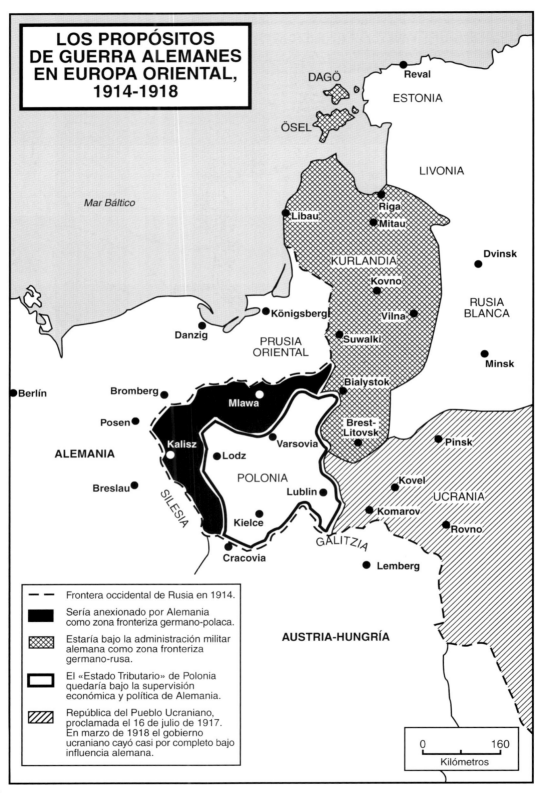

LOS PROPÓSITOS DE GUERRA ALEMANES EN EUROPA ORIENTAL, 1914-1918

DAGÖ

Reval

ESTONIA

ÖSEL

LIVONIA

Mar Báltico

Libau

Riga
Mitau

Dvinsk

KURLANDIA

Kovno

RUSIA
BLANCA

Königsberg

Vilna

Danzig

Suwalki

Minsk

PRUSIA
ORIENTAL

Bialystok

Berlín

Bromberg

Mlawa

Posen

Brest-
Litovsk

Pinsk

ALEMANIA

Kalisz

Varsovia

Lodz

Kovel

UCRANIA

Breslau

POLONIA

Lublin

SILESIA

Komarov

Kielce

Rovno

Cracovia

GALITZIA

Lemberg

Frontera occidental de Rusia en 1914.

Sería anexionado por Alemania como zona fronteriza germano-polaca.

Estaría bajo la administración militar alemana como zona fronteriza germano-rusa.

El «Estado Tributario» de Polonia quedaría bajo la supervisión económica y política de Alemania.

República del Pueblo Ucraniano, proclamada el 16 de julio de 1917. En marzo de 1918 el gobierno ucraniano cayó casi por completo bajo influencia alemana.

AUSTRIA-HUNGRÍA

0   160

Kilómetros

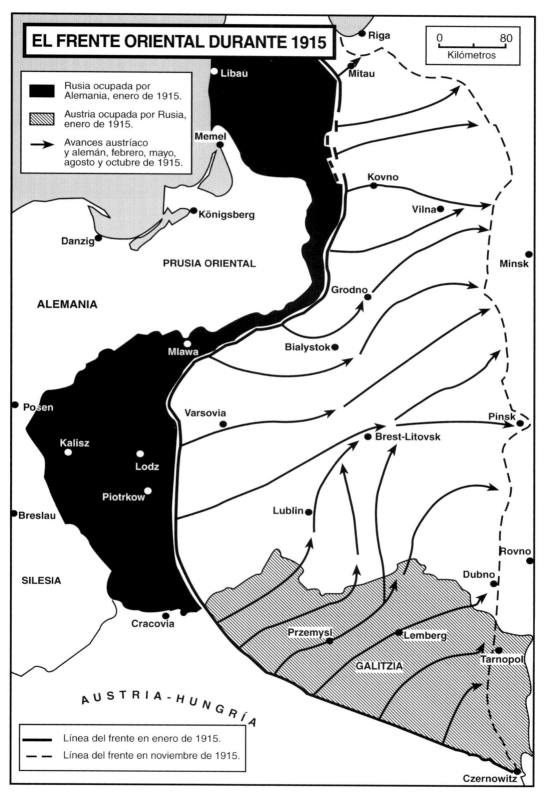

EL FRENTE ORIENTAL DURANTE 1915

Rusia ocupada por Alemania, enero de 1915.

Austria ocupada por Rusia, enero de 1915.

Avances austríaco y alemán, febrero, mayo, agosto y octubre de 1915.

Riga

0   80
Kilómetros

Libaú

Mitau

Memel

Kovno

Vilna

Königsberg

Minsk

Danzig

PRUSIA ORIENTAL

ALEMANIA

Grodno

Mlawa

Bialystok

Posen

Varsovia

Pinsk

Kalisz

Brest-Litovsk

Lodz

Piotrkow

Breslau

Lublin

Rovno

Dubno

SILESIA

Cracovia

Przemysl

Lemberg

Tarnopol

GALITZIA

A U S T R I A - H U N G R Í A

Línea del frente en enero de 1915.

Línea del frente en noviembre de 1915.

Czernowitz

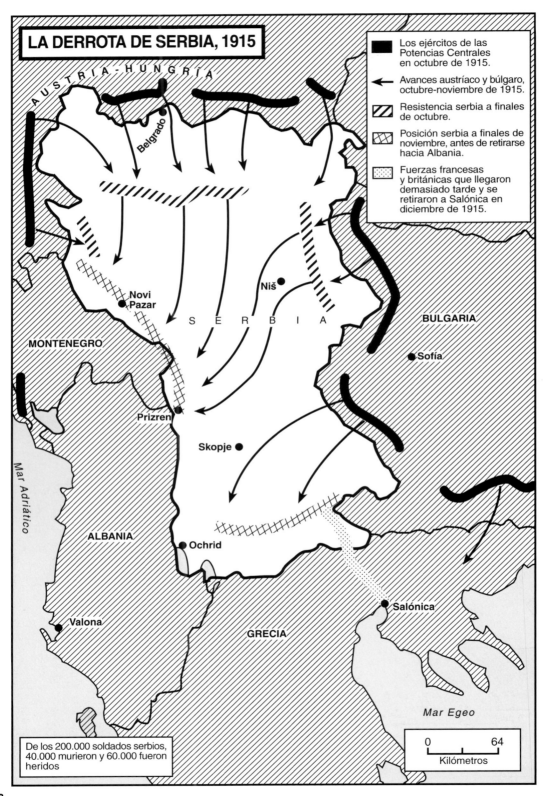

LA DERROTA DE SERBIA, 1915

AUSTRIA-HUNGRÍA

Belgrado

■	Los ejércitos de las Potencias Centrales en octubre de 1915.
←	Avances austríaco y búlgaro, octubre-noviembre de 1915.
▨	Resistencia serbia a finales de octubre.
▧	Posición serbia a finales de noviembre, antes de retirarse hacia Albania.
⣿	Fuerzas francesas y británicas que llegaron demasiado tarde y se retiraron a Salónica en diciembre de 1915.

Novi Pazar

Niš

S E R B I A

BULGARIA

MONTENEGRO

Sofía

Prizren

Skopje

Mar Adriático

ALBANIA

Ochrid

Salónica

Valona

GRECIA

Mar Egeo

De los 200.000 soldados serbios, 40.000 murieron y 60.000 fueron heridos

0   64
Kilómetros

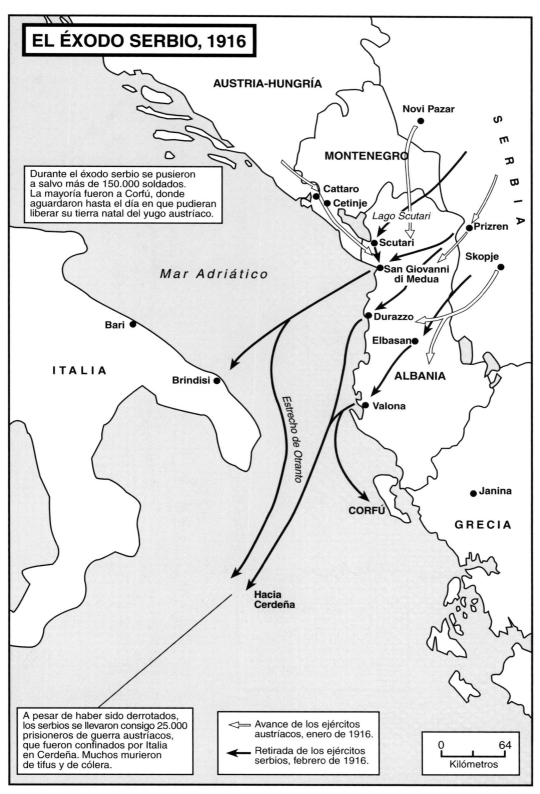

EL ÉXODO SERBIO, 1916

AUSTRIA-HUNGRÍA

SERBIA

Novi Pazar

MONTENEGRO

Durante el éxodo serbio se pusieron a salvo más de 150.000 soldados. La mayoría fueron a Corfú, donde aguardaron hasta el día en que pudieran liberar su tierra natal del yugo austríaco.

Cattaro

Cetinje

Lago Scutari

Prizren

Scutari

San Giovanni di Medua

Skopje

Mar Adriático

Bari

Durazzo

Elbasan

ITALIA

Brindisi

ALBANIA

Estrecho de Otranto

Valona

Janina

CORFÚ

GRECIA

Hacia Cerdeña

A pesar de haber sido derrotados, los serbios se llevaron consigo 25.000 prisioneros de guerra austríacos, que fueron confinados por Italia en Cerdeña. Muchos murieron de tifus y de cólera.

⇐ Avance de los ejércitos austríacos, enero de 1916.

← Retirada de los ejércitos serbios, febrero de 1916.

0   64
Kilómetros

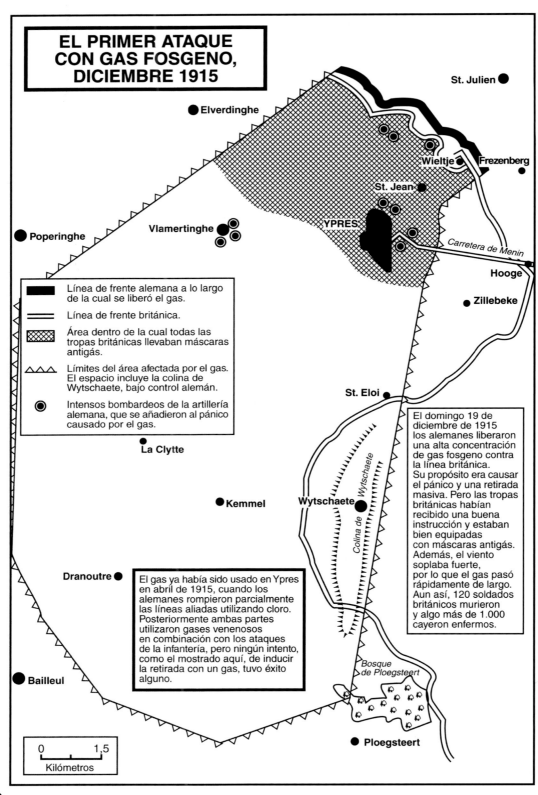

EL PRIMER ATAQUE CON GAS FOSGENO, DICIEMBRE 1915

St. Julien

Elverdinghe

Wieltje

Frezenberg

St. Jean

YPRES

Carretera de Menin

Poperinghe

Vlamertinghe

Hooge

Zillebeke

Línea de frente alemana a lo largo de la cual se liberó el gas.

Línea de frente británica.

Área dentro de la cual todas las tropas británicas llevaban máscaras antigás.

Límites del área afectada por el gas. El espacio incluye la colina de Wytschaete, bajo control alemán.

Intensos bombardeos de la artillería alemana, que se añadieron al pánico causado por el gas.

St. Eloi

La Clytte

El domingo 19 de diciembre de 1915 los alemanes liberaron una alta concentración de gas fosgeno contra la línea británica. Su propósito era causar el pánico y una retirada masiva. Pero las tropas británicas habían recibido una buena instrucción y estaban bien equipadas con máscaras antigás. Además, el viento soplaba fuerte, por lo que el gas pasó rápidamente de largo. Aun así, 120 soldados británicos murieron y algo más de 1.000 cayeron enfermos.

Kemmel

Wytschaete

Colina de Wytschaete

Dranoutre

El gas ya había sido usado en Ypres en abril de 1915, cuando los alemanes rompieron parcialmente las líneas aliadas utilizando cloro. Posteriormente ambas partes utilizaron gases venenosos en combinación con los ataques de la infantería, pero ningún intento, como el mostrado aquí, de inducir la retirada con un gas, tuvo éxito alguno.

Bosque de Ploegsteert

Bailleul

0   1,5
Kilómetros

Ploegsteert

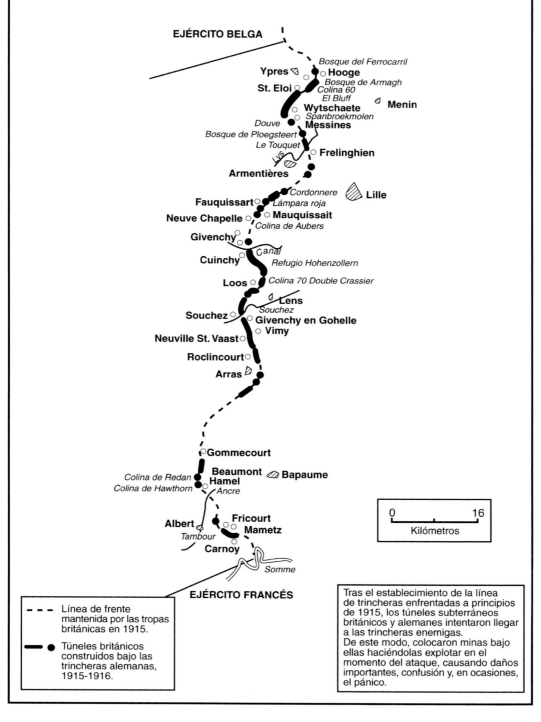

LOS TÚNELES DEL FRENTE OCCIDENTAL, 1915-1916

EJÉRCITO BELGA

Bosque del Ferrocarril
Ypres • Hooge
St. Eloi *Bosque de Armagh*
Colina 60
El Bluff Menin
Wytschaete
Spanbroekmolen
Douve Messines
Bosque de Ploegsteert
Le Touquet Frelinghien
Armentières
Cordonnere Lille
Fauquissart *Lámpara roja*
Neuve Chapelle Mauquissait
Colina de Aubers
Givenchy
Canal
Cuinchy *Refugio Hohenzollern*
Colina 70 Double Crassier
Loos
Lens
Souchez
Souchez Givenchy en Gohelle
Vimy
Neuville St. Vaast
Roclincourt
Arras

Gommecourt
Colina de Redan Beaumont Bapaume
Colina de Hawthorn Hamel
Ancre
Fricourt
Albert Mametz
Tambour
Carnoy
Somme

EJÉRCITO FRANCÉS

0 — 16
Kilómetros

- - - Línea de frente mantenida por las tropas británicas en 1915.

━━● Túneles británicos construidos bajo las trincheras alemanas, 1915-1916.

Tras el establecimiento de la línea de trincheras enfrentadas a principios de 1915, los túneles subterráneos británicos y alemanes intentaron llegar a las trincheras enemigas.
De este modo, colocaron minas bajo ellas haciéndolas explotar en el momento del ataque, causando daños importantes, confusión y, en ocasiones, el pánico.

Sección 4

1916

...Líneas de gris, rostros refunfuñantes, enmascarados por el miedo,
dejan sus trincheras y suben a lo alto,
mientras el tiempo pasa en sus muñecas,
y la esperanza, con ojos furtivos y levantando los puños,
tropieza con el barro. ¡Oh Jesús, haz que se detenga!

SIEGFRIED SASSOON
«Ataque»

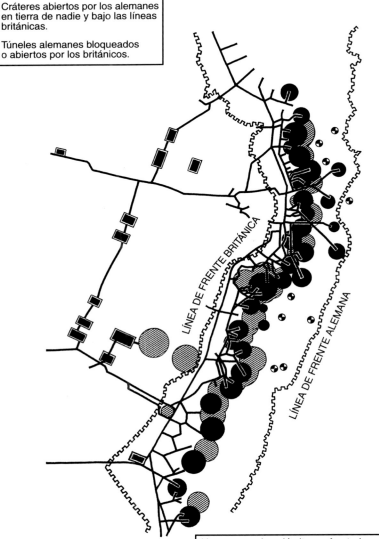

Legend:

ⵗⵗ Líneas de frente británica y alemana.

▬ Almacenes de explosivos y refugios subterráneos británicos.

— Túneles británicos.

● Cráteres abiertos por los británicos en tierra de nadie.

◍ Cráteres abiertos por los alemanes en tierra de nadie y bajo las líneas británicas.

◉ Túneles alemanes bloqueados o abiertos por los británicos.

ACTIVIDAD SUBTERRÁNEA EN EL FRENTE OCCIDENTAL, 1916

LÍNEA DE FRENTE BRITÁNICA

LÍNEA DE FRENTE ALEMANA

Una vez que los ejércitos enfrentados establecieron sus fortificaciones atrincheradas, zapadores y mineros empezaron a cavar en tierra de nadie, e incluso bajo las líneas enemigas, colocando cargas explosivas a intervalos regulares para destruir las posiciones y fortificaciones de las trincheras enemigas. Los propios cráteres se convirtieron posteriormente en objetivos militares. Al cabo de un año había más de 60 cráteres abiertos a lo largo de la milla de tierra de nadie en el sector de las trincheras que nos muestra este mapa.

0 ⸺ 60
Metros

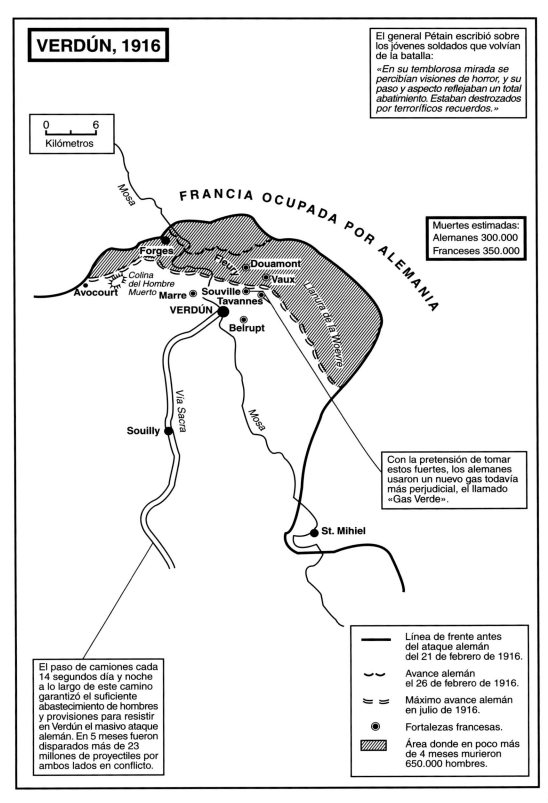

VERDÚN, 1916

El general Pétain escribió sobre los jóvenes soldados que volvían de la batalla:

«En su temblorosa mirada se percibían visiones de horror, y su paso y aspecto reflejaban un total abatimiento. Estaban destrozados por terroríficos recuerdos.»

0   6
Kilómetros

FRANCIA OCUPADA POR ALEMANIA

Mosa

Forges

Colina del Hombre Muerto

Avocourt

Marre

Souville

Tavannes

Feti

Douamont

Vaux

Llanura de la Woevre

VERDÚN

Belrupt

Vía Sacra

Mosa

Souilly

Muertes estimadas:
Alemanes 300.000
Franceses 350.000

Con la pretensión de tomar estos fuertes, los alemanes usaron un nuevo gas todavía más perjudicial, el llamado «Gas Verde».

St. Mihiel

El paso de camiones cada 14 segundos día y noche a lo largo de este camino garantizó el suficiente abastecimiento de hombres y provisiones para resistir en Verdún el masivo ataque alemán. En 5 meses fueron disparados más de 23 millones de proyectiles por ambos lados en conflicto.

	Línea de frente antes del ataque alemán del 21 de febrero de 1916.
	Avance alemán el 26 de febrero de 1916.
	Máximo avance alemán en julio de 1916.
	Fortalezas francesas.
	Área donde en poco más de 4 meses murieron 650.000 hombres.

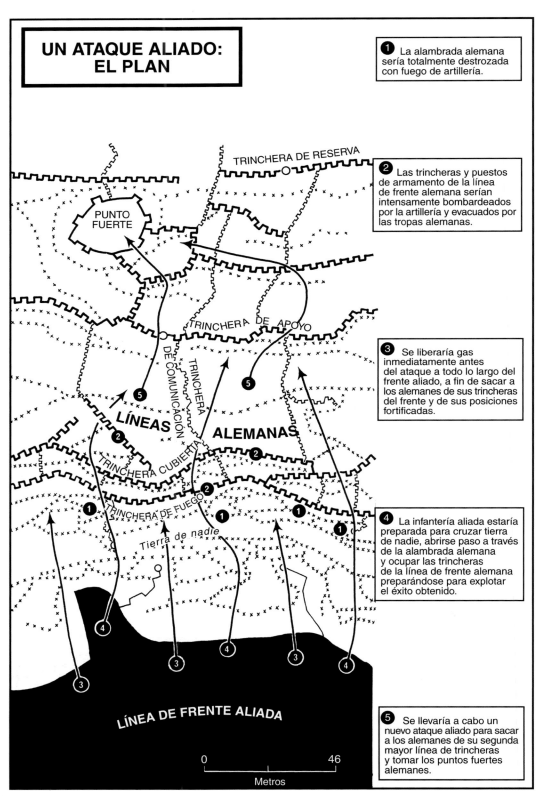

UN ATAQUE ALIADO: EL PLAN

1 La alambrada alemana sería totalmente destrozada con fuego de artillería.

2 Las trincheras y puestos de armamento de la línea de frente alemana serían intensamente bombardeados por la artillería y evacuados por las tropas alemanas.

3 Se liberaría gas inmediatamente antes del ataque a todo lo largo del frente aliado, a fin de sacar a los alemanes de sus trincheras del frente y de sus posiciones fortificadas.

4 La infantería aliada estaría preparada para cruzar tierra de nadie, abrirse paso a través de la alambrada alemana y ocupar las trincheras de la línea de frente alemana preparándose para explotar el éxito obtenido.

5 Se llevaría a cabo un nuevo ataque aliado para sacar a los alemanes de su segunda mayor línea de trincheras y tomar los puntos fuertes alemanes.

TRINCHERA DE RESERVA

PUNTO FUERTE

TRINCHERA DE APOYO

TRINCHERA DE COMUNICACIÓN

LÍNEAS

ALEMANAS

TRINCHERA CUBIERTA

TRINCHERA DE FUEGO

Tierra de nadie

LÍNEA DE FRENTE ALIADA

0   46

Metros

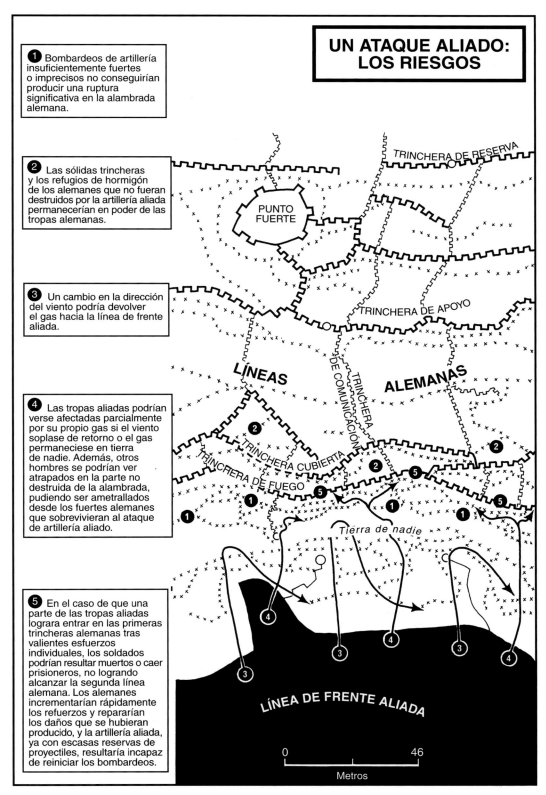

UN ATAQUE ALIADO: LOS RIESGOS

1 Bombardeos de artillería insuficientemente fuertes o imprecisos no conseguirían producir una ruptura significativa en la alambrada alemana.

2 Las sólidas trincheras y los refugios de hormigón de los alemanes que no fueran destruidos por la artillería aliada permanecerían en poder de las tropas alemanas.

3 Un cambio en la dirección del viento podría devolver el gas hacia la línea de frente aliada.

4 Las tropas aliadas podrían verse afectadas parcialmente por su propio gas si el viento soplase de retorno o el gas permaneciese en tierra de nadie. Además, otros hombres se podrían ver atrapados en la parte no destruida de la alambrada, pudiendo ser ametrallados desde los fuertes alemanes que sobrevivieran al ataque de artillería aliado.

5 En el caso de que una parte de las tropas aliadas lograra entrar en las primeras trincheras alemanas tras valientes esfuerzos individuales, los soldados podrían resultar muertos o caer prisioneros, no logrando alcanzar la segunda línea alemana. Los alemanes incrementarían rápidamente los refuerzos y repararían los daños que se hubieran producido, y la artillería aliada, ya con escasas reservas de proyectiles, resultaría incapaz de reiniciar los bombardeos.

TRINCHERA DE RESERVA

PUNTO FUERTE

TRINCHERA DE APOYO

LÍNEAS

TRINCHERA DE COMUNICACIÓN

ALEMANAS

TRINCHERA CUBIERTA

TRINCHERA DE FUEGO

Tierra de nadie

LÍNEA DE FRENTE ALIADA

0   46

Metros

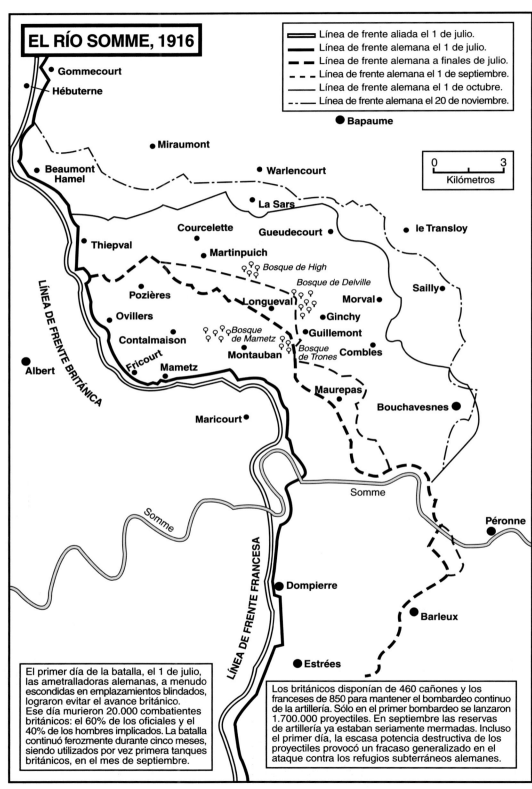

EL RÍO SOMME, 1916

Leyenda:
- Línea de frente aliada el 1 de julio.
- Línea de frente alemana el 1 de julio.
- Línea de frente alemana a finales de julio.
- Línea de frente alemana el 1 de septiembre.
- Línea de frente alemana el 1 de octubre.
- Línea de frente alemana el 20 de noviembre.

0 — 3 Kilómetros

Gommecourt
Hébuterne
Bapaume
Miraumont
Beaumont Hamel
Warlencourt
La Sars
Courcelette
Gueudecourt
le Transloy
Thiepval
Martinpuich
Bosque de High
Bosque de Delville
Pozières
Longueval
Morval
Sailly
Ovillers
Ginchy
Contalmaison
Bosque de Mametz
Guillemont
Albert
Fricourt
Mametz
Montauban
Bosque de Trones
Combles
LÍNEA DE FRENTE BRITÁNICA
Maricourt
Maurepas
Bouchavesnes
Somme
Péronne
Somme
LÍNEA DE FRENTE FRANCESA
Dompierre
Barleux
Estrées

El primer día de la batalla, el 1 de julio, las ametralladoras alemanas, a menudo escondidas en emplazamientos blindados, lograron evitar el avance británico. Ese día murieron 20.000 combatientes británicos: el 60% de los oficiales y el 40% de los hombres implicados. La batalla continuó ferozmente durante cinco meses, siendo utilizados por vez primera tanques británicos, en el mes de septiembre.

Los británicos disponían de 460 cañones y los franceses de 850 para mantener el bombardeo continuo de la artillería. Sólo en el primer bombardeo se lanzaron 1.700.000 proyectiles. En septiembre las reservas de artillería ya estaban seriamente mermadas. Incluso el primer día, la escasa potencia destructiva de los proyectiles provocó un fracaso generalizado en el ataque contra los refugios subterráneos alemanes.

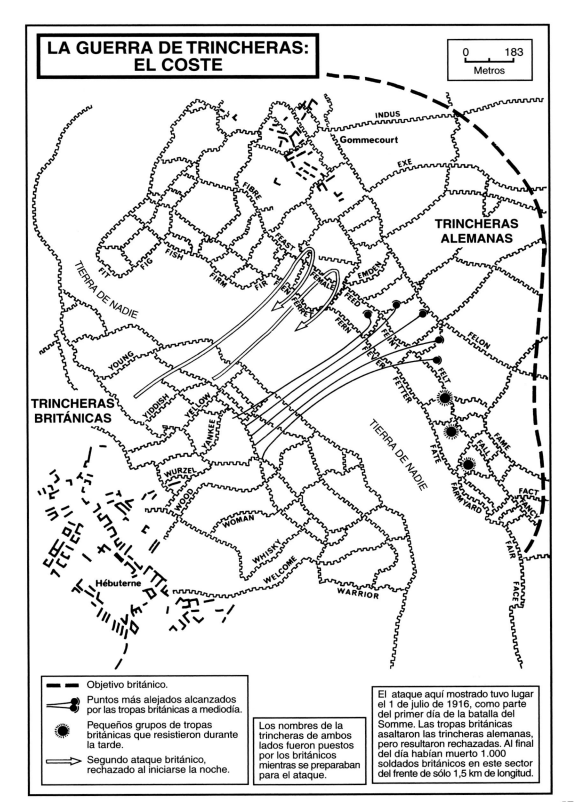

LA GUERRA DE TRINCHERAS: EL COSTE

0 — 183
Metros

INDUS

Gommecourt

EXE

FIBRE

TRINCHERAS ALEMANAS

FEAST

FISH

FIG

FIRM

FIR

FEN

FEMALE

EMDEN

FEED

FELON

FERRET

FERN

FEINT

FELT

FIT

TIERRA DE NADIE

FEVER

FAME

FETTER

FALL

YOUNG

FATE

FARMYARD

FACT

NANCY

TRINCHERAS BRITÁNICAS

YIDDISH

YELLOW

FAIR

FACE

YANKEE

TIERRA DE NADIE

WURZEL

WOOD

WOMAN

WHISKY

Hébuterne

WELCOME

WARRIOR

— — — Objetivo británico.

Puntos más alejados alcanzados por las tropas británicas a mediodía.

Pequeños grupos de tropas británicas que resistieron durante la tarde.

Segundo ataque británico, rechazado al iniciarse la noche.

Los nombres de la trincheras de ambos lados fueron puestos por los británicos mientras se preparaban para el ataque.

El ataque aquí mostrado tuvo lugar el 1 de julio de 1916, como parte del primer día de la batalla del Somme. Las tropas británicas asaltaron las trincheras alemanas, pero resultaron rechazadas. Al final del día habían muerto 1.000 soldados británicos en este sector del frente de sólo 1,5 km de longitud.

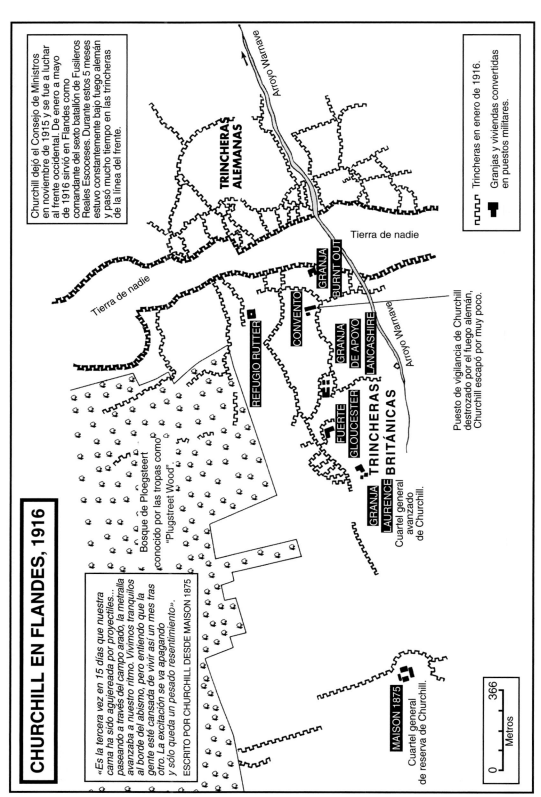

CHURCHILL EN FLANDES, 1916

Churchill dejó el Consejo de Ministros en noviembre de 1915 y se fue a luchar al frente occidental. De enero a mayo de 1916 sirvió en Flandes como comandante del sexto batallón de Fusileros Reales Escoceses. Durante estos 5 meses estuvo constantemente bajo fuego alemán y pasó mucho tiempo en las trincheras de la línea del frente.

Trincheras en enero de 1916.

Granjas y viviendas convertidas en puestos militares.

TRINCHERAS ALEMANAS

Arroyo Warnave

Tierra de nadie

Tierra de nadie

GRANJA BURNT OUT

CONVENTO

GRANJA DE APOYO LANCASHIRE

REFUGIO RUTTER

Arroyo Warnave

Puesto de vigilancia de Churchill destrozado por el fuego alemán, Churchill escapó por muy poco.

FUERTE GLOUCESTER

TRINCHERAS BRITÁNICAS

GRANJA LAURENCE
Cuartel general avanzado de Churchill.

Bosque de Ploegsteert
conocido por las tropas como "Plugstreet Wood".

«Es la tercera vez en 15 días que nuestra cama ha sido agujereada por proyectiles... paseando a través del campo arado, la metralla avanzaba a nuestro ritmo. Vivimos tranquilos al borde del abismo, pero entiendo que la gente esté cansada de vivir así un mes tras otro. La excitación se va apagando y sólo queda un pesado resentimiento».

ESCRITO POR CHURCHILL DESDE MAISON 1875

MAISON 1875
Cuartel general de reserva de Churchill.

MAISON 1875
Cuartel general de reserva de Churchill.

0   366
Metros

58

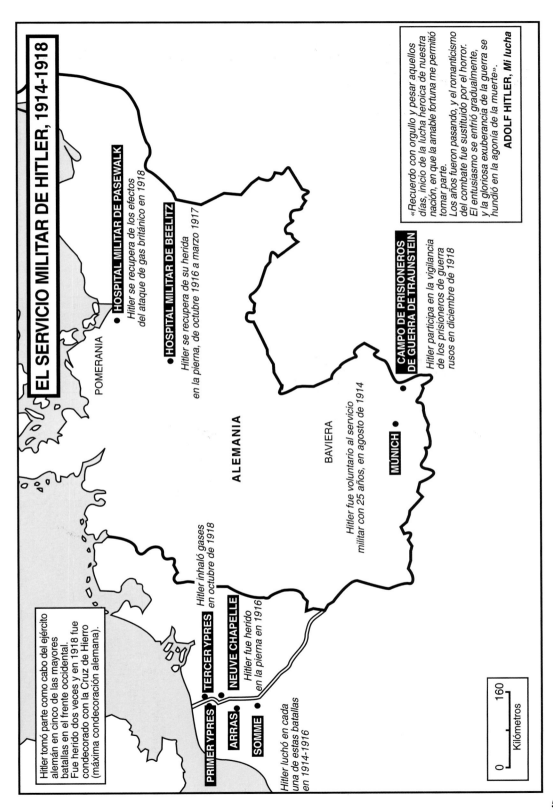

EL SERVICIO MILITAR DE HITLER, 1914-1918

POMERANIA

ALEMANIA

BAVIERA

HOSPITAL MILITAR DE PASEWALK

Hitler se recupera de los efectos del ataque de gas británico en 1918

HOSPITAL MILITAR DE BEELITZ

Hitler se recupera de su herida en la pierna, de octubre 1916 a marzo 1917

CAMPO DE PRISIONEROS DE GUERRA DE TRAUNSTEIN

Hitler participa en la vigilancia de los prisioneros de guerra rusos en diciembre de 1918

MUNICH

Hitler fue voluntario al servicio militar con 25 años, en agosto de 1914

Hitler inhaló gases en octubre de 1918

TERCER YPRES

NEUVE CHAPELLE

Hitler fue herido en la pierna en 1916

PRIMER YPRES

ARRAS

SOMME

Hitler luchó en cada una de estas batallas en 1914-1916

Hitler tomó parte como cabo del ejército alemán en cinco de las mayores batallas en el frente occidental.
Fue herido dos veces y en 1918 fue condecorado con la Cruz de Hierro (máxima condecoración alemana).

«*Recuerdo con orgullo y pesar aquellos días, inicio de la lucha heroica de nuestra nación, en que la amable fortuna me permitió tomar parte.*
Los años fueron pasando, y el romanticismo del combate fue sustituido por el horror.
El entusiasmo se enfrió gradualmente, y la gloriosa exuberancia de la guerra se hundió en la agonía de la muerte».

ADOLF HITLER, *Mi lucha*

0   160

Kilómetros

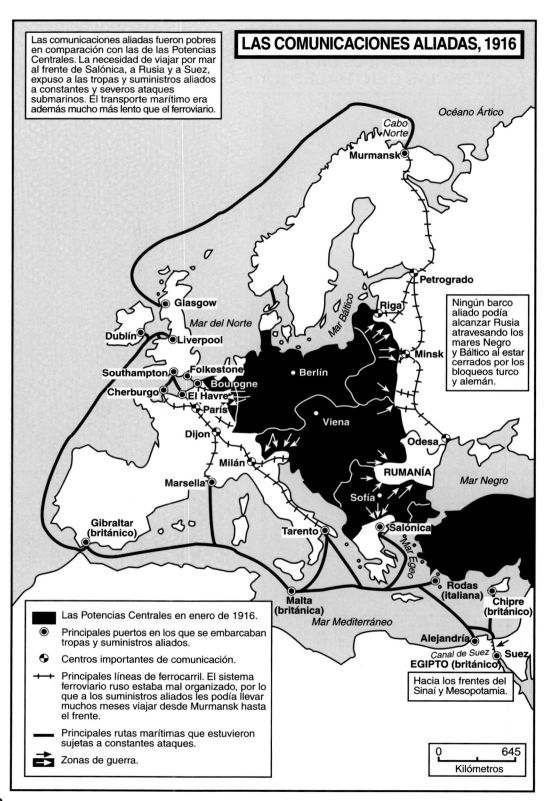

LAS COMUNICACIONES ALIADAS, 1916

Las comunicaciones aliadas fueron pobres en comparación con las de las Potencias Centrales. La necesidad de viajar por mar al frente de Salónica, a Rusia y a Suez, expuso a las tropas y suministros aliados a constantes y severos ataques submarinos. El transporte marítimo era además mucho más lento que el ferroviario.

Ningún barco aliado podía alcanzar Rusia atravesando los mares Negro y Báltico al estar cerrados por los bloqueos turco y alemán.

Océano Ártico

Cabo Norte

Murmansk

Petrogrado

Riga

Glasgow

Mar del Norte

Dublín

Liverpool

Minsk

Southampton

Folkestone

Boulogne

Cherburgo

El Havre

París

Berlín

Dijon

Viena

Milán

Odesa

Marsella

Mar Báltico

RUMANÍA

Mar Negro

Sofía

Gibraltar (británico)

Tarento

Salónica

Mar Egeo

Rodas (italiana)

Chipre (británico)

Malta (británica)

Mar Mediterráneo

Alejandría

Canal de Suez Suez

EGIPTO (británico)

Hacia los frentes del Sinaí y Mesopotamia.

Las Potencias Centrales en enero de 1916.

Principales puertos en los que se embarcaban tropas y suministros aliados.

Centros importantes de comunicación.

Principales líneas de ferrocarril. El sistema ferroviario ruso estaba mal organizado, por lo que a los suministros aliados les podía llevar muchos meses viajar desde Murmansk hasta el frente.

Principales rutas marítimas que estuvieron sujetas a constantes ataques.

Zonas de guerra.

0   645

Kilómetros

LAS COMUNICACIONES FERROVIARIAS DE LAS POTENCIAS CENTRALES, 1916

0   320
Kilómetros

Mar del Norte

Mar Báltico

Libau

Memel

Vilna

Kiel

Danzig

Königsberg

Hamburgo

Stettin

Zeebrugge

Berlín

Varsovia

ALEMANIA

Bruselas

Frankfurt

Metz

AUSTRIA-HUNGRÍA

Viena

Budapest

Trieste

Fiume

RUMANÍA

Mar Adriático

Varna

Niš

Sofía

BULGARIA

Mar Negro

Constantinopla

TURQUÍA

Mar Egeo

Las Potencias Centrales en diciembre de 1915.

◉ Puertos principales.

◉ Centros ferroviarios importantes.

→ Zonas de guerra.

Serbia: su conquista en 1915 hizo posible enlazar Turquía y Bulgaria con Austria y Alemania.

Rumanía: su conquista en 1916 resultó más fácil al ser accesible por 4 puntos diferentes a través de ferrocarril.

+++ Líneas de ferrocarril principales.

Las Potencias Centrales utilizaron una red de ferrocarril anterior a la guerra que era ideal para el transporte rápido de tropas y suministros desde el centro hacia las zonas de conflicto, así como entre zonas. El sistema fue inmune al ataque aliado.

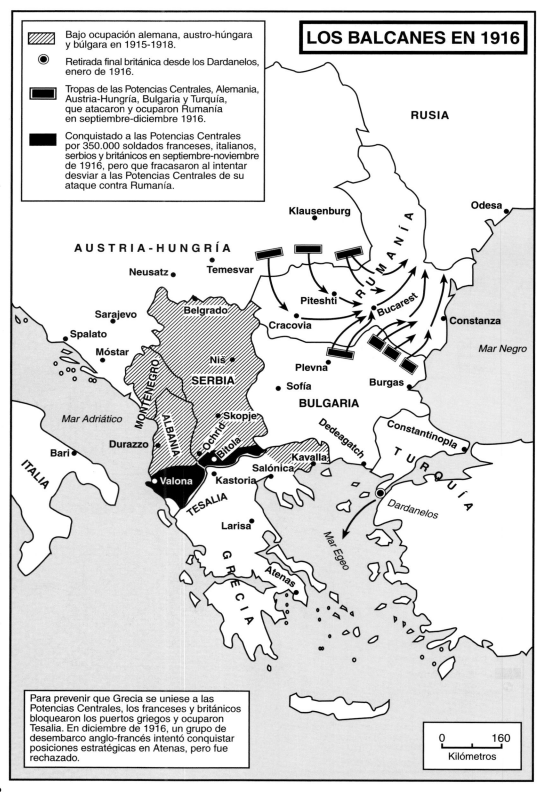

LOS BALCANES EN 1916

Bajo ocupación alemana, austro-húngara y búlgara en 1915-1918.

Retirada final británica desde los Dardanelos, enero de 1916.

Tropas de las Potencias Centrales, Alemania, Austria-Hungría, Bulgaria y Turquía, que atacaron y ocuparon Rumanía en septiembre-diciembre 1916.

Conquistado a las Potencias Centrales por 350.000 soldados franceses, italianos, serbios y británicos en septiembre-noviembre de 1916, pero que fracasaron al intentar desviar a las Potencias Centrales de su ataque contra Rumanía.

RUSIA

Odesa

Klausenburg

AUSTRIA-HUNGRÍA

Neusatz

Temesvar

R U M A N Í A

Piteshti

Bucarest

Constanza

Sarajevo

Belgrado

Cracovia

Mar Negro

Spalato

Móstar

Niš

SERBIA

Plevna

Burgas

Sofía

M O N T E N E G R O

Mar Adriático

Skopje

BULGARIA

Dedeagatch

Constantinopla

Bari

Durazzo

Ochrid

Bitola

Kavalla

T U R Q U Í A

A L B A N I A

Salónica

Valona

Kastoria

Dardanelos

TESALIA

Larisa

Mar Egeo

ITALIA

G R E C I A

Atenas

Para prevenir que Grecia se uniese a las Potencias Centrales, los franceses y británicos bloquearon los puertos griegos y ocuparon Tesalia. En diciembre de 1916, un grupo de desembarco anglo-francés intentó conquistar posiciones estratégicas en Atenas, pero fue rechazado.

0	160

Kilómetros

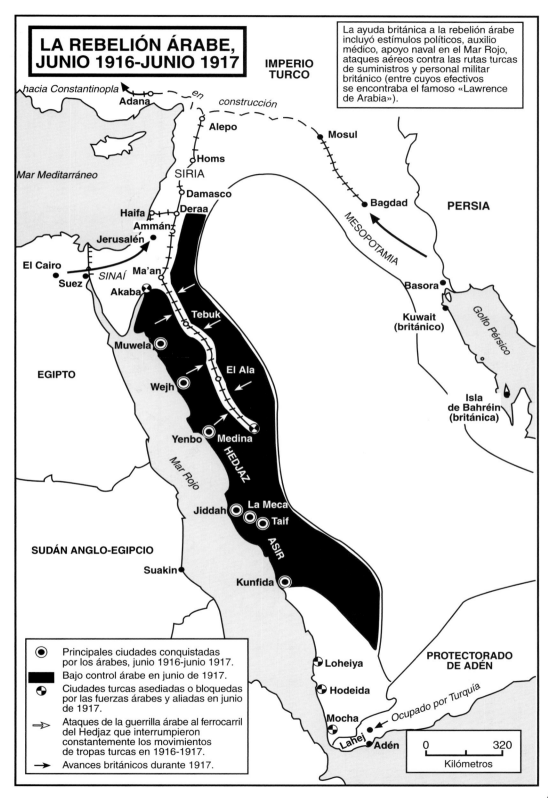

LA REBELIÓN ÁRABE, JUNIO 1916-JUNIO 1917

La ayuda británica a la rebelión árabe incluyó estímulos políticos, auxilio médico, apoyo naval en el Mar Rojo, ataques aéreos contra las rutas turcas de suministros y personal militar británico (entre cuyos efectivos se encontraba el famoso «Lawrence de Arabia»).

IMPERIO TURCO

hacia Constantinopla

Adana

en construcción

Alepo

Mosul

Homs

Mar Meditarráneo

SIRIA

Damasco

Haifa

Deraa

Ammán

Bagdad

PERSIA

MESOPOTAMIA

Jerusalén

El Cairo

Ma'an

SINAÍ

Suez

Basora

Akaba

Tebuk

Kuwait (británico)

Golfo Pérsico

Muwela

EGIPTO

El Ala

Wejh

Isla de Bahréin (británica)

Yenbo

Medina

HEDJAZ

Mar Rojo

Jiddah

La Meca

Taif

SUDÁN ANGLO-EGIPCIO

ASIR

Suakin

Kunfida

PROTECTORADO DE ADÉN

Loheiya

◉ Principales ciudades conquistadas por los árabes, junio 1916-junio 1917.

■ Bajo control árabe en junio de 1917.

◉ Ciudades turcas asediadas o bloqueadas por las fuerzas árabes y aliadas en junio de 1917.

⇒ Ataques de la guerrilla árabe al ferrocarril del Hedjaz que interrumpieron constantemente los movimientos de tropas turcas en 1916-1917.

→ Avances británicos durante 1917.

Hodeida

Ocupado por Turquía

Mocha

Lahej

Adén

0   320

Kilómetros

Sección 5

LA GUERRA EN EL AIRE

La noche se hace añicos en mitad del cielo - el estallido de los cañones,
el estruendo de los aviones, el estrépito de las bombas, y todo
el caos que se desencadena a cielo abierto nos deja atónitos.
Sensaciones de indiferencia cuando se produce
un cercano derrumbe que sobresalta,
estremeciendo, sorprendiendo, aturdiendo, poniendo los pelos de punta;
y todos los sentidos se agazapan
como una criatura atrapada en el freno...

WILFRED GIBSON
«Incursión aérea»

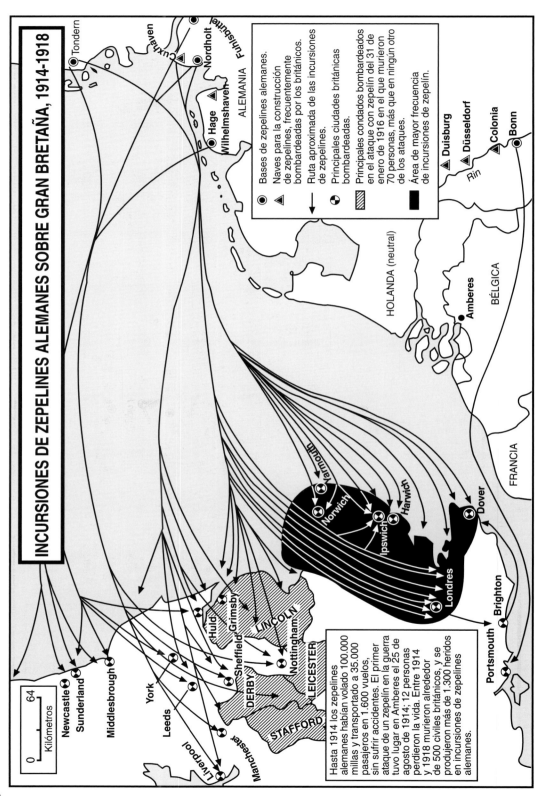

INCURSIONES DE ZEPELINES ALEMANES SOBRE GRAN BRETAÑA, 1914-1918

⊙ Bases de zepelines alemanes.

◁ Naves para la construcción de zepelines, frecuentemente bombardeadas por los británicos.

↓ Ruta aproximada de las incursiones de zepelines.

⊙ Principales ciudades británicas bombardeadas.

▨ Principales condados bombardeados en el ataque con zepelín del 31 de enero de 1916 en el que murieron 70 personas, más que en ningún otro de los ataques.

■ Área de mayor frecuencia de incursiones de zepelines.

ALEMANIA

Tondern
Cuxhaven
Nordholt
Fuhlsbüttel
Hage
Wilhelmshaven

Rin
Duisburg
Düsseldorf
Colonia
Bonn

HOLANDA (neutral)

Amberes

BÉLGICA

FRANCIA

Yarmouth
Norwich
Ipswich
Harwich
Dover
Londres
Brighton
Portsmouth

Newcastle
Sunderland
Middlesbrough
York
Leeds
Liverpool
Manchester
Hull
Grimsby
Sheffield
LINCOLN
Nottingham
DERBY
LEICESTER
STAFFORD

Hasta 1914 los zepelines alemanes habían volado 100.000 millas y transportado a 35.000 pasajeros en 1.600 vuelos, sin sufrir accidentes. El primer ataque de un zepelín en la guerra tuvo lugar en Amberes el 25 de agosto de 1914; 12 personas perdieron la vida. Entre 1914 y 1918 murieron alrededor de 500 civiles británicos, y se produjeron más de 1.300 heridos en incursiones de zepelines alemanes.

0   64
Kilómetros

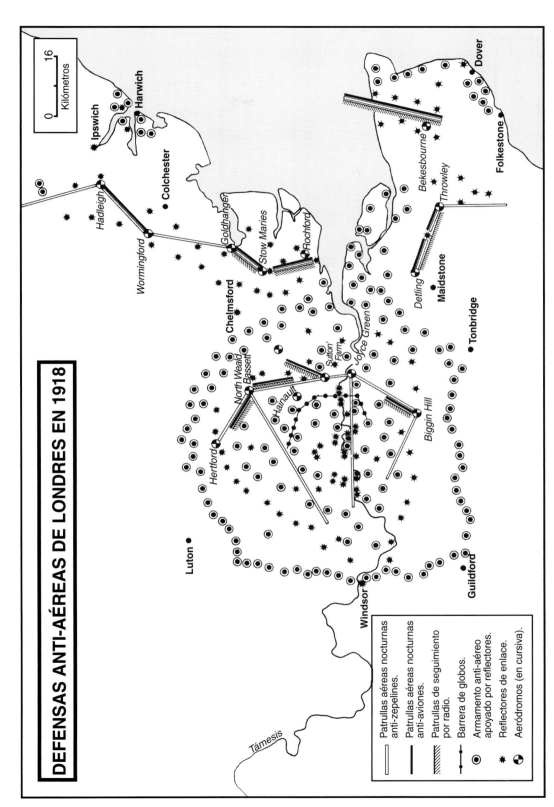

DEFENSAS ANTI-AÉREAS DE LONDRES EN 1918

16
Kilómetros
0

Dover
Folkestone
Harwich
Ipswich
Colchester
Hadleigh
Wormingford
Goldhanger
Stow Maries
Rochford
Bekesbourne
Throwley
Detling
Maidstone
Tonbridge
Chelmsford
North Weald Bassett
Sutton' Farm
Joyce Green
Hainault
Hertford
Biggin Hill
Luton
Windsor
Guildford
Támesis

Patrullas aéreas nocturnas anti-zepelines.
Patrullas aéreas nocturnas anti-aviones.
Patrullas de seguimiento por radio.
Barrera de globos.
Armamento anti-aéreo apoyado por reflectores.
Reflectores de enlace.
Aeródromos (en cursiva).

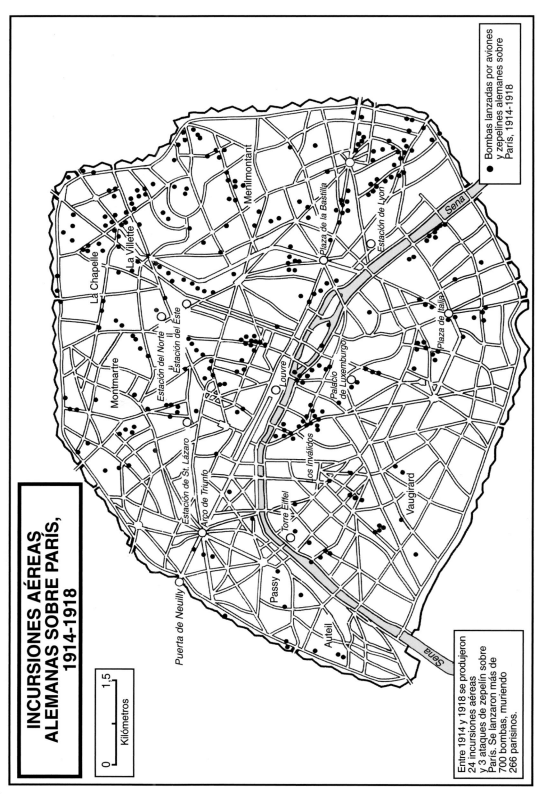

INCURSIONES AÉREAS ALEMANAS SOBRE PARÍS, 1914-1918

Kilómetros

0   1,5

Bombas lanzadas por aviones y zepelines alemanes sobre París, 1914-1918

Entre 1914 y 1918 se produjeron 24 incursiones aéreas y 3 ataques de zepelín sobre París. Se lanzaron más de 700 bombas, muriendo 266 parisinos.

Sena

Sena

Puerta de Neuilly

Estación de St. Lázaro

Arco de Triunfo

Torre Eiffel

Passy

Auteil

Vaugirard

Los Inválidos

Palacio de Luxemburgo

Louvre

Estación del Norte

Estación del Este

Montmartre

La Chapelle

La Villette

Menilmontant

Plaza de la Bastilla

Estación de Lyon

Plaza de Italia

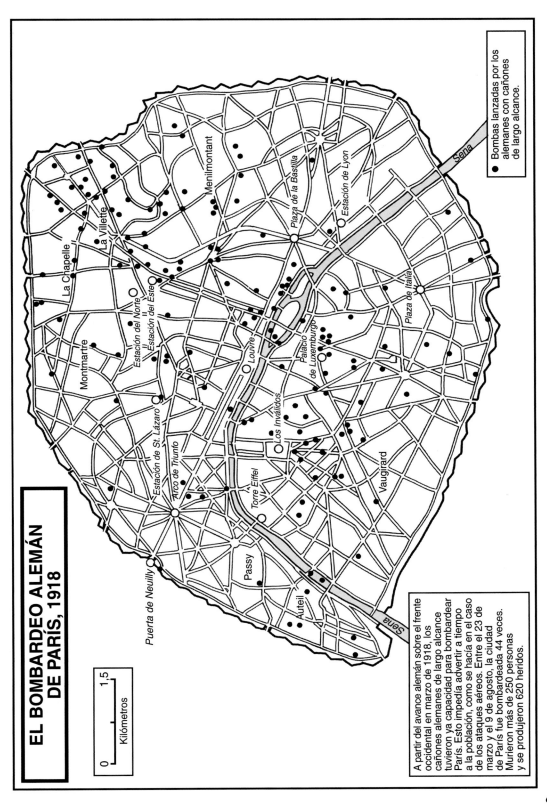

EL BOMBARDEO ALEMÁN DE PARÍS, 1918

0   1,5

Kilómetros

Puerta de Neuilly

Passy

Auteil

Torre Eiffel

Estación de St. Lázaro

Arco de Triunfo

Los Inválidos

Louvre

Montmartre

Estación del Norte

Estación del Este

La Chapelle

La Villette

Menilmontant

Plaza de la Bastilla

Estación de Lyon

Palacio de Luxemburgo

Plaza de Italia

Vaugirard

Sena

Sena

• Bombas lanzadas por los alemanes con cañones de largo alcance.

A partir del avance alemán sobre el frente occidental en marzo de 1918, los cañones alemanes de largo alcance tuvieron ya capacidad para bombardear París. Esto impedía advertir a tiempo a la población, como se hacía en el caso de los ataques aéreos. Entre el 23 de marzo y el 9 de agosto, la ciudad de París fue bombardeada 44 veces. Murieron más de 250 personas y se produjeron 620 heridos.

67

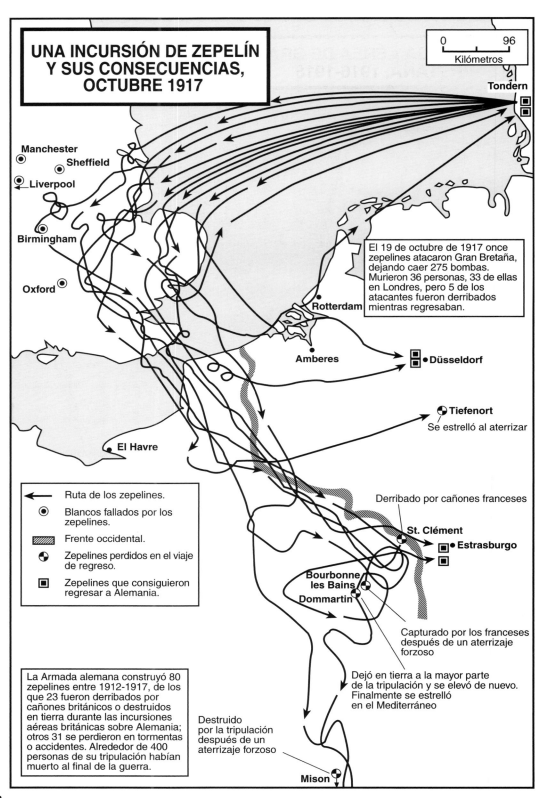

UNA INCURSIÓN DE ZEPELÍN Y SUS CONSECUENCIAS, OCTUBRE 1917

0   96
Kilómetros

Tondern

Manchester

Sheffield

Liverpool

Birmingham

Oxford

El 19 de octubre de 1917 once zepelines atacaron Gran Bretaña, dejando caer 275 bombas. Murieron 36 personas, 33 de ellas en Londres, pero 5 de los atacantes fueron derribados mientras regresaban.

Rotterdam

Amberes

Düsseldorf

Tiefenort
Se estrelló al aterrizar

El Havre

Ruta de los zepelines.

Blancos fallados por los zepelines.

Frente occidental.

Zepelines perdidos en el viaje de regreso.

Zepelines que consiguieron regresar a Alemania.

Derribado por cañones franceses

St. Clément

Estrasburgo

Bourbonne les Bains

Dommartin

Capturado por los franceses después de un aterrizaje forzoso

Dejó en tierra a la mayor parte de la tripulación y se elevó de nuevo. Finalmente se estrelló en el Mediterráneo

La Armada alemana construyó 80 zepelines entre 1912-1917, de los que 23 fueron derribados por cañones británicos o destruidos en tierra durante las incursiones aéreas británicas sobre Alemania; otros 31 se perdieron en tormentas o accidentes. Alrededor de 400 personas de su tripulación habían muerto al final de la guerra.

Destruido por la tripulación después de un aterrizaje forzoso

Mison

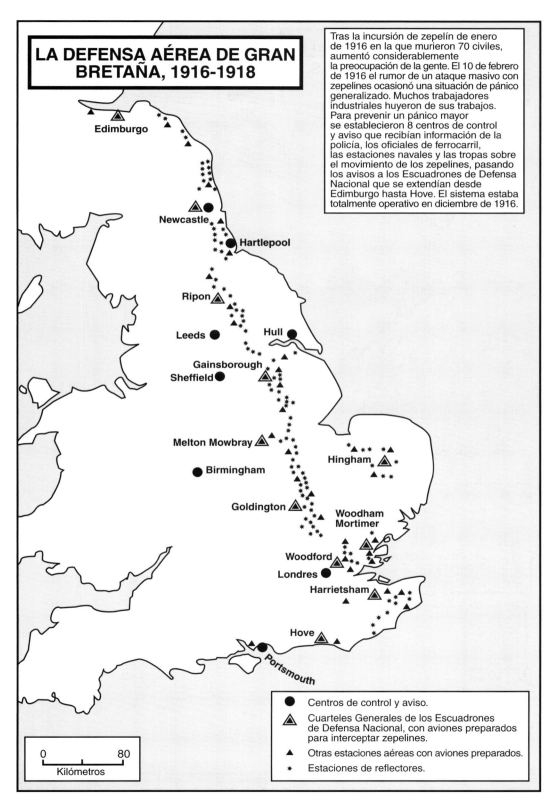

LA DEFENSA AÉREA DE GRAN BRETAÑA, 1916-1918

Tras la incursión de zepelín de enero de 1916 en la que murieron 70 civiles, aumentó considerablemente la preocupación de la gente. El 10 de febrero de 1916 el rumor de un ataque masivo con zepelines ocasionó una situación de pánico generalizado. Muchos trabajadores industriales huyeron de sus trabajos. Para prevenir un pánico mayor se establecieron 8 centros de control y aviso que recibían información de la policía, los oficiales de ferrocarril, las estaciones navales y las tropas sobre el movimiento de los zepelines, pasando los avisos a los Escuadrones de Defensa Nacional que se extendían desde Edimburgo hasta Hove. El sistema estaba totalmente operativo en diciembre de 1916.

Edimburgo

Newcastle
Hartlepool

Ripon
Leeds   Hull
Gainsborough
Sheffield

Melton Mowbray
Hingham
Birmingham

Goldington
Woodham Mortimer

Woodford
Londres
Harrietsham

Hove
Portsmouth

● Centros de control y aviso.

🔺 Cuarteles Generales de los Escuadrones de Defensa Nacional, con aviones preparados para interceptar zepelines.

▲ Otras estaciones aéreas con aviones preparados.

* Estaciones de reflectores.

0   80
Kilómetros

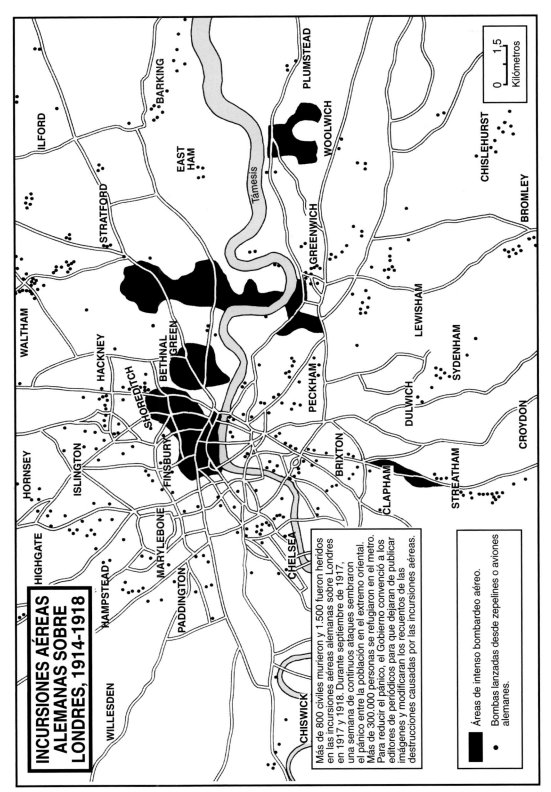

INCURSIONES AÉREAS ALEMANAS SOBRE LONDRES, 1914-1918

Más de 800 civiles murieron y 1.500 fueron heridos en las incursiones aéreas alemanas sobre Londres en 1917 y 1918. Durante septiembre de 1917, una semana de continuos ataques sembraron el pánico entre la población en el extremo oriental. Más de 300.000 personas se refugiaron en el metro. Para reducir el pánico, el Gobierno convenció a los editores de periódicos para que dejaran de publicar imágenes y modificaran los recuentos de las destrucciones causadas por las incursiones aéreas.

■ Áreas de intenso bombardeo aéreo.

● Bombas lanzadas desde zepelines o aviones alemanes.

WILLESDEN
CHISWICK
HIGHGATE
HAMPSTEAD
MARYLEBONE
PADDINGTON
CHELSEA
HORNSEY
ISLINGTON
FINSBURY
SHOREDITCH
HACKNEY
WALTHAM
BETHNAL GREEN
ILFORD
BARKING
EAST HAM
STRATFORD
Támesis
PLUMSTEAD
WOOLWICH
GREENWICH
LEWISHAM
SYDENHAM
DULWICH
PECKHAM
BRIXTON
CLAPHAM
STREATHAM
CROYDON
BROMLEY
CHISLEHURST

0   1,5
Kilómetros

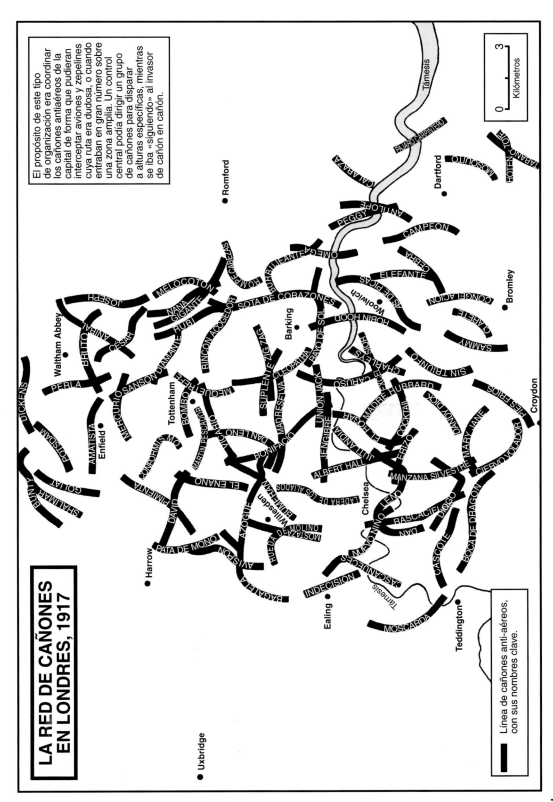

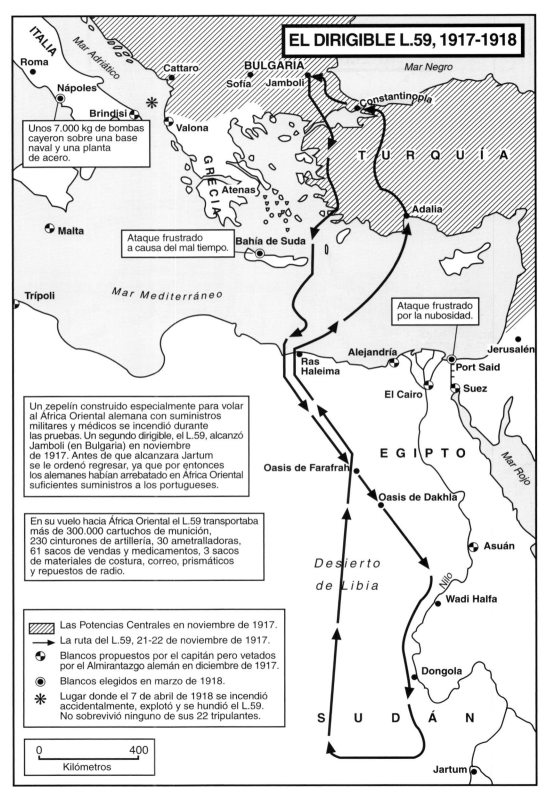

EL DIRIGIBLE L.59, 1917-1918

ITALIA

Roma

Mar Adriático

Nápoles

Cattaro

BULGARIA

Sofía   Jamboli

Mar Negro

Constantinopla

Brindisi

Unos 7.000 kg de bombas cayeron sobre una base naval y una planta de acero.

Valona

GRECIA

TURQUÍA

Atenas

Malta

Adalia

Ataque frustrado a causa del mal tiempo.

Bahía de Suda

Ataque frustrado por la nubosidad.

Trípoli

Mar Mediterráneo

Ras Haleima

Alejandría

Jerusalén

Port Said

El Cairo

Suez

Un zepelín construido especialmente para volar al África Oriental alemana con suministros militares y médicos se incendió durante las pruebas. Un segundo dirigible, el L.59, alcanzó Jamboli (en Bulgaria) en noviembre de 1917. Antes de que alcanzara Jartum se le ordenó regresar, ya que por entonces los alemanes habían arrebatado en África Oriental suficientes suministros a los portugueses.

EGIPTO

Mar Rojo

Oasis de Farafrah

Oasis de Dakhla

En su vuelo hacia África Oriental el L.59 transportaba más de 300.000 cartuchos de munición, 230 cinturones de artillería, 30 ametralladoras, 61 sacos de vendas y medicamentos, 3 sacos de materiales de costura, correo, prismáticos y repuestos de radio.

Asuán

Desierto de Libia

Nilo

Wadi Halfa

Las Potencias Centrales en noviembre de 1917.

La ruta del L.59, 21-22 de noviembre de 1917.

Blancos propuestos por el capitán pero vetados por el Almirantazgo alemán en diciembre de 1917.

Blancos elegidos en marzo de 1918.

Lugar donde el 7 de abril de 1918 se incendió accidentalmente, explotó y se hundió el L.59. No sobrevivió ninguno de sus 22 tripulantes.

Dongola

0   400
Kilómetros

SUDÁN

Jartum

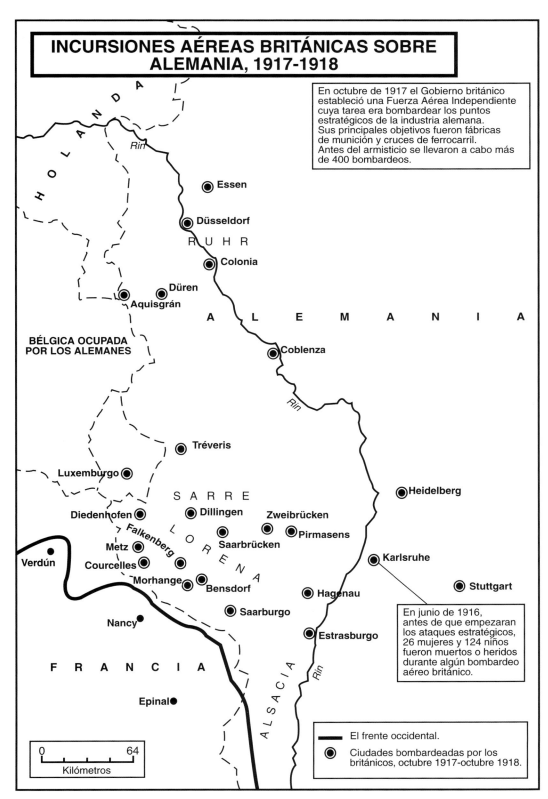

INCURSIONES AÉREAS BRITÁNICAS SOBRE ALEMANIA, 1917-1918

En octubre de 1917 el Gobierno británico estableció una Fuerza Aérea Independiente cuya tarea era bombardear los puntos estratégicos de la industria alemana. Sus principales objetivos fueron fábricas de munición y cruces de ferrocarril. Antes del armisticio se llevaron a cabo más de 400 bombardeos.

HOLANDA

Rin

Essen

Düsseldorf

RUHR

Colonia

Düren

Aquisgrán

ALEMANIA

BÉLGICA OCUPADA POR LOS ALEMANES

Coblenza

Rin

Tréveris

Luxemburgo

Heidelberg

SARRE

Diedenhofen

Dillingen

Zweibrücken

Falkenberg

LORENA

Saarbrücken

Pirmasens

Metz

Courcelles

Karlsruhe

Verdún

Morhange

Bensdorf

Stuttgart

Saarburgo

Hagenau

Nancy

Estrasburgo

En junio de 1916, antes de que empezaran los ataques estratégicos, 26 mujeres y 124 niños fueron muertos o heridos durante algún bombardeo aéreo británico.

FRANCIA

Epinal

ALSACIA

Rin

——— El frente occidental.

◉ Ciudades bombardeadas por los británicos, octubre 1917-octubre 1918.

0   64
Kilómetros

73

Sección 6

LA GUERRA EN EL MAR

Tamizamos la corriente,
vamos a tientas hacia abajo;
oscuro y duro trabajo el nuestro,
los pescadores de la muerte.

E. HILTON-YOUNG
«Barcas dragaminas»

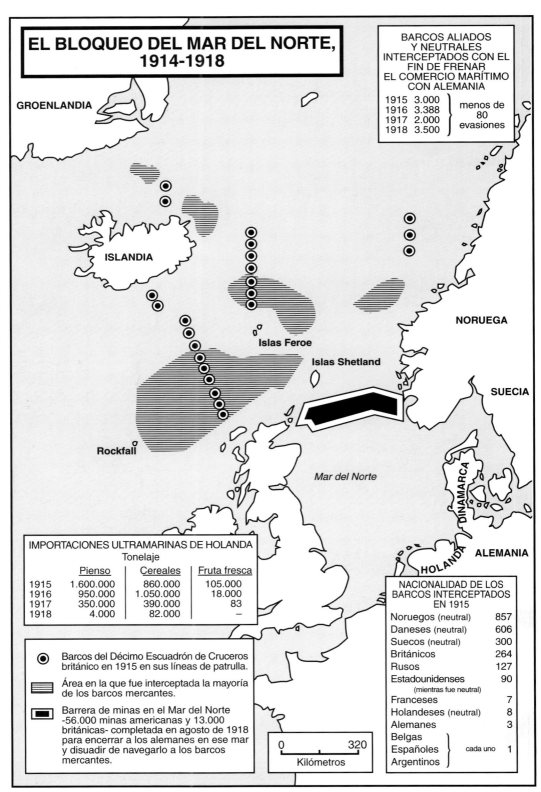

EL BLOQUEO DEL MAR DEL NORTE, 1914-1918

GROENLANDIA

ISLANDIA

Islas Feroe

Islas Shetland

NORUEGA

SUECIA

Mar del Norte

Rockfall

DINAMARCA

HOLANDA

ALEMANIA

IMPORTACIONES ULTRAMARINAS DE HOLANDA
Tonelaje

	Pienso	Cereales	Fruta fresca
1915	1.600.000	860.000	105.000
1916	950.000	1.050.000	18.000
1917	350.000	390.000	83
1918	4.000	82.000	–

Barcos del Décimo Escuadrón de Cruceros británico en 1915 en sus líneas de patrulla.

Área en la que fue interceptada la mayoría de los barcos mercantes.

Barrera de minas en el Mar del Norte -56.000 minas americanas y 13.000 británicas- completada en agosto de 1918 para encerrar a los alemanes en ese mar y disuadir de navegarlo a los barcos mercantes.

0 320
Kilómetros

NACIONALIDAD DE LOS BARCOS INTERCEPTADOS EN 1915

Noruegos (neutral)	857
Daneses (neutral)	606
Suecos (neutral)	300
Británicos	264
Rusos	127
Estadounidenses (mientras fue neutral)	90
Franceses	7
Holandeses (neutral)	8
Alemanes	3
Belgas	
Españoles	cada uno 1
Argentinos	

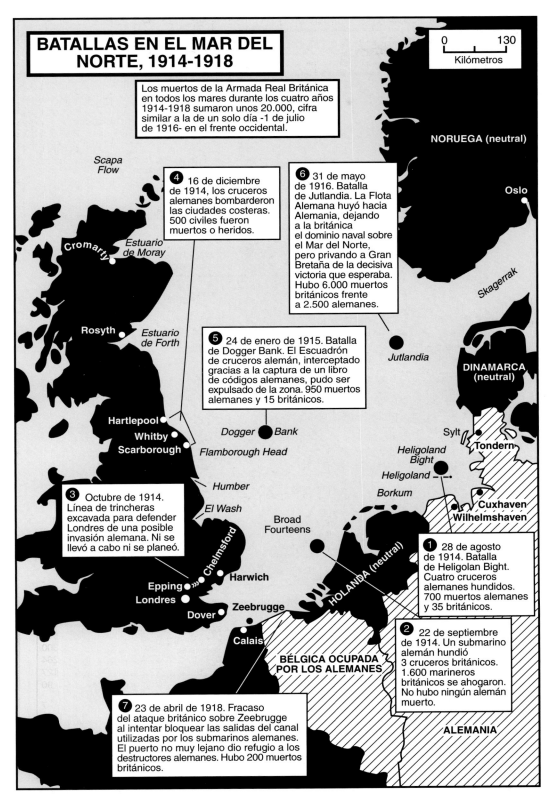

BATALLAS EN EL MAR DEL NORTE, 1914-1918

Los muertos de la Armada Real Británica en todos los mares durante los cuatro años 1914-1918 sumaron unos 20.000, cifra similar a la de un solo día -1 de julio de 1916- en el frente occidental.

❹ 16 de diciembre de 1914, los cruceros alemanes bombarderon las ciudades costeras. 500 civiles fueron muertos o heridos.

❻ 31 de mayo de 1916. Batalla de Jutlandia. La Flota Alemana huyó hacia Alemania, dejando a la británica el dominio naval sobre el Mar del Norte, pero privando a Gran Bretaña de la decisiva victoria que esperaba. Hubo 6.000 muertos británicos frente a 2.500 alemanes.

❺ 24 de enero de 1915. Batalla de Dogger Bank. El Escuadrón de cruceros alemán, interceptado gracias a la captura de un libro de códigos alemanes, pudo ser expulsado de la zona. 950 muertos alemanes y 15 británicos.

❸ Octubre de 1914. Línea de trincheras excavada para defender Londres de una posible invasión alemana. Ni se llevó a cabo ni se planeó.

❶ 28 de agosto de 1914. Batalla de Heligolan Bight. Cuatro cruceros alemanes hundidos. 700 muertos alemanes y 35 británicos.

❷ 22 de septiembre de 1914. Un submarino alemán hundió 3 cruceros británicos. 1.600 marineros británicos se ahogaron. No hubo ningún alemán muerto.

❼ 23 de abril de 1918. Fracaso del ataque británico sobre Zeebrugge al intentar bloquear las salidas del canal utilizadas por los submarinos alemanes. El puerto no muy lejano dio refugio a los destructores alemanes. Hubo 200 muertos británicos.

0 — 130 Kilómetros

NORUEGA (neutral)

Scapa Flow

Oslo

Cromarty

Estuario de Moray

Skagerrak

Rosyth

Estuario de Forth

Jutlandia

DINAMARCA (neutral)

Hartlepool

Whitby

Scarborough

Dogger ● Bank

Flamborough Head

Sylt

Heligoland Bight

Tondern

Heligoland

Borkum

Humber

El Wash

Broad Fourteens

Cuxhaven

Wilhelmshaven

Chelmsford

Epping

Harwich

Londres

HOLANDA (neutral)

Dover

Zeebrugge

Calais

BÉLGICA OCUPADA POR LOS ALEMANES

ALEMANIA

LOS BLOQUEOS ALIADOS, 1914-1918

GROENLANDIA

ISLANDIA

1915-1918

1915-1918

1918

NORUEGA

SUECIA

DINAMARCA

Mar del Norte

GRAN BRETAÑA

HOLANDA

Mar Báltico

RUSIA

1914

ALEMANIA

Amberes

FRANCIA

SUIZA

AUSTRIA-HUNGRÍA

PORTUGAL

ESPAÑA

ITALIA

Mar Adriático

BULGARIA

1915

FRANCÉS

ITALIANO

GRECIA

Mar Egeo

TURQUÍA

BRITÁNICO

FRANCÉS

ITALIANO

BRITÁNICO

ITALIANO

ITALIANO

Canal de Suez

Leyenda:

Bloqueos navales aliados para impedir la entrada de abastecimientos desde los mares del Norte, Báltico, Mediterráneo, Egeo y Adriático.

Zonas de patrullas aliadas en el Mediterráneo.

Las Potencias Centrales y sus conquistas, que cortaron el suministro de alimentos y otras materias primas procedentes de África, Asia, el Lejano Oriente y América.

Estados neutrales a los que los aliados impidieron recibir envíos que pudieran ser de utilidad para las Potencias Centrales. Los aliados controlaban todas las importaciones llegadas por mar, firmando acuerdos especiales con los exportadores neutrales para todo tipo de cargamentos.

BARCOS ALEMANES Y AUSTRÍACOS INMOVILIZADOS EN ENERO DE 1915

tonelaje

Refugiados en puertos neutrales	2.875.000
Capturados por barcos aliados	405.000
Retenidos en puertos franceses	390.000
Retenidos en Amberes	165.000
Retenidos en puertos rusos	100.000
Retenidos en el Canal de Suez	80.000
Total	4.015.000
En puertos alemanes y austríacos bajo el riesgo de un ataque aliado	2.160.000

IMPORTACIONES ALEMANAS DE ULTRAMAR

en toneladas

	Mantequilla y grasas	Pescado	Ganado vivo	Carne
1916	175.000	420.000	356.000	120.000
1917	95.000	150.000	236.000	45.000
1918	27.000	80.000	125.000	8.000

DISTURBIOS POR LA FALTA DE ALIMENTOS EN ALEMANIA, 1916

Mar del Norte

Mar Báltico

Barnbeck

Kiel

Lübeck

Hamburgo ● Messberg

Hammersbooch

Bremen ●

Charlottenburg ● Berlín

Hanover ● Brunswick

Posen ●

Munster ● Magdeburgo

Duisburg

● Essen Halle ●

● Düsseldorf Leipzig ●

Dresde ●

● Colonia Breslau ●

Aquisgrán

Jena ●

Chemnitz ●

● Coblenza

● Frankfurt am Main

Nuremberg ●

● Stuttgart

● Colmar Múnich ●

Número de muertes
atribuidas al bloqueo:

1915	88.235
1916	121.114
1917	259.627
1918	293.760

● Ciudades en las que estallaron
disturbios por la falta de
alimentos durante 1916.

El bloqueo británico condujo a una severa
carestía que afectó notablemente
al precio de los alimentos en Alemania.
Como resultado se produjeron frecuentes
disturbios. Los trabajadores recibían
a menudo raciones extra para inducirles
a volver al trabajo.

0   160
Kilómetros

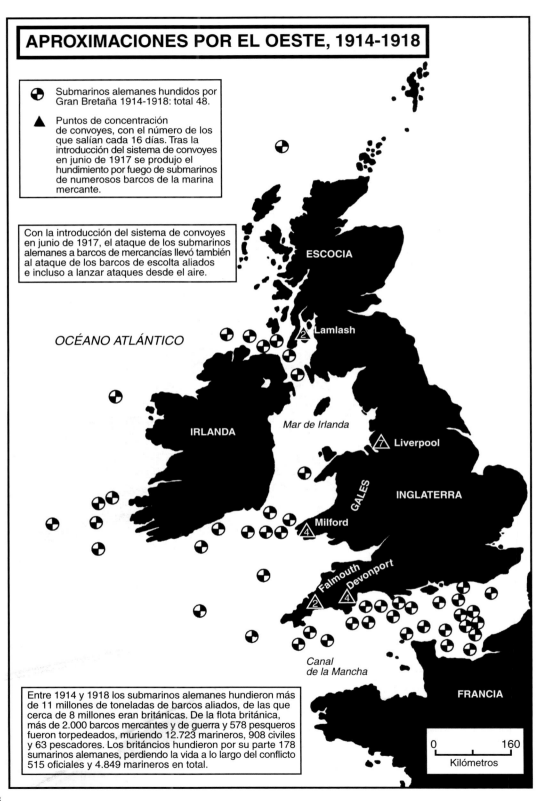

APROXIMACIONES POR EL OESTE, 1914-1918

⊕ Submarinos alemanes hundidos por Gran Bretaña 1914-1918: total 48.

▲ Puntos de concentración de convoyes, con el número de los que salían cada 16 días. Tras la introducción del sistema de convoyes en junio de 1917 se produjo el hundimiento por fuego de submarinos de numerosos barcos de la marina mercante.

Con la introducción del sistema de convoyes en junio de 1917, el ataque de los submarinos alemanes a barcos de mercancías llevó también al ataque de los barcos de escolta aliados e incluso a lanzar ataques desde el aire.

OCÉANO ATLÁNTICO

ESCOCIA

2 Lamlash

Mar de Irlanda

IRLANDA

7 Liverpool

GALES

INGLATERRA

4 Milford

Falmouth Devonport

2 4

Canal de la Mancha

FRANCIA

Entre 1914 y 1918 los submarinos alemanes hundieron más de 11 millones de toneladas de barcos aliados, de las que cerca de 8 millones eran británicas. De la flota británica, más de 2.000 barcos mercantes y de guerra y 578 pesqueros fueron torpedeados, muriendo 12.723 marineros, 908 civiles y 63 pescadores. Los británcios hundieron por su parte 178 sumarinos alemanes, perdiendo la vida a lo largo del conflicto 515 oficiales y 4.849 marineros en total.

0   160
Kilómetros

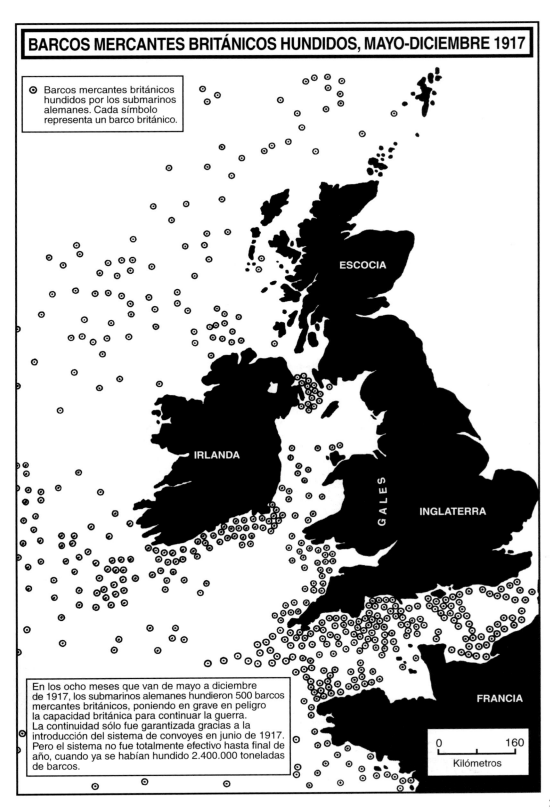

BARCOS MERCANTES BRITÁNICOS HUNDIDOS, MAYO-DICIEMBRE 1917

⊙ Barcos mercantes británicos
hundidos por los submarinos
alemanes. Cada símbolo
representa un barco británico.

ESCOCIA

IRLANDA

GALES

INGLATERRA

FRANCIA

En los ocho meses que van de mayo a diciembre
de 1917, los submarinos alemanes hundieron 500 barcos
mercantes británicos, poniendo en grave en peligro
la capacidad británica para continuar la guerra.
La continuidad sólo fue garantizada gracias a la
introducción del sistema de convoyes en junio de 1917.
Pero el sistema no fue totalmente efectivo hasta final de
año, cuando ya se habían hundido 2.400.000 toneladas
de barcos.

0   160
Kilómetros

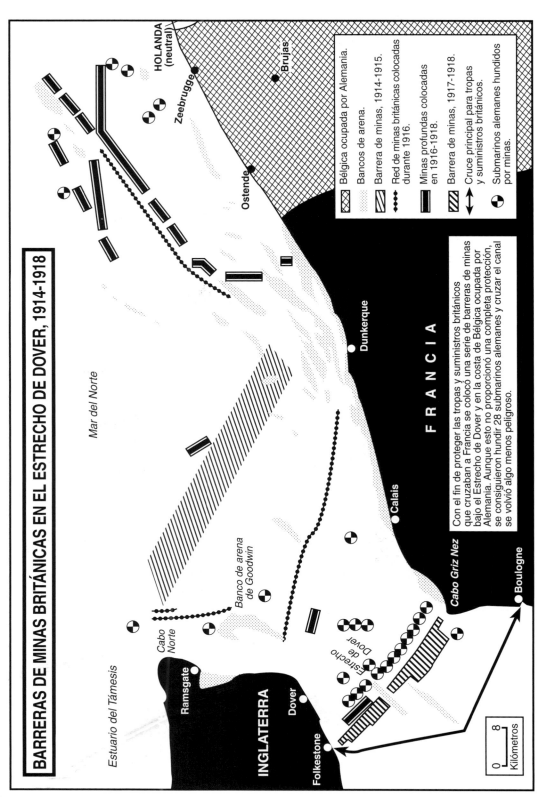

BARRERAS DE MINAS BRITÁNICAS EN EL ESTRECHO DE DOVER, 1914-1918

HOLANDA (neutral)

Brujas

Zeebrugge

Ostende

Mar del Norte

Dunkerque

FRANCIA

Calais

Cabo Griz Nez

Boulogne

Banco de arena de Goodwin

Cabo Norte

Estuario del Támesis

Ramsgate

INGLATERRA

Dover

Estrecho de Dover

Folkestone

0   8
Kilómetros

Bélgica ocupada por Alemania.

Bancos de arena.

Barrera de minas, 1914-1915.

Red de minas británicas colocadas durante 1916.

Minas profundas colocadas en 1916-1918.

Barrera de minas, 1917-1918.

Cruce principal para tropas y suministros británicos.

Submarinos alemanes hundidos por minas.

Con el fin de proteger las tropas y suministros británicos que cruzaban a Francia se colocó una serie de barreras de minas bajo el Estrecho de Dover y en la costa de Bélgica ocupada por Alemania. Aunque esto no proporcionó una completa protección, se consiguieron hundir 28 submarinos alemanes y cruzar el canal se volvió algo menos peligroso.

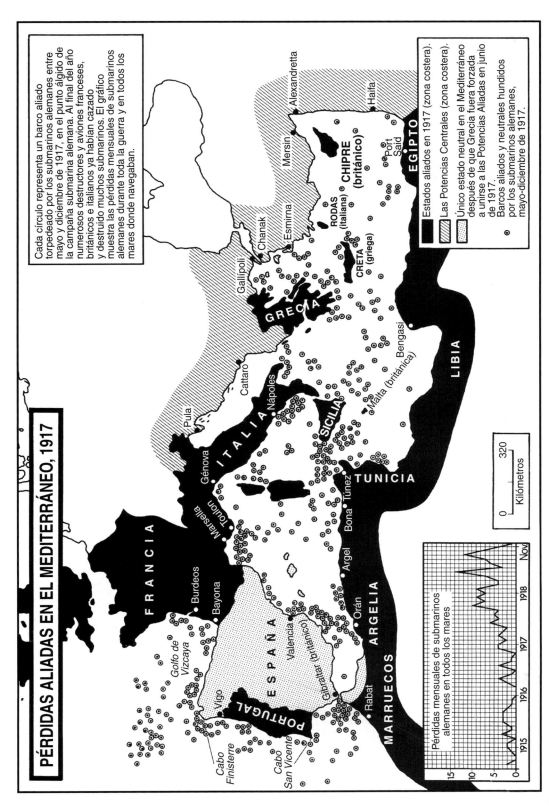

PÉRDIDAS ALIADAS EN EL MEDITERRÁNEO, 1917

Cada círculo representa un barco aliado torpedeado por los submarinos alemanes entre mayo y diciembre de 1917, en el punto álgido de la campaña submarina alemana. Al final del año numerosos destructores y aviones franceses, británicos e italianos ya habían cazado y destruido muchos submarinos. El gráfico muestra las pérdidas mensuales de submarinos alemanes durante toda la guerra y en todos los mares donde navegaban.

Estados aliados en 1917 (zona costera).

Las Potencias Centrales (zona costera).

Único estado neutral en el Mediterráneo después de que Grecia fuera forzada a unirse a las Potencias Aliadas en junio de 1917.

Barcos aliados y neutrales hundidos por los submarinos alemanes, mayo-diciembre de 1917.

Pérdidas mensuales de submarinos alemanes en todos los mares

0   320
Kilómetros

Pérdidas mensuales de submarinos alemanes en todos los mares

15
10
5
0
1915 1916 1917 1918 Nov

FRANCIA

Burdeos
Bayona

Golfo de Vizcaya

ESPAÑA

Vigo

Cabo Finisterre
Cabo San Vicente

PORTUGAL

Valencia

Gibraltar (británico)

Rabat

MARRUECOS

Orán

ARGELIA

Argel

Bona Túnez

TUNICIA

Marsella
Tolón

Génova
ITALIA
Nápoles

Pula

Cattaro

SICILIA

Malta (británica)

Bengasi

LIBIA

GRECIA

Gallipoli

Chanak

Esmirna

Mersin

RODAS (italiana)

CRETA (griega)

CHIPRE (británico)

Port Said

Alexandretta

Haifa

EGIPTO

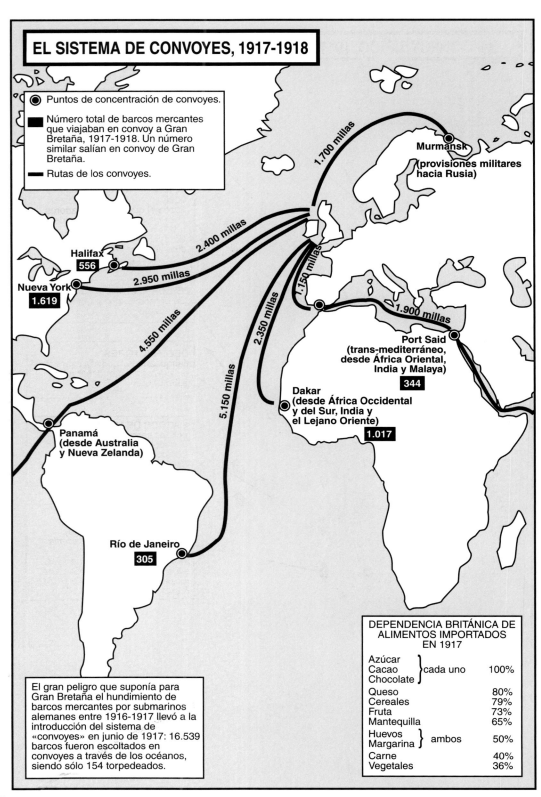

EL SISTEMA DE CONVOYES, 1917-1918

- ◉ Puntos de concentración de convoyes.
- ■ Número total de barcos mercantes que viajaban en convoy a Gran Bretaña, 1917-1918. Un número similar salían en convoy de Gran Bretaña.
- ▬ Rutas de los convoyes.

Murmansk
(provisiones militares hacia Rusia)

1.700 millas

Halifax
556

2.400 millas

2.950 millas

Nueva York
1.619

1.150 millas

1.900 millas

4.550 millas

2.350 millas

**Port Said
(trans-mediterráneo,
desde África Oriental,
India y Malaya)**
344

**Dakar
(desde África Occidental
y del Sur, India y
el Lejano Oriente)**
1.017

5.150 millas

**Panamá
(desde Australia
y Nueva Zelanda)**

Río de Janeiro
305

El gran peligro que suponía para Gran Bretaña el hundimiento de barcos mercantes por submarinos alemanes entre 1916-1917 llevó a la introducción del sistema de «convoyes» en junio de 1917: 16.539 barcos fueron escoltados en convoyes a través de los océanos, siendo sólo 154 torpedeados.

DEPENDENCIA BRITÁNICA DE ALIMENTOS IMPORTADOS EN 1917

Azúcar Cacao Chocolate }	cada uno	100%
Queso		80%
Cereales		79%
Fruta		73%
Mantequilla		65%
Huevos Margarina }	ambos	50%
Carne		40%
Vegetales		36%

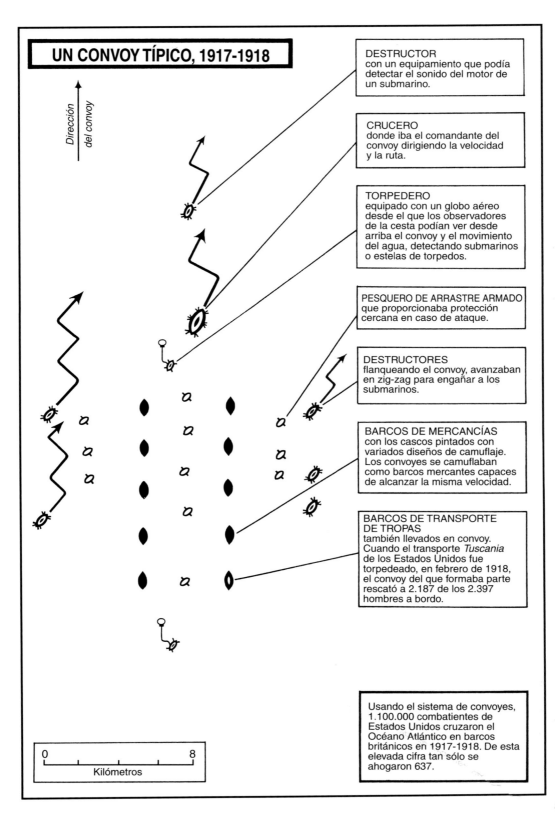

UN CONVOY TÍPICO, 1917-1918

Dirección del convoy

DESTRUCTOR
con un equipamiento que podía detectar el sonido del motor de un submarino.

CRUCERO
donde iba el comandante del convoy dirigiendo la velocidad y la ruta.

TORPEDERO
equipado con un globo aéreo desde el que los observadores de la cesta podían ver desde arriba el convoy y el movimiento del agua, detectando submarinos o estelas de torpedos.

PESQUERO DE ARRASTRE ARMADO
que proporcionaba protección cercana en caso de ataque.

DESTRUCTORES
flanqueando el convoy, avanzaban en zig-zag para engañar a los submarinos.

BARCOS DE MERCANCÍAS
con los cascos pintados con variados diseños de camuflaje. Los convoyes se camuflaban como barcos mercantes capaces de alcanzar la misma velocidad.

BARCOS DE TRANSPORTE DE TROPAS
también llevados en convoy. Cuando el transporte *Tuscania* de los Estados Unidos fue torpedeado, en febrero de 1918, el convoy del que formaba parte rescató a 2.187 de los 2.397 hombres a bordo.

Usando el sistema de convoyes, 1.100.000 combatientes de Estados Unidos cruzaron el Océano Atlántico en barcos británicos en 1917-1918. De esta elevada cifra tan sólo se ahogaron 637.

0   8
Kilómetros

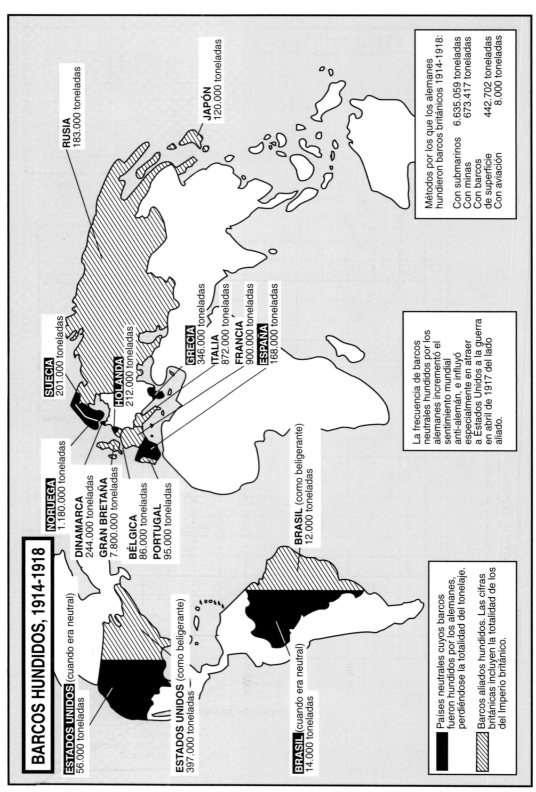

BARCOS HUNDIDOS, 1914-1918

RUSIA
183.000 toneladas

JAPÓN
120.000 toneladas

SUECIA
201.000 toneladas

HOLANDA
212.000 toneladas

GRECIA
346.000 toneladas

ITALIA
872.000 toneladas

FRANCIA
900.000 toneladas

ESPAÑA
168.000 toneladas

NORUEGA
1.180.000 toneladas

DINAMARCA
244.000 toneladas

GRAN BRETAÑA
7.800.000 toneladas

BÉLGICA
86.000 toneladas

PORTUGAL
95.000 toneladas

ESTADOS UNIDOS (cuando era neutral)
56.000 toneladas

ESTADOS UNIDOS (como beligerante)
397.000 toneladas

BRASIL (como beligerante)
12.000 toneladas

BRASIL (cuando era neutral)
14.000 toneladas

Métodos por los que los alemanes
hundieron barcos británicos 1914-1918:

Con submarinos	6.635.059 toneladas
Con minas	673.417 toneladas
Con barcos de superficie	442.702 toneladas
Con aviación	8.000 toneladas

La frecuencia de barcos
neutrales hundidos por los
alemanes incrementó el
sentimiento mundial
anti-alemán, e influyó
especialmente en atraer
a Estados Unidos a la guerra
en abril de 1917 del lado
aliado.

■ Países neutrales cuyos barcos
fueron hundidos por los alemanes,
perdiéndose la totalidad del tonelaje.

▨ Barcos aliados hundidos. Las cifras
británicas incluyen la totalidad de los
del Imperio británico.

BARCOS MERCANTES BRITÁNICOS HUNDIDOS, 1917-1918

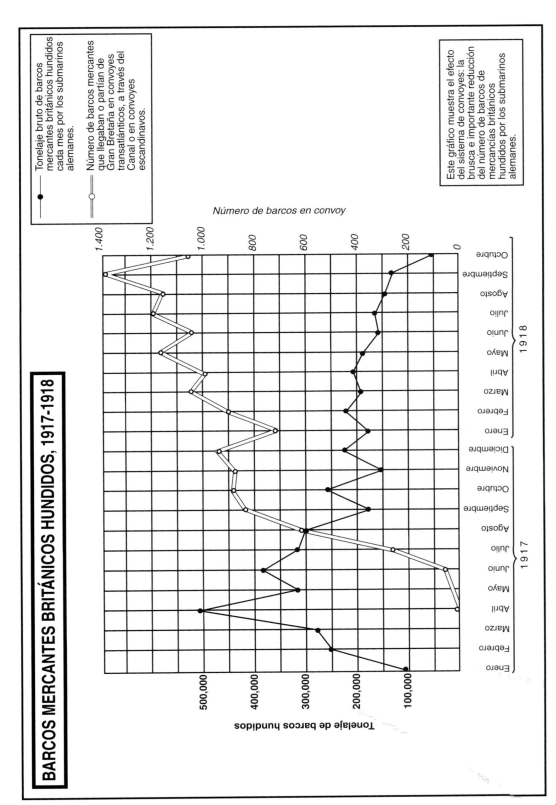

Tonelaje bruto de barcos mercantes británicos hundidos cada mes por los submarinos alemanes.

Número de barcos mercantes que llegaban o partían de Gran Bretaña en convoyes transatlánticos, a través del Canal o en convoyes escandinavos.

Este gráfico muestra el efecto del sistema de convoyes: la brusca e importante reducción del número de barcos de mercancías británicos hundidos por los submarinos alemanes.

Número de barcos en convoy

1.400
1.200
1.000
800
600
400
200
0

Tonelaje de barcos hundidos

500,000
400,000
300,000
200,000
100,000

Enero
Febrero
Marzo
Abril
Mayo
Junio
Julio
Agosto
Septiembre
Octubre
Noviembre
Diciembre

1917

Enero
Febrero
Marzo
Abril
Mayo
Junio
Julio
Agosto
Septiembre
Octubre

1918

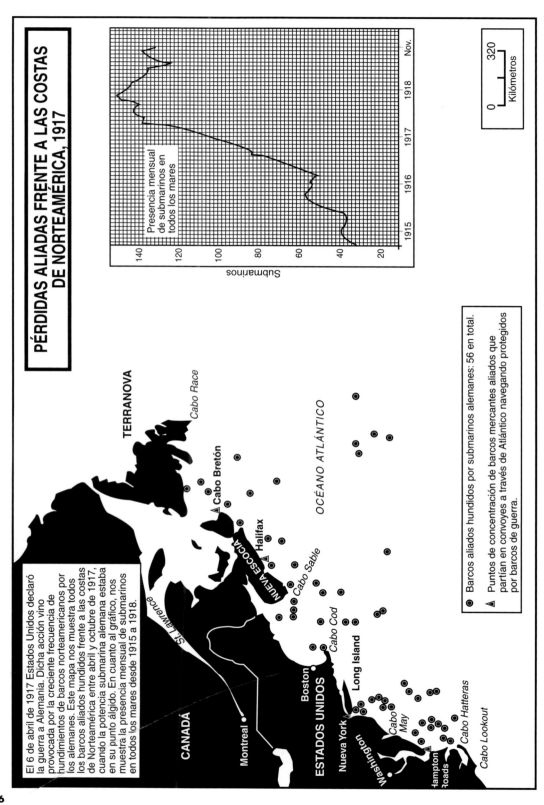

PÉRDIDAS ALIADAS FRENTE A LAS COSTAS DE NORTEAMÉRICA, 1917

El 6 de abril de 1917 Estados Unidos declaró la guerra a Alemania. Dicha acción vino provocada por la creciente frecuencia de hundimientos de barcos norteamericanos por los alemanes. Este mapa nos muestra todos los barcos aliados hundidos frente a las costas de Norteamérica entre abril y octubre de 1917, cuando la potencia submarina alemana estaba en su punto álgido. En cuanto al gráfico, nos muestra la presencia mensual de submarinos en todos los mares desde 1915 a 1918.

Presencia mensual de submarinos en todos los mares

Submarinos

140
120
100
80
60
40
20

1915 1916 1917 1918 Nov.

Kilómetros

0   320

CANADÁ

Montreal

Boston

ESTADOS UNIDOS

Nueva York

Washington

Hampton Roads

Long Island

Cabo May

Cabo Hatteras

Cabo Lookout

Cabo Cod

NUEVA ESCOCIA

Halifax

Cabo Sable

Cabo Bretón

TERRANOVA

Cabo Race

St. Lawrence

OCÉANO ATLÁNTICO

● Barcos aliados hundidos por submarinos alemanes: 56 en total.

▲ Puntos de concentración de convoyes a través de Atlántico navegando protegidos por barcos de guerra.

Puntos de concentración de barcos mercantes aliados que partían en convoyes a través de Atlántico navegando protegidos por barcos de guerra.

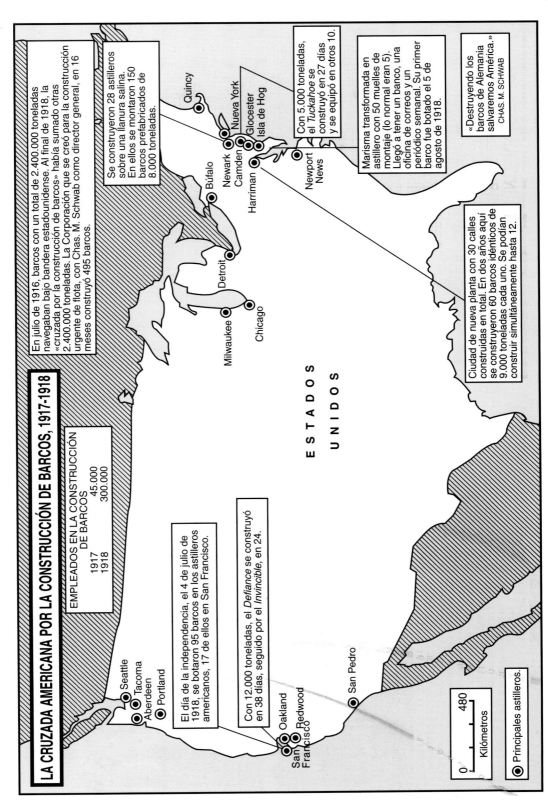

LA CRUZADA AMERICANA POR LA CONSTRUCCIÓN DE BARCOS, 1917-1918

En julio de 1916, barcos con un total de 2.400.000 toneladas navegaban bajo bandera estadounidense. Al final de 1918, la «cruzada por la construcción de barcos» había sumado otras 2.400.000 toneladas. La Corporación que se creó para la construcción urgente de flota, con Chas. M. Schwab como director general, en 16 meses construyó 495 barcos.

Se construyeron 28 astilleros sobre una llanura salina. En ellos se montaron 150 barcos prefabricados de 8.000 toneladas.

Con 5.000 toneladas, el *Tuckahoe* se construyó en 27 días y se equipó en otros 10.

Marisma transformada en astillero con 50 muelles de montaje (lo normal eran 5). Llegó a tener un banco, una oficina de correos y un periódico semanal. Su primer barco fue botado el 5 de agosto de 1918.

«Destruyendo los barcos de Alemania salvaremos América.»
CHAS. M. SCHWAB

Ciudad de nueva planta con 30 calles construidas en total. En dos años aquí se construyeron 60 barcos idénticos de 9.000 toneladas cada uno. Se podían construir simultáneamente hasta 12.

EMPLEADOS EN LA CONSTRUCCIÓN DE BARCOS

1917	45.000
1918	300.000

El día de la independencia, el 4 de julio de 1918, se botaron 95 barcos en los astilleros americanos, 17 de ellos en San Francisco.

Con 12.000 toneladas, el *Defiance* se construyó en 38 días, seguido por el *Invincible*, en 24.

Quincy

Nueva York
Glocester
Isla de Hog
Newark
Camden
Harriman
Newport News

Búfalo

Detroit

Milwaukee

Chicago

ESTADOS UNIDOS

Seattle
Tacoma
Aberdeen
Portland

Oakland
Redwood
San Francisco

San Pedro

0	480

Kilómetros

◉ Principales astilleros.

Sección 7

1917

... Hay luz de muchas lámparas en torno de su cama,
tú le prestas tus ojos, el calor de tu sangre, y tus ganas de vivir.
Háblale; despiértale; aún puedes salvarlo.
Es joven y odia la Guerra; ¿por qué debe morir
si crueles veteranos van a salir ilesos?

La muerte respondió: «Yo lo he elegido».
Se fue y hubo un silencio en el calor de la noche.
Seguridad y silencio, y los velos del sueño.
Después, lejos, un sordo ruido de cañones.

SIEGFRIED SASSOON
«El lecho de muerte»

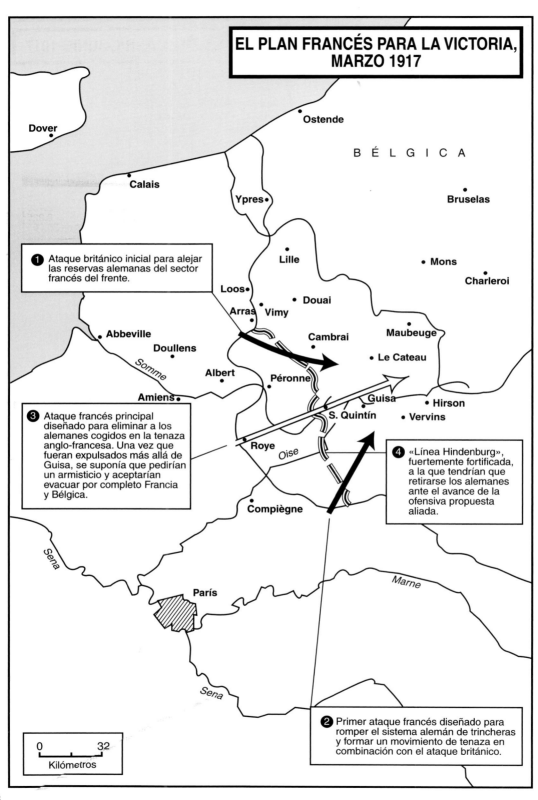

EL PLAN FRANCÉS PARA LA VICTORIA, MARZO 1917

Dover

Ostende

B É L G I C A

Calais

Ypres

Bruselas

Lille

Mons

Charleroi

❶ Ataque británico inicial para alejar las reservas alemanas del sector francés del frente.

Loos

Douai

Arras Vimy

Cambrai

Maubeuge

Abbeville

Le Cateau

Doullens

Somme

Albert

Péronne

Amiens

Guisa

Hirson

S. Quintín

Vervins

❸ Ataque francés principal diseñado para eliminar a los alemanes cogidos en la tenaza anglo-francesa. Una vez que fueran expulsados más allá de Guisa, se suponía que pedirían un armisticio y aceptarían evacuar por completo Francia y Bélgica.

Roye

Oise

❹ «Línea Hindenburg», fuertemente fortificada, a la que tendrían que retirarse los alemanes ante el avance de la ofensiva propuesta aliada.

Compiègne

Sena

Marne

París

Sena

0   32
Kilómetros

❷ Primer ataque francés diseñado para romper el sistema alemán de trincheras y formar un movimiento de tenaza en combinación con el ataque británico.

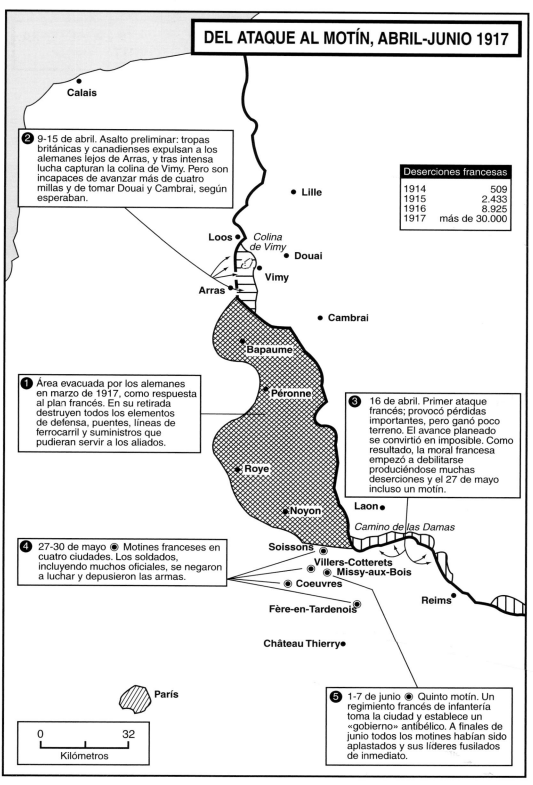

DEL ATAQUE AL MOTÍN, ABRIL-JUNIO 1917

Calais

2 9-15 de abril. Asalto preliminar: tropas británicas y canadienses expulsan a los alemanes lejos de Arras, y tras intensa lucha capturan la colina de Vimy. Pero son incapaces de avanzar más de cuatro millas y de tomar Douai y Cambrai, según esperaban.

Lille

Deserciones francesas	
1914	509
1915	2.433
1916	8.925
1917	más de 30.000

Loos

Colina de Vimy

Douai

Vimy

Arras

Cambrai

Bapaume

1 Área evacuada por los alemanes en marzo de 1917, como respuesta al plan francés. En su retirada destruyen todos los elementos de defensa, puentes, líneas de ferrocarril y suministros que pudieran servir a los aliados.

Péronne

3 16 de abril. Primer ataque francés; provocó pérdidas importantes, pero ganó poco terreno. El avance planeado se convirtió en imposible. Como resultado, la moral francesa empezó a debilitarse produciéndose muchas deserciones y el 27 de mayo incluso un motín.

Roye

Noyon

Laon

Camino de las Damas

4 27-30 de mayo ◉ Motines franceses en cuatro ciudades. Los soldados, incluyendo muchos oficiales, se negaron a luchar y depusieron las armas.

Soissons

Villers-Cotterets

Missy-aux-Bois

Coeuvres

Reims

Fère-en-Tardenois

Château Thierry

París

0 ___ 32
Kilómetros

5 1-7 de junio ◉ Quinto motín. Un regimiento francés de infantería toma la ciudad y establece un «gobierno» antibélico. A finales de junio todos los motines habían sido aplastados y sus líderes fusilados de inmediato.

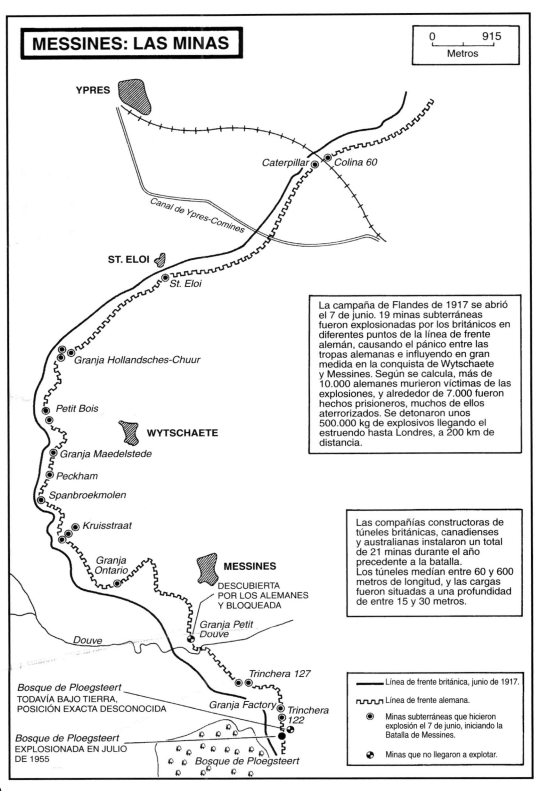

MESSINES: LAS MINAS

0   915
Metros

YPRES

Caterpillar ●   ● Colina 60

Canal de Ypres-Comines

ST. ELOI

St. Eloi

Granja Hollandsches-Chuur

Petit Bois

WYTSCHAETE

Granja Maedelstede

Peckham

Spanbroekmolen

Kruisstraat

Granja Ontario

MESSINES

DESCUBIERTA
POR LOS ALEMANES
Y BLOQUEADA

Granja Petit Douve

Douve

Trinchera 127

Bosque de Ploegsteert
TODAVÍA BAJO TIERRA,
POSICIÓN EXACTA DESCONOCIDA

Granja Factory

Trinchera 122

Bosque de Ploegsteert
EXPLOSIONADA EN JULIO
DE 1955

Bosque de Ploegsteert

La campaña de Flandes de 1917 se abrió
el 7 de junio. 19 minas subterráneas
fueron explosionadas por los británicos en
diferentes puntos de la línea de frente
alemán, causando el pánico entre las
tropas alemanas e influyendo en gran
medida en la conquista de Wytschaete
y Messines. Según se calcula, más de
10.000 alemanes murieron víctimas de las
explosiones, y alrededor de 7.000 fueron
hechos prisioneros, muchos de ellos
aterrorizados. Se detonaron unos
500.000 kg de explosivos llegando el
estruendo hasta Londres, a 200 km de
distancia.

Las compañías constructoras de
túneles británicas, canadienses
y australianas instalaron un total
de 21 minas durante el año
precedente a la batalla.
Los túneles medían entre 60 y 600
metros de longitud, y las cargas
fueron situadas a una profundidad
de entre 15 y 30 metros.

——— Línea de frente británica, junio de 1917.

ᒫᒫᒫ Línea de frente alemana.

● Minas subterráneas que hicieron
explosión el 7 de junio, iniciando la
Batalla de Messines.

⊕ Minas que no llegaron a explotar.

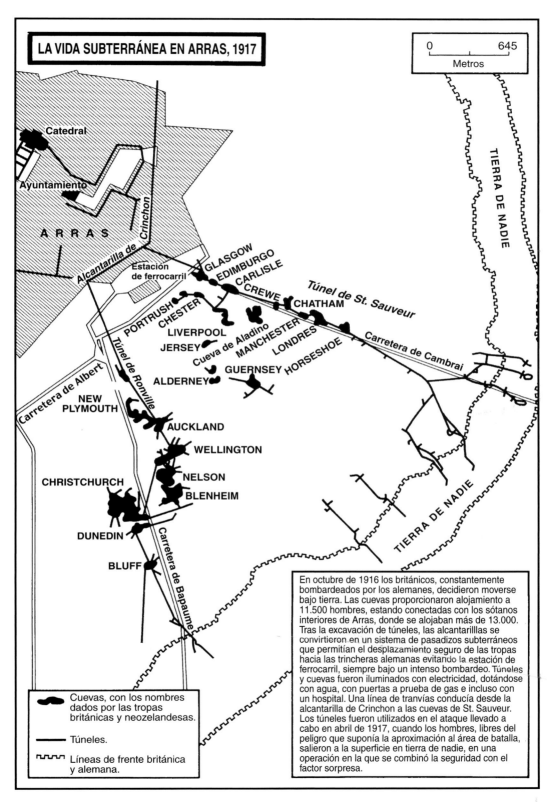

LA VIDA SUBTERRÁNEA EN ARRAS, 1917

0   645

Metros

Catedral

Ayuntamiento

A R R A S

Alcantarilla de Crinchon

Estación de ferrocarril

TIERRA DE NADIE

GLASGOW
EDIMBURGO
CARLISLE
CREWE
CHATHAM
Túnel de St. Sauveur

PORTRUSH
CHESTER
LIVERPOOL
JERSEY
Cueva de Aladino
MANCHESTER
LONDRES
HORSESHOE
Carretera de Cambrai

Túnel de Ronville

Carretera de Albert

ALDERNEY
GUERNSEY

NEW PLYMOUTH

AUCKLAND

WELLINGTON

CHRISTCHURCH
NELSON
BLENHEIM

DUNEDIN

Carretera de Bapaume

BLUFF

TIERRA DE NADIE

Cuevas, con los nombres dados por las tropas británicas y neozelandesas.

Túneles.

Líneas de frente británica y alemana.

En octubre de 1916 los británicos, constantemente bombardeados por los alemanes, decidieron moverse bajo tierra. Las cuevas proporcionaron alojamiento a 11.500 hombres, estando conectadas con los sótanos interiores de Arras, donde se alojaban más de 13.000. Tras la excavación de túneles, las alcantarillas se convirtieron en un sistema de pasadizos subterráneos que permitían el desplazamiento seguro de las tropas hacia las trincheras alemanas evitando la estación de ferrocarril, siempre bajo un intenso bombardeo. Túneles y cuevas fueron iluminados con electricidad, dotándose con agua, con puertas a prueba de gas e incluso con un hospital. Una línea de tranvías conducía desde la alcantarilla de Crinchon a las cuevas de St. Sauveur. Los túneles fueron utilizados en el ataque llevado a cabo en abril de 1917, cuando los hombres, libres del peligro que suponía la aproximación al área de batalla, salieron a la superficie en tierra de nadie, en una operación en la que se combinó la seguridad con el factor sorpresa.

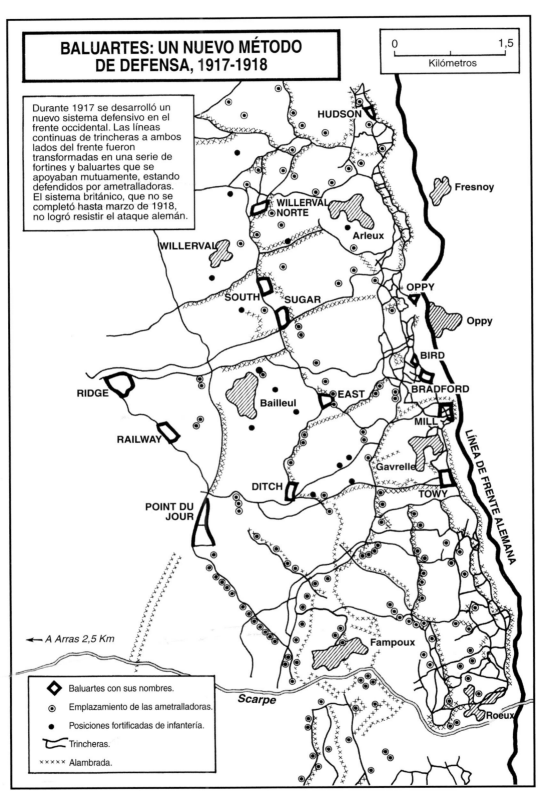

BALUARTES: UN NUEVO MÉTODO DE DEFENSA, 1917-1918

0 — 1,5
Kilómetros

Durante 1917 se desarrolló un nuevo sistema defensivo en el frente occidental. Las líneas continuas de trincheras a ambos lados del frente fueron transformadas en una serie de fortines y baluartes que se apoyaban mutuamente, estando defendidos por ametralladoras. El sistema británico, que no se completó hasta marzo de 1918, no logró resistir el ataque alemán.

HUDSON

Fresnoy

WILLERVAL NORTE

Arleux

WILLERVAL

OPPY

Oppy

SOUTH SUGAR

BIRD

BRADFORD

RIDGE

EAST

Bailleul

MILL

RAILWAY

Gavrelle

DITCH

TOWY

POINT DU JOUR

LÍNEA DE FRENTE ALEMANA

← A Arras 2,5 Km

Fampoux

Scarpe

Roeux

Baluartes con sus nombres.

⊙ Emplazamiento de las ametralladoras.

● Posiciones fortificadas de infantería.

Trincheras.

××××× Alambrada.

TANQUES: UN NUEVO MÉTODO DE ATAQUE, 1917-1918

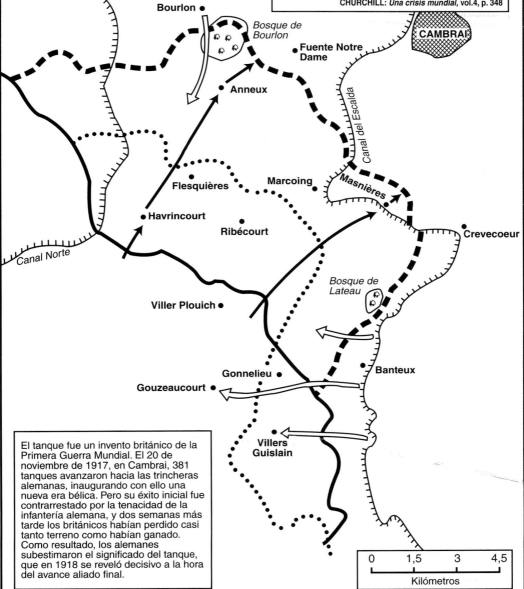

— La línea del frente el 19 de noviembre.

◀— Dirección principal del avance de tanques.

■ ■ ■ Máximo avance británico, 29 de noviembre.

⇦ Contraataques alemanes.

•••••• Línea de frente final, el 7 de diciembre.

«Acusando como hago sin excepción a todas las grandes ofensivas aliadas de 1915, 1916 y 1917, de operaciones innecesarias, erróneamente concebidas y de coste infinito, me veo obligado a responder a la siguiente pregunta: ¿Qué más se podía haber hecho? La respuesta es la Batalla de Cambrai: "Eso es precisamente lo que se pudo haber hecho". Con muchas y mejores variantes, es lo que debió haberse hecho, pero se habría hecho solamente si los generales no se hubiesen contentado con luchar con balas de metralleta y el pecho desnudo de unos hombres valientes. Eso hubiese sido guerrear.»

CHURCHILL: *Una crisis mundial*, vol.4, p. 348

Bourlon

Bosque de Bourlon

CAMBRAI

Fuente Notre Dame

Anneux

Canal del Escalda

Flesquières

Marcoing

Masnières

Havrincourt

Ribécourt

Crevecoeur

Canal Norte

Bosque de Lateau

Viller Plouich

Gonnelieu

Banteux

Gouzeaucourt

Villers Guislain

El tanque fue un invento británico de la Primera Guerra Mundial. El 20 de noviembre de 1917, en Cambrai, 381 tanques avanzaron hacia las trincheras alemanas, inaugurando con ello una nueva era bélica. Pero su éxito inicial fue contrarrestado por la tenacidad de la infantería alemana, y dos semanas más tarde los británicos habían perdido casi tanto terreno como habían ganado. Como resultado, los alemanes subestimaron el significado del tanque, que en 1918 se reveló decisivo a la hora del avance aliado final.

0   1,5   3   4,5

Kilómetros

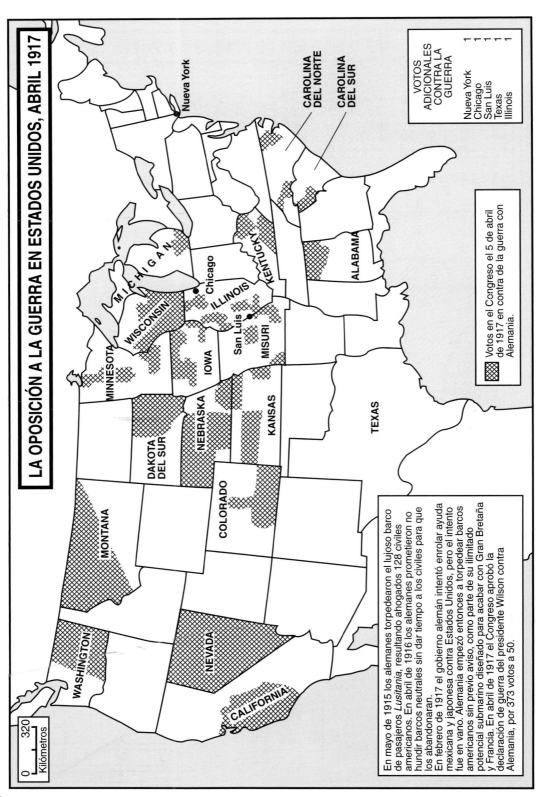

LA OPOSICIÓN A LA GUERRA EN ESTADOS UNIDOS, ABRIL 1917

Nueva York

CAROLINA
DEL NORTE

CAROLINA
DEL SUR

VOTOS
ADICIONALES
CONTRA LA
GUERRA

Nueva York	1
Chicago	1
San Luis	1
Texas	1
Illinois	1

MICHIGAN

Chicago

WISCONSIN

ILLINOIS

KENTUCKY

ALABAMA

MINNESOTA

IOWA

San Luis

MISURI

Votos en el Congreso el 5 de abril
de 1917 en contra de la guerra con
Alemania.

DAKOTA
DEL SUR

NEBRASKA

KANSAS

TEXAS

MONTANA

COLORADO

WASHINGTON

NEVADA

CALIFORNIA

En mayo de 1915 los alemanes torpedearon el lujoso barco
de pasajeros *Lusitania*, resultando ahogados 128 civiles
americanos. En abril de 1916 los alemanes prometieron no
hundir barcos neutrales sin dar tiempo a los civiles para que
los abandonaran.
En febrero de 1917 el gobierno alemán intentó enrolar ayuda
mexicana y japonesa contra Estados Unidos, pero el intento
fue en vano. Alemania empezó entonces a torpedear barcos
americanos sin previo aviso, como parte de su ilimitado
potencial submarino diseñado para acabar con Gran Bretaña
y Francia. En abril de 1917 el Congreso aprobó la
declaración de guerra del presidente Wilson contra
Alemania, por 373 votos a 50.

0   320
Kilómetros

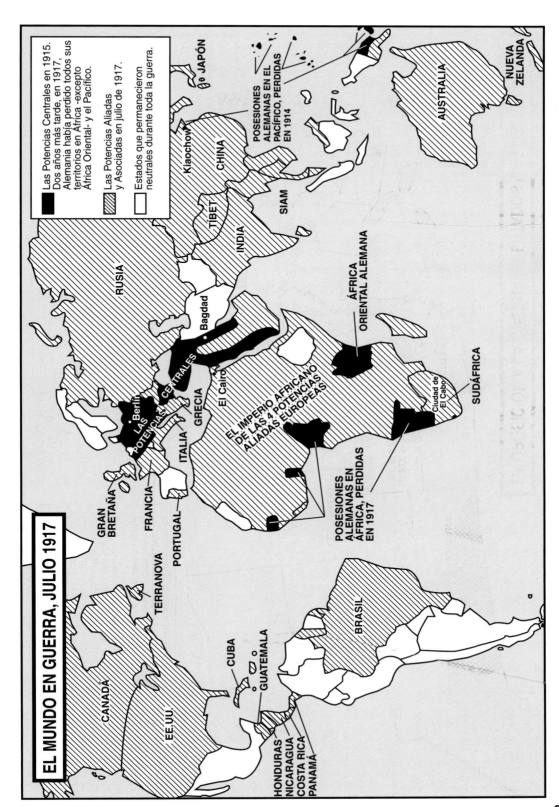

EL MUNDO EN GUERRA, JULIO 1917

Las Potencias Centrales en 1915.
Dos años más tarde, en 1917,
Alemania había perdido todos sus
territorios en África -excepto
África Oriental- y el Pacífico.

Las Potencias Aliadas
y Asociadas en julio de 1917.

Estados que permanecieron
neutrales durante toda la guerra.

JAPÓN

POSESIONES
ALEMANAS EN EL
PACÍFICO, PERDIDAS
EN 1914

Kiaochow

CHINA

TÍBET

SIAM

INDIA

NUEVA
ZELANDA

AUSTRALIA

RUSIA

Bagdad

GRAN
BRETAÑA

FRANCIA

PORTUGAL

ITALIA

GRECIA

Berlín

LAS
POTENCIAS
CENTRALES

El Cairo

ÁFRICA
ORIENTAL ALEMANA

EL IMPERIO AFRICANO
DE LAS 4 POTENCIAS
ALIADAS EUROPEAS

SUDÁFRICA

Ciudad de
El Cabo

POSESIONES
ALEMANAS EN
ÁFRICA, PERDIDAS
EN 1917

TERRANOVA

CANADÁ

EE.UU.

CUBA

GUATEMALA

HONDURAS
NICARAGUA
COSTA RICA
PANAMÁ

BRASIL

LOS BALCANES EN 1917

Durante todo 1917 alemanes, austríacos y búlgaros controlaron sus conquistas en territorios balcánicos con creciente severidad. Toda Rumanía, Serbia y Montenegro, la mayor parte de Albania y una esquina de Grecia estuvieron sujetos al control militar aliado.
Desde Salónica los aliados incrementaron lentamente sus fuerzas militares. A mediados de 1918, los ejércitos aliados estaban formados por tropas británicas, francesas, italianas, serbias, indias e indochinas. Tras un bloqueo naval anglo-francés, los griegos aceptaron finalmente el control aliado de todos los ferrocarriles y telégrafos de Grecia a finales de 1916. En junio de 1917, los franceses depusieron al rey de Grecia y los griegos se unieron formalmente a las Potencias Aliadas, añadiendo 100.000 hombres a los ejércitos aliados establecidos en Salónica. Pero en el mismo mes, un motín de las tropas francesas en Salónica interrumpió los planes aliados durante varios meses. Además la malaria se cobró un importante número de víctimas entre las tropas aliadas.

Provincia moldava de Rumanía bajo protección rusa después de la conquista alemana de Rumanía.

RUSIA

● Budapest

AUSTRIA-HUNGRÍA

Klausenburg

Odesa

Iasi ●

Fokchani

Ismail

● Agram

Temesvar

● Pitesti

● Ploesti

RUMANÍA

● Bucarest

Constanza

Sarajevo

Belgrado

Craiova

Bajo ocupación alemana

Bajo ocupación austríaca

MONTENEGRO

SERBIA

● Nis

Bajo ocupación austríaca

● Pleven

Varna

Mar Negro

Cattaro

● Sofía

Burgas

BULGARIA

Mar Adriático

● Skopje

● Plovdiv

● Adrianópolis

Durazzo

Ochrid

● Drama

Constantinopla

ALBANIA

Salónica

Kavalla

TURQUÍA

Valona

Chanak

GRECE

Mar Egeo

Ocupado por Alemania, Austria-Hungría y Bulgaria en 1917.

Ejércitos aliados de Francia, Gran Bretaña, Italia, Serbia y Grecia, que formaron el "Frente de Salónica" a partir de julio de 1916.

ITALIA

0 — 160
Kilómetros

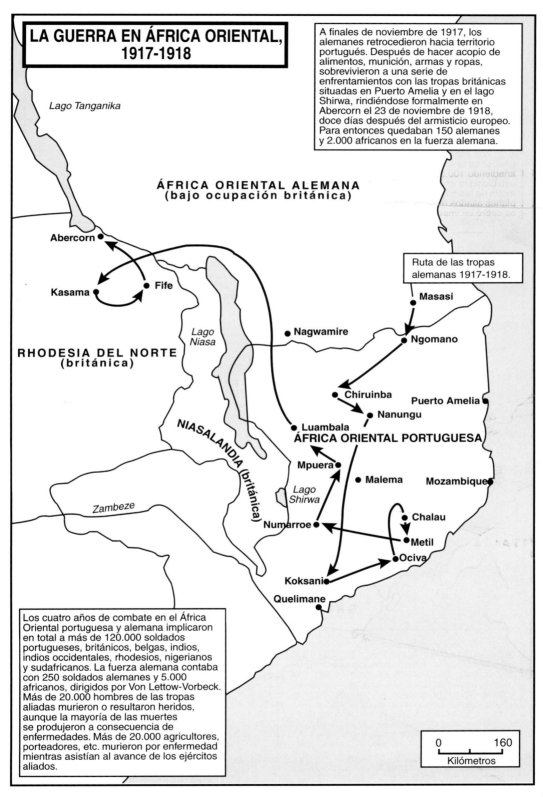

LA GUERRA EN ÁFRICA ORIENTAL, 1917-1918

A finales de noviembre de 1917, los alemanes retrocedieron hacia territorio portugués. Después de hacer acopio de alimentos, munición, armas y ropas, sobrevivieron a una serie de enfrentamientos con las tropas británicas situadas en Puerto Amelia y en el lago Shirwa, rindiéndose formalmente en Abercorn el 23 de noviembre de 1918, doce días después del armisticio europeo. Para entonces quedaban 150 alemanes y 2.000 africanos en la fuerza alemana.

Lago Tanganika

ÁFRICA ORIENTAL ALEMANA
(bajo ocupación británica)

Abercorn

Kasama ● Fife

Ruta de las tropas alemanas 1917-1918.

● Masasi

Lago Niasa

● Nagwamire ● Ngomano

RHODESIA DEL NORTE
(británica)

● Chiruinba ● Puerto Amelia ●

● Nanungu

● Luambala

NIASALANDIA (británica)

ÁFRICA ORIENTAL PORTUGUESA

Mpuera ●

● Malema ● Mozambique ●

Lago Shirwa

Zambeze

● Chalau

Numarroe ● ● Metil

● Ociva

Koksani ●

Quelimane ●

Los cuatro años de combate en el África Oriental portuguesa y alemana implicaron en total a más de 120.000 soldados portugueses, británicos, belgas, indios, indios occidentales, rhodesios, nigerianos y sudafricanos. La fuerza alemana contaba con 250 soldados alemanes y 5.000 africanos, dirigidos por Von Lettow-Vorbeck. Más de 20.000 hombres de las tropas aliadas murieron o resultaron heridos, aunque la mayoría de las muertes se produjeron a consecuencia de enfermedades. Más de 20.000 agricultores, porteadores, etc. murieron por enfermedad mientras asistían al avance de los ejércitos aliados.

0 160
Kilómetros

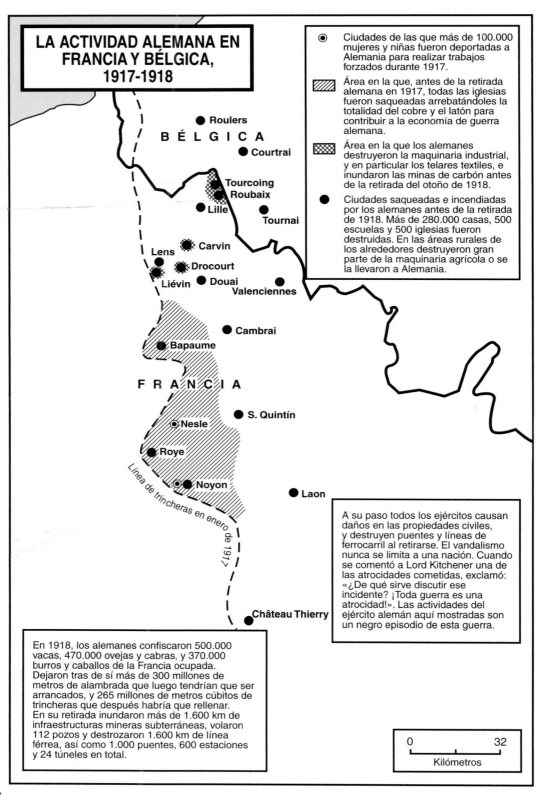

LA ACTIVIDAD ALEMANA EN FRANCIA Y BÉLGICA, 1917-1918

⊙ Ciudades de las que más de 100.000 mujeres y niñas fueron deportadas a Alemania para realizar trabajos forzados durante 1917.

▨ Área en la que, antes de la retirada alemana en 1917, todas las iglesias fueron saqueadas arrebatándoles la totalidad del cobre y el latón para contribuir a la economía de guerra alemana.

▩ Área en la que los alemanes destruyeron la maquinaria industrial, y en particular los telares textiles, e inundaron las minas de carbón antes de la retirada del otoño de 1918.

● Ciudades saqueadas e incendiadas por los alemanes antes de la retirada de 1918. Más de 280.000 casas, 500 escuelas y 500 iglesias fueron destruidas. En las áreas rurales de los alrededores destruyeron gran parte de la maquinaria agrícola o se la llevaron a Alemania.

● Roulers

B É L G I C A

● Courtrai

Tourcoing
Roubaix
● Lille
Tournai

● Carvin
Lens
● Drocourt
Liévin ● Douai
Valenciennes

● Cambrai
Bapaume

F R A N C I A

● S. Quintín

⊙ Nesle

● Roye

⊙ Noyon

● Laon

Línea de trincheras en enero de 1917

A su paso todos los ejércitos causan daños en las propiedades civiles, y destruyen puentes y líneas de ferrocarril al retirarse. El vandalismo nunca se limita a una nación. Cuando se comentó a Lord Kitchener una de las atrocidades cometidas, exclamó: «¿De qué sirve discutir ese incidente? ¡Toda guerra es una atrocidad!». Las actividades del ejército alemán aquí mostradas son un negro episodio de esta guerra.

● Château Thierry

En 1918, los alemanes confiscaron 500.000 vacas, 470.000 ovejas y cabras, y 370.000 burros y caballos de la Francia ocupada. Dejaron tras de sí más de 300 millones de metros de alambrada que luego tendrían que ser arrancados, y 265 millones de metros cúbitos de trincheras que después habría que rellenar. En su retirada inundaron más de 1.600 km de infraestructuras mineras subterráneas, volaron 112 pozos y destrozaron 1.600 km de línea férrea, así como 1.000 puentes, 600 estaciones y 24 túneles en total.

0 ————————— 32
Kilómetros

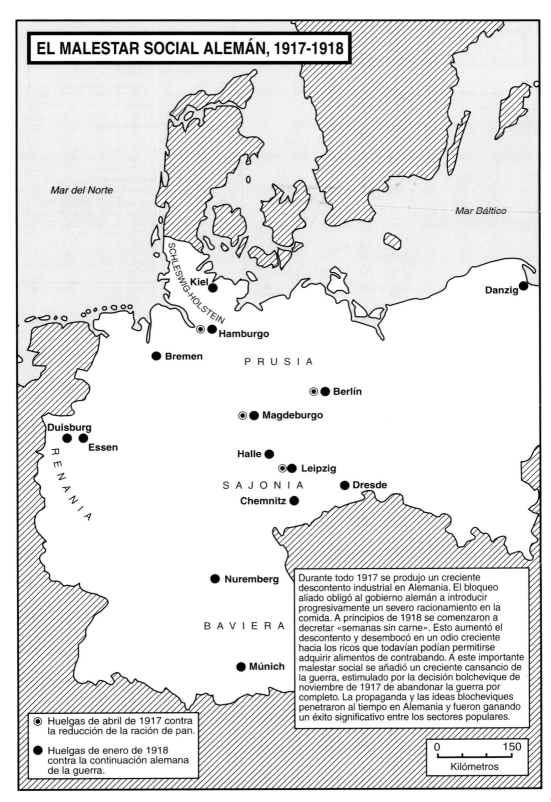

EL MALESTAR SOCIAL ALEMÁN, 1917-1918

Mar del Norte

Mar Báltico

SCHLESWIG-HOLSTEIN

● Kiel

Danzig ●

◉● Hamburgo

● Bremen

P R U S I A

◉● Berlín

◉● Magdeburgo

Duisburg
●
● Essen

Halle ●

◉● Leipzig

S A J O N I A

● Dresde

R E N A N I A

Chemnitz ●

● Nuremberg

B A V I E R A

Durante todo 1917 se produjo un creciente descontento industrial en Alemania. El bloqueo aliado obligó al gobierno alemán a introducir progresivamente un severo racionamiento en la comida. A principios de 1918 se comenzaron a decretar «semanas sin carne». Esto aumentó el descontento y desembocó en un odio creciente hacia los ricos que todavían podían permitirse adquirir alimentos de contrabando. A este importante malestar social se añadió un creciente cansancio de la guerra, estimulado por la decisión bolchevique de noviembre de 1917 de abandonar la guerra por completo. La propaganda y las ideas blocheviques penetraron al tiempo en Alemania y fueron ganando un éxito significativo entre los sectores populares.

● Múnich

◉ Huelgas de abril de 1917 contra la reducción de la ración de pan.

● Huelgas de enero de 1918 contra la continuación alemana de la guerra.

0   150
Kilómetros

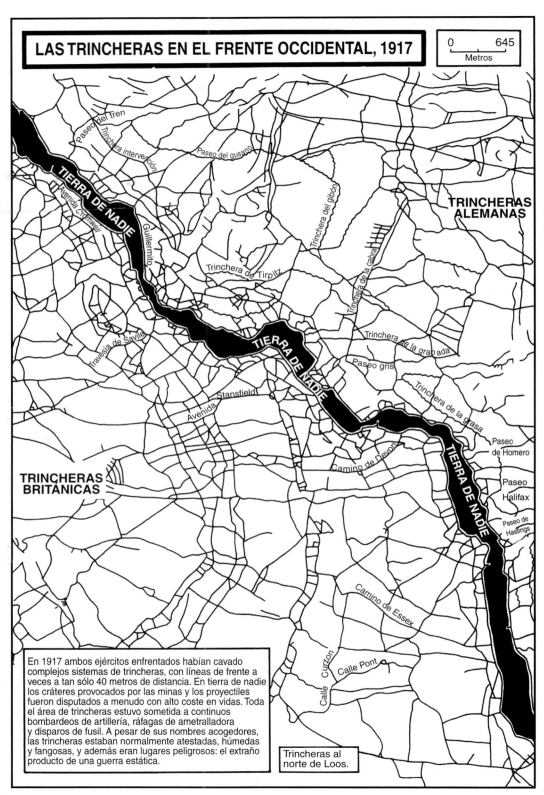

LAS TRINCHERAS EN EL FRENTE OCCIDENTAL, 1917

0 — 645
Metros

Paseo del Tren
Trinchera intervención
Paseo del gusano
TIERRA DE NADIE
Avenida Cromwell
Guillermito
Trinchera del gibón
Trinchera de la cabra
TRINCHERAS ALEMANAS
Trinchera de Tirpitz
Travesía de Savile
TIERRA DE NADIE
Trinchera de la granada
Paseo gris
Trinchera de la grasa
Stansfield
Avenida
Paseo de Homero
Camino de Devon
TIERRA DE NADIE
Paseo Halifax
TRINCHERAS BRITÁNICAS
Paseo de Hastings
Camino de Essex
Calle Curzon
Calle Pont
Calle

En 1917 ambos ejércitos enfrentados habían cavado complejos sistemas de trincheras, con líneas de frente a veces a tan sólo 40 metros de distancia. En tierra de nadie los cráteres provocados por las minas y los proyectiles fueron disputados a menudo con alto coste en vidas. Toda el área de trincheras estuvo sometida a continuos bombardeos de artillería, ráfagas de ametralladora y disparos de fusil. A pesar de sus nombres acogedores, las trincheras estaban normalmente atestadas, húmedas y fangosas, y además eran lugares peligrosos: el extraño producto de una guerra estática.

Trincheras al norte de Loos.

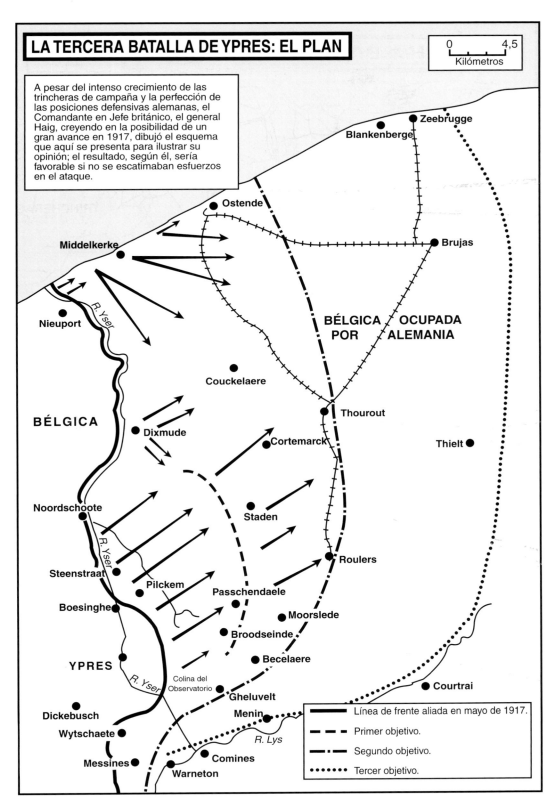

LA TERCERA BATALLA DE YPRES: EL PLAN

0 —— 4,5
Kilómetros

A pesar del intenso crecimiento de las trincheras de campaña y la perfección de las posiciones defensivas alemanas, el Comandante en Jefe británico, el general Haig, creyendo en la posibilidad de un gran avance en 1917, dibujó el esquema que aquí se presenta para ilustrar su opinión; el resultado, según él, sería favorable si no se escatimaban esfuerzos en el ataque.

Zeebrugge

Blankenberge

Ostende

Middelkerke

Brujas

Nieuport

R. Yser

BÉLGICA / OCUPADA
POR / ALEMANIA

Couckelaere

BÉLGICA

Dixmude

Thourout

Cortemarck

Thielt

Noordschoote

R. Yser

Staden

Steenstraat

Roulers

Pilckem

Passchendaele

Boesinghe

Moorslede

Broodseinde

YPRES

Becelaere

R. Yser

Colina del
Observatorio

Gheluvelt

Courtrai

Dickebusch

Menin

Wytschaete

R. Lys

Messines

Comines

Warneton

▬▬▬	Línea de frente aliada en mayo de 1917.
▬ ▬ ▬	Primer objetivo.
▬·▬·▬	Segundo objetivo.
•••••	Tercer objetivo.

101

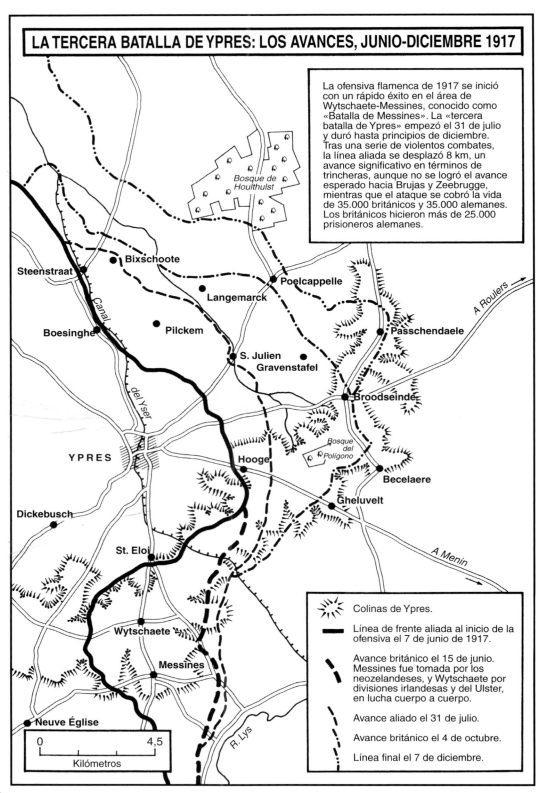

LA TERCERA BATALLA DE YPRES: LOS AVANCES, JUNIO-DICIEMBRE 1917

La ofensiva flamenca de 1917 se inició con un rápido éxito en el área de Wytschaete-Messines, conocido como «Batalla de Messines». La «tercera batalla de Ypres» empezó el 31 de julio y duró hasta principios de diciembre. Tras una serie de violentos combates, la línea aliada se desplazó 8 km, un avance significativo en términos de trincheras, aunque no se logró el avance esperado hacia Brujas y Zeebrugge, mientras que el ataque se cobró la vida de 35.000 británicos y 35.000 alemanes. Los británicos hicieron más de 25.000 prisioneros alemanes.

Bosque de Houlthulst

Bixschoote

Steenstraat

Poelcappelle

A Roulers

Langemarck

Boesinghe

Pilckem

Passchendaele

S. Julien
Gravenstafel

Canal

del Yser

Broodseinde

YPRES

Bosque del Polígono

Hooge

Becelaere

Dickebusch

Gheluvelt

A Menin

St. Eloi

Wytschaete

Messines

Neuve Église

R. Lys

0	4,5

Kilómetros

Colinas de Ypres.

Línea de frente aliada al inicio de la ofensiva el 7 de junio de 1917.

Avance británico el 15 de junio. Messines fue tomada por los neozelandeses, y Wytschaete por divisiones irlandesas y del Ulster, en lucha cuerpo a cuerpo.

Avance aliado el 31 de julio.

Avance británico el 4 de octubre.

Línea final el 7 de diciembre.

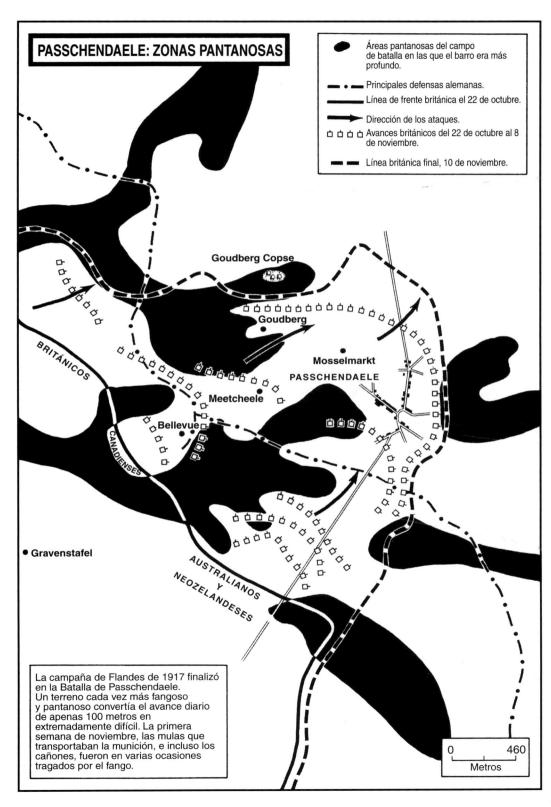

PASSCHENDAELE: ZONAS PANTANOSAS

Áreas pantanosas del campo de batalla en las que el barro era más profundo.

Principales defensas alemanas.

Línea de frente británica el 22 de octubre.

Dirección de los ataques.

Avances británicos del 22 de octubre al 8 de noviembre.

Línea británica final, 10 de noviembre.

Goudberg Copse

Goudberg

Mosselmarkt

PASSCHENDAELE

Meetcheele

BRITÁNICOS

CANADIENSES

Bellevue

Gravenstafel

AUSTRALIANOS Y NEOZELANDESES

La campaña de Flandes de 1917 finalizó en la Batalla de Passchendaele. Un terreno cada vez más fangoso y pantanoso convertía el avance diario de apenas 100 metros en extremadamente difícil. La primera semana de noviembre, las mulas que transportaban la munición, e incluso los cañones, fueron en varias ocasiones tragados por el fango.

0   460

Metros

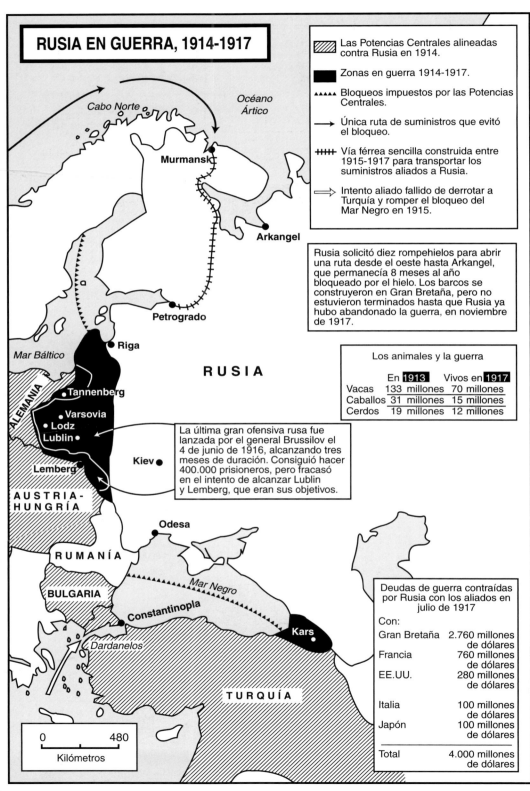

RUSIA EN GUERRA, 1914-1917

Las Potencias Centrales alineadas contra Rusia en 1914.

Zonas en guerra 1914-1917.

Bloqueos impuestos por las Potencias Centrales.

Única ruta de suministros que evitó el bloqueo.

Vía férrea sencilla construida entre 1915-1917 para transportar los suministros aliados a Rusia.

Intento aliado fallido de derrotar a Turquía y romper el bloqueo del Mar Negro en 1915.

Rusia solicitó diez rompehielos para abrir una ruta desde el oeste hasta Arkangel, que permanecía 8 meses al año bloqueado por el hielo. Los barcos se construyeron en Gran Bretaña, pero no estuvieron terminados hasta que Rusia ya hubo abandonado la guerra, en noviembre de 1917.

Los animales y la guerra

	En **1913**	Vivos en **1917**
Vacas	133 millones	70 millones
Caballos	31 millones	15 millones
Cerdos	19 millones	12 millones

La última gran ofensiva rusa fue lanzada por el general Brussilov el 4 de junio de 1916, alcanzando tres meses de duración. Consiguió hacer 400.000 prisioneros, pero fracasó en el intento de alcanzar Lublin y Lemberg, que eran sus objetivos.

Deudas de guerra contraídas por Rusia con los aliados en julio de 1917

Con:	
Gran Bretaña	2.760 millones de dólares
Francia	760 millones de dólares
EE.UU.	280 millones de dólares
Italia	100 millones de dólares
Japón	100 millones de dólares
Total	4.000 millones de dólares

Océano Ártico

Cabo Norte

Murmansk

Arkangel

Petrogrado

Riga

Mar Báltico

RUSIA

Tannenberg

ALEMANIA

Varsovia

Lodz

Lublin

Lemberg

Kiev

AUSTRIA-HUNGRÍA

Odesa

RUMANÍA

BULGARIA

Mar Negro

Constantinopla

Dardanelos

Kars

TURQUÍA

0   480
Kilómetros

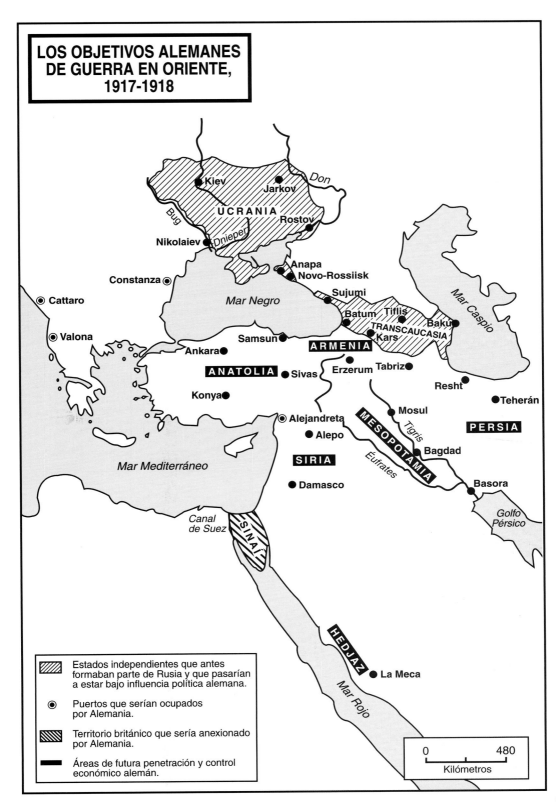

LOS OBJETIVOS ALEMANES DE GUERRA EN ORIENTE, 1917-1918

Don

Kiev

Jarkov

Bug

UCRANIA

Rostov

Dnieper

Nikolaiev

Anapa
Novo-Rossiisk

Constanza

Mar Caspio

Mar Negro

Sujumi

Cattaro

Batum **Tiflis**
TRANSCAUCASIA **Baku**

Valona

Samsun **Kars**

Ankara

ARMENIA

ANATOLIA **Sivas**

Erzerum **Tabriz**

Resht

Konya

Teherán

Alejandreta

MESOPOTAMIA

Mosul

Tigris

PERSIA

Alepo

Bagdad

Éufrates

SIRIA

Mar Mediterráneo

Damasco

Basora

*Golfo
Pérsico*

*Canal
de Suez*

SINAI

HEDJAZ

Mar Rojo

La Meca

0		480

Kilómetros

105

LA OFENSIVA FINAL RUSA, 1-16 DE JULIO DE 1917

FINLANDESES

Helsinki

Mar Báltico

Reval   Petrogrado

ESTONIOS

SOLDADOS Y REFUGIADOS POLACOS

Pskov

LETONES

Mitau   Riga

Memel   Vilkomir   Dvinsk

Tilsit   Kovno

PRUSIA ORIENTAL   Vilna ⊙   Smorgon

Krevo

Minsk

TERRITORIO RUSO OCUPADO POR ALEMANIA   Baranovitchi   RUSIA

Pinsk

Kovel

Rovno   Kiev

Brody   Berdichev   Jarkov

Lemberg ⊙   Poltava

Tarnopol   UCRANIANOS

Stanislau   Ekaterinoslav

AUSTRIA-HUNGRÍA   Czernowitz

Jassy   Nikolaiev

Kishinev

Odesa   Jerson

Ismail

TERRITORIO RUMANO OCUPADO POR ALEMANIA   Mar Negro

— El frente oriental el 1 de julio de 1917.

▨ Territorio austríaco conquistado por Rusia, del 1 al 16 de julio de 1917.

↖ Intenciones rusas de emprender una acción ofensiva más amplia durante la segunda quincena de julio.

⊙ Principales objetivos militares rusos para 1917.

▨ Pueblos sometidos que insistían en lograr la independencia del control de Rusia, dificultando considerablemente el esfuerzo bélico cuando sus demandas eran desatendidas o rechazadas.

◕ Consejos de trabajadores, soldados y campesinos dominados por los bolcheviques, que exigieron un inmediato alto el fuego en abril, mayo y junio.

En marzo de 1917, tras la abdicación del zar, Nicolás II, el nuevo gobierno provisional prometió a los aliados que sus tropas continuarían luchando, por más que el pueblo ruso se opusiera a la continuación de la guerra. Incluso se planeó una gran ofensiva para el 1 de julio de 1917.

0   160
Kilómetros

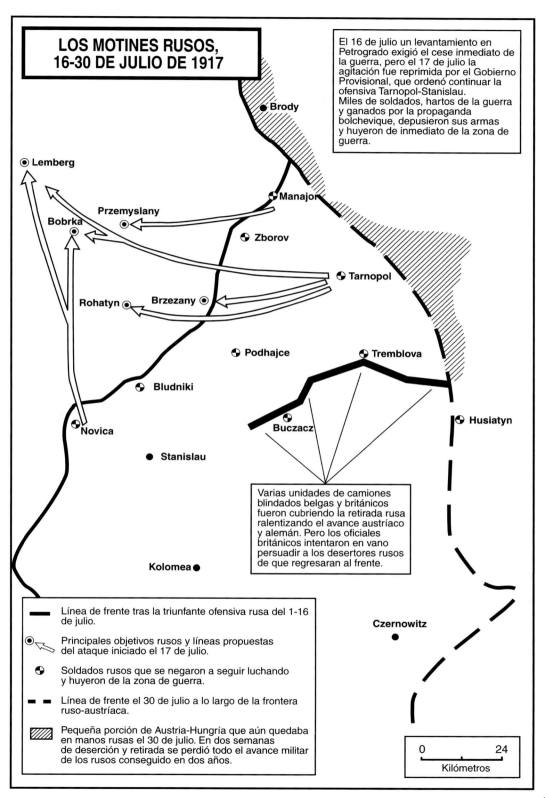

LOS MOTINES RUSOS, 16-30 DE JULIO DE 1917

El 16 de julio un levantamiento en Petrogrado exigió el cese inmediato de la guerra, pero el 17 de julio la agitación fue reprimida por el Gobierno Provisional, que ordenó continuar la ofensiva Tarnopol-Stanislau. Miles de soldados, hartos de la guerra y ganados por la propaganda bolchevique, depusieron sus armas y huyeron de inmediato de la zona de guerra.

● Brody

◉ Lemberg

○ Manajor

Przemyslany
◉
Bobrka ◉

✪ Zborov

✪ Tarnopol

Rohatyn ◉   Brzezany ◉

✪ Podhajce   ✪ Tremblova

✪ Bludniki

✪ Buczacz   ✪ Husiatyn

◉ Novica

● Stanislau

Varias unidades de camiones blindados belgas y británicos fueron cubriendo la retirada rusa ralentizando el avance austríaco y alemán. Pero los oficiales británicos intentaron en vano persuadir a los desertores rusos de que regresaran al frente.

Kolomea ●

Línea de frente tras la triunfante ofensiva rusa del 1-16 de julio.

◉ Principales objetivos rusos y líneas propuestas del ataque iniciado el 17 de julio.

✪ Soldados rusos que se negaron a seguir luchando y huyeron de la zona de guerra.

Czernowitz
●

Línea de frente el 30 de julio a lo largo de la frontera ruso-austríaca.

Pequeña porción de Austria-Hungría que aún quedaba en manos rusas el 30 de julio. En dos semanas de deserción y retirada se perdió todo el avance militar de los rusos conseguido en dos años.

0   24
Kilómetros

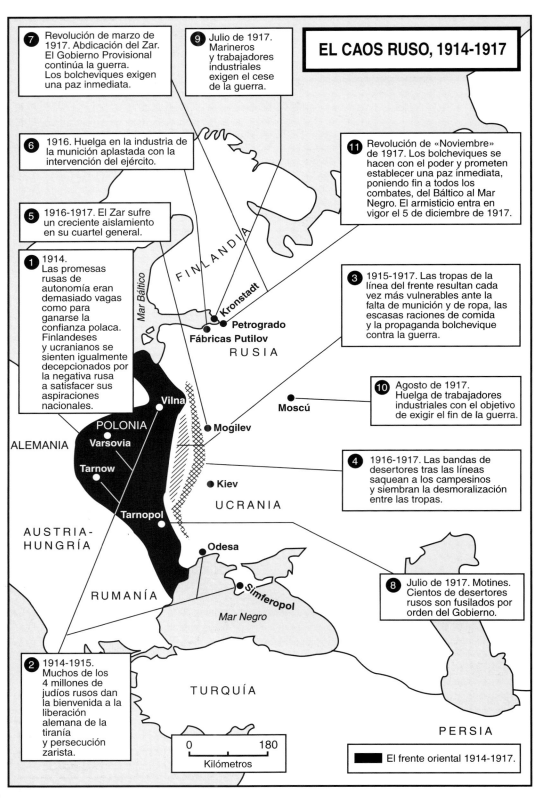

EL CAOS RUSO, 1914-1917

7 Revolución de marzo de 1917. Abdicación del Zar. El Gobierno Provisional continúa la guerra. Los bolcheviques exigen una paz inmediata.

9 Julio de 1917. Marineros y trabajadores industriales exigen el cese de la guerra.

6 1916. Huelga en la industria de la munición aplastada con la intervención del ejército.

11 Revolución de «Noviembre» de 1917. Los bolcheviques se hacen con el poder y prometen establecer una paz inmediata, poniendo fin a todos los combates, del Báltico al Mar Negro. El armisticio entra en vigor el 5 de diciembre de 1917.

5 1916-1917. El Zar sufre un creciente aislamiento en su cuartel general.

1 1914. Las promesas rusas de autonomía eran demasiado vagas como para ganarse la confianza polaca. Finlandeses y ucranianos se sienten igualmente decepcionados por la negativa rusa a satisfacer sus aspiraciones nacionales.

3 1915-1917. Las tropas de la línea del frente resultan cada vez más vulnerables ante la falta de munición y de ropa, las escasas raciones de comida y la propaganda bolchevique contra la guerra.

Mar Báltico

F I N L A N D I A

Kronstadt

Petrogrado

Fábricas Putilov

R U S I A

10 Agosto de 1917. Huelga de trabajadores industriales con el objetivo de exigir el fin de la guerra.

Vilna

Moscú

POLONIA

Mogilev

ALEMANIA

Varsovia

4 1916-1917. Las bandas de desertores tras las líneas saquean a los campesinos y siembran la desmoralización entre las tropas.

Tarnow

Kiev

U C R A N I A

AUSTRIA-HUNGRÍA

Tarnopol

Odesa

8 Julio de 1917. Motines. Cientos de desertores rusos son fusilados por orden del Gobierno.

R U M A N Í A

Simferopol

Mar Negro

2 1914-1915. Muchos de los 4 millones de judíos rusos dan la bienvenida a la liberación alemana de la tiranía y persecución zarista.

T U R Q U Í A

P E R S I A

0 — 180
Kilómetros

■ El frente oriental 1914-1917.

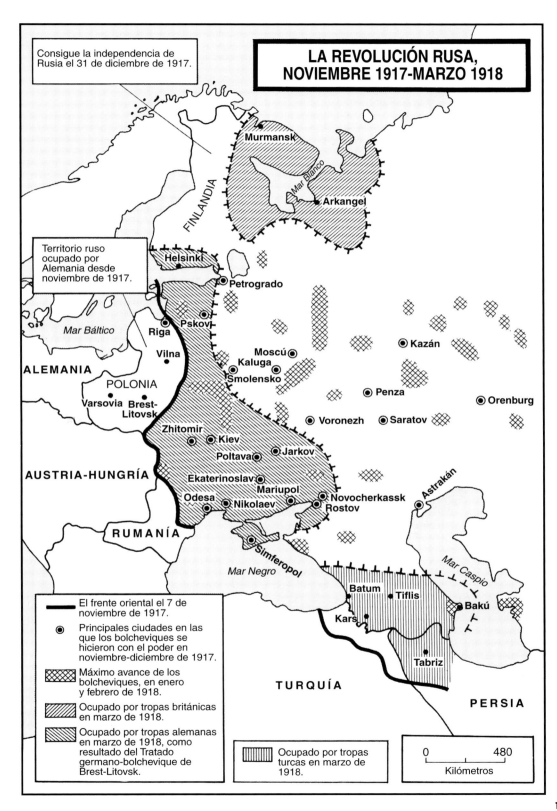

LA REVOLUCIÓN RUSA,
NOVIEMBRE 1917-MARZO 1918

Consigue la independencia de
Rusia el 31 de diciembre de 1917.

Territorio ruso
ocupado por
Alemania desde
noviembre de 1917.

FINLANDIA

Murmansk

Mar Blanco

Arkangel

Helsinki

Petrogrado

Mar Báltico

Riga

Pskov

Vilna

Kazán

Moscú

Kaluga

Smolensko

ALEMANIA

POLONIA

Penza

Orenburg

Varsovia

Brest-
Litovsk

Voronezh

Saratov

Zhitomir

Kiev

Poltava

Jarkov

AUSTRIA-HUNGRÍA

Ekaterinoslav

Mariupol

Astrakán

Odesa

Nikolaev

Novocherkassk

Rostov

RUMANÍA

Simferopol

Mar Negro

Mar Caspio

Batum

Tiflis

Bakú

Kars

El frente oriental el 7 de
noviembre de 1917.

Principales ciudades en las
que los bolcheviques se
hicieron con el poder en
noviembre-diciembre de 1917.

Máximo avance de los
bolcheviques, en enero
y febrero de 1918.

Ocupado por tropas británicas
en marzo de 1918.

Ocupado por tropas alemanas
en marzo de 1918, como
resultado del Tratado
germano-bolchevique de
Brest-Litovsk.

Tabriz

TURQUÍA

PERSIA

Ocupado por tropas
turcas en marzo de
1918.

0   480

Kilómetros

109

Sección 8

1918

... Vosotras, engreídas multitudes de amable mirada
que animáis a los jóvenes soldados que marchan,
entrad en casa y rezad para que no conozcáis nunca
ese infierno donde la juventud y la risa se pierden.

SIEGFRIED SASSOON
«Suicidio en las trincheras»

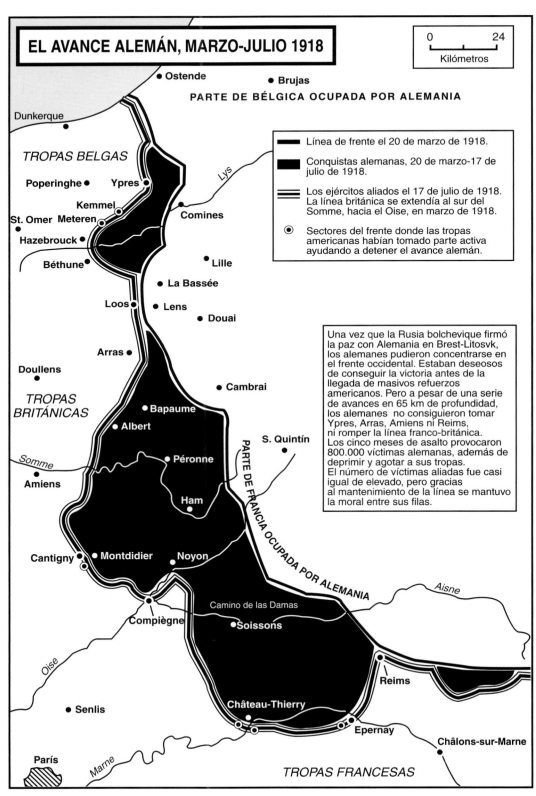

EL AVANCE ALEMÁN, MARZO-JULIO 1918

0   24
Kilómetros

● Ostende   ● Brujas

PARTE DE BÉLGICA OCUPADA POR ALEMANIA

Dunkerque

TROPAS BELGAS

Poperinghe ●   Ypres ●

Kemmel

St. Omer   Meteren   ● Comines

Hazebrouck ●

Béthune ●   ● Lille

    ● La Bassée

Loos ●   ● Lens

   ● Douai

Arras ●

Doullens ●

TROPAS BRITÁNICAS

   ● Cambrai

● Bapaume

● Albert

   ● S. Quintín

Somme

● Péronne

Amiens ●

Ham ●

Cantigny ●   ● Montdidier   Noyon ●

PARTE DE FRANCIA OCUPADA POR ALEMANIA

Aisne

Compiègne

Camino de las Damas

● Soissons

Oise

    Reims ●

● Senlis

Château-Thierry ●

Epernay ●

    Châlons-sur-Marne ●

París

Marne

TROPAS FRANCESAS

Leyenda:

▬▬ Línea de frente el 20 de marzo de 1918.

■ Conquistas alemanas, 20 de marzo-17 de julio de 1918.

≡ Los ejércitos aliados el 17 de julio de 1918. La línea británica se extendía al sur del Somme, hacia el Oise, en marzo de 1918.

◉ Sectores del frente donde las tropas americanas habían tomado parte activa ayudando a detener el avance alemán.

Una vez que la Rusia bolchevique firmó la paz con Alemania en Brest-Litosvk, los alemanes pudieron concentrarse en el frente occidental. Estaban deseosos de conseguir la victoria antes de la llegada de masivos refuerzos americanos. Pero a pesar de una serie de avances en 65 km de profundidad, los alemanes no consiguieron tomar Ypres, Arras, Amiens ni Reims, ni romper la línea franco-británica. Los cinco meses de asalto provocaron 800.000 víctimas alemanas, además de deprimir y agotar a sus tropas. El número de víctimas aliadas fue casi igual de elevado, pero gracias al mantenimiento de la línea se mantuvo la moral entre sus filas.

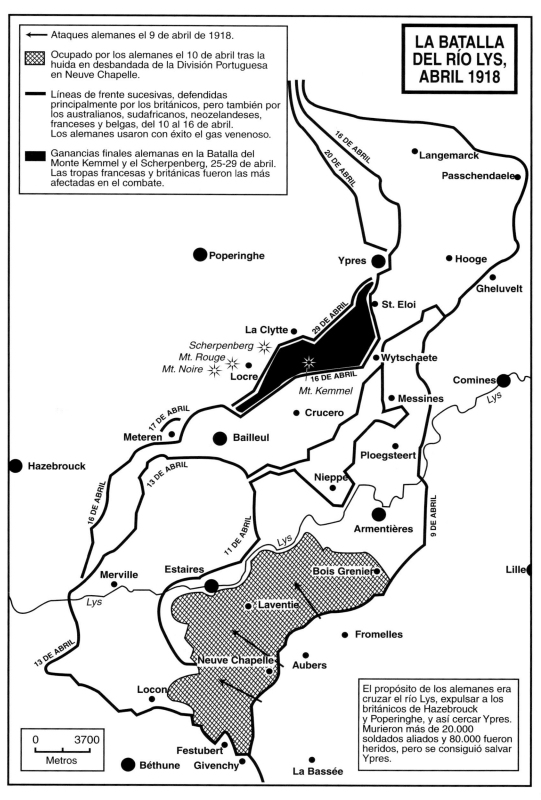

LA BATALLA DEL RÍO LYS, ABRIL 1918

◄—— Ataques alemanes el 9 de abril de 1918.

▨ Ocupado por los alemanes el 10 de abril tras la huida en desbandada de la División Portuguesa en Neuve Chapelle.

—— Líneas de frente sucesivas, defendidas principalmente por los británicos, pero también por los australianos, sudafricanos, neozelandeses, franceses y belgas, del 10 al 16 de abril. Los alemanes usaron con éxito el gas venenoso.

■ Ganancias finales alemanas en la Batalla del Monte Kemmel y el Scherpenberg, 25-29 de abril. Las tropas francesas y británicas fueron las más afectadas en el combate.

Langemarck
Passchendaele
16 DE ABRIL
20 DE ABRIL
Poperinghe
Ypres
Hooge
Gheluvelt
St. Eloi
29 DE ABRIL
La Clytte
Scherpenberg
Mt. Rouge
Mt. Noire
Locre
Wytschaete
16 DE ABRIL
Mt. Kemmel
Comines
Lys
Messines
Crucero
17 DE ABRIL
Meteren
Bailleul
Ploegsteert
Hazebrouck
Nieppe
13 DE ABRIL
9 DE ABRIL
16 DE ABRIL
Armentières
11 DE ABRIL
Lys
Lille
Merville
Estaires
Bois Grenier
Laventie
Fromelles
13 DE ABRIL
Neuve Chapelle
Aubers
Locon
Festubert
Béthune   Givenchy
La Bassée

0	3700

Metros

El propósito de los alemanes era cruzar el río Lys, expulsar a los británicos de Hazebrouck y Poperinghe, y así cercar Ypres. Murieron más de 20.000 soldados aliados y 80.000 fueron heridos, pero se consiguió salvar Ypres.

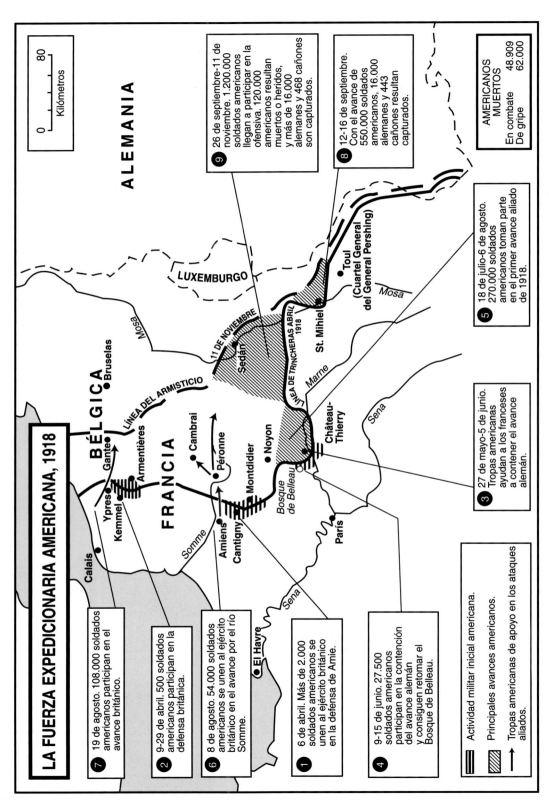

LA FUERZA EXPEDICIONARIA AMERICANA, 1918

ALEMANIA

BÉLGICA

FRANCIA

LUXEMBURGO

Bruselas
Gante ●
Ypres ●
Kemmel ●
Armentières
Calais
El Havre
Amiens ●
Cantigny ●
Cambrai ●
Péronne ●
Montdidier ●
Noyon ●
Bosque de Belleau
Château-Thierry
París ●
Sedán
St. Mihiel ●
Toul (Cuartel General del General Pershing) ●

LÍNEA DEL ARMISTICIO
11 DE NOVIEMBRE
LÍNEA DE TRINCHERAS ABRIL 1918

Somme
Sena
Mosa
Mosa
Marne
Sena
Sena

0 — 80
Kilómetros

7 19 de agosto. 108.000 soldados americanos participan en el avance británico.

2 9-29 de abril. 500 soldados americanos participan en la defensa británica.

6 8 de agosto. 54.000 soldados americanos se unen al ejército británico en el avance por el río Somme.

1 6 de abril. Más de 2.000 soldados americanos se unen al ejército británico en la defensa de Amie.

4 9-15 de junio. 27.500 soldados americanos participan en la contención del avance alemán y consiguen retomar el Bosque de Belleau.

9 26 de septiembre-11 de noviembre. 1.200.000 soldados americanos llegan a participar en la ofensiva. 120.000 americanos resultan muertos o heridos, y más de 16.000 alemanes y 468 cañones son capturados.

8 12-16 de septiembre. Con el avance de 550.000 soldados americanos, 16.000 alemanes y 443 cañones resultan capturados.

5 18 de julio-6 de agosto. 270.000 soldados americanos toman parte en el primer avance aliado de 1918.

3 27 de mayo-5 de junio. Tropas americanas ayudan a los franceses a contener el avance alemán.

AMERICANOS MUERTOS
En combate   48.909
De gripe   62.000

Actividad militar inicial americana.

Principales avances americanos.

Tropas americanas de apoyo en los ataques aliados.

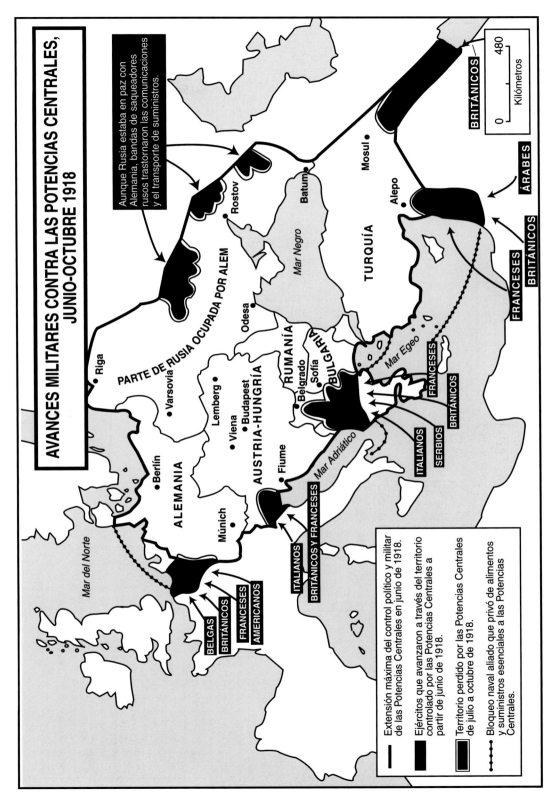

AVANCES MILITARES CONTRA LAS POTENCIAS CENTRALES, JUNIO-OCTUBRE 1918

Aunque Rusia estaba en paz con Alemania, bandas de saqueadores rusos trastornaron las comunicaciones y el transporte de suministros.

BRITÁNICOS

0 — 480
Kilómetros

ÁRABES

Mosul

Alepo

BRITÁNICOS

Batum

TURQUÍA

FRANCESES

BRITÁNICOS

Rostov

Mar Negro

PARTE DE RUSIA OCUPADA POR ALEM

Riga

Odesa

Mar Egeo

FRANCESES

RUMANÍA

Varsovia

BULGARIA

BRITÁNICOS

Lemberg

Sofía

Belgrado

Viena

Budapest

AUSTRIA-HUNGRÍA

ITALIANOS

SERBIOS

Mar Adriático

Berlín

Fiume

Mar del Norte

ALEMANIA

Múnich

ITALIANOS

BRITÁNICOS Y FRANCESES

BELGAS

BRITÁNICOS

FRANCESES

AMERICANOS

Extensión máxima del control político y militar de las Potencias Centrales en junio de 1918.

Ejércitos que avanzaron a través del territorio controlado por las Potencias Centrales a partir de junio de 1918.

Territorio perdido por las Potencias Centrales de julio a octubre de 1918.

Bloqueo naval aliado que privó de alimentos y suministros esenciales a las Potencias Centrales.

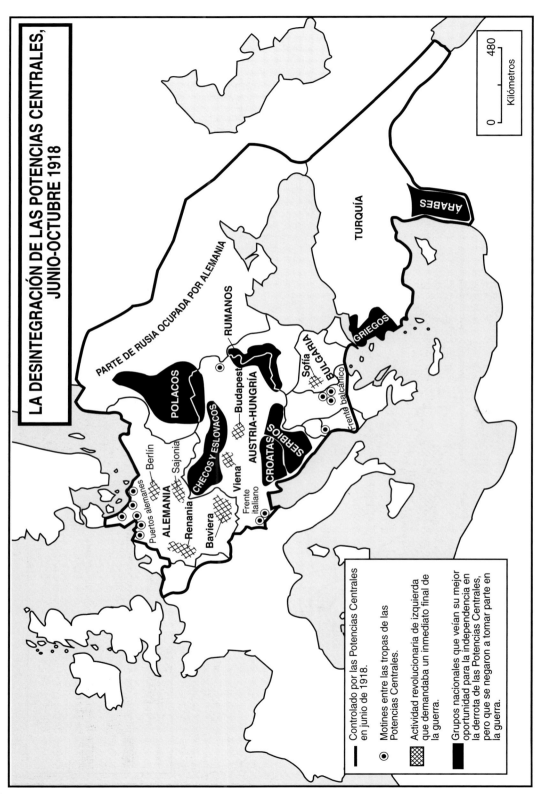

LA DESINTEGRACIÓN DE LAS POTENCIAS CENTRALES, JUNIO-OCTUBRE 1918

PARTE DE RUSIA OCUPADA POR ALEMANIA

POLACOS

RUMANOS

CHECOS Y ESLOVACOS

Budapest

Berlín

Sajonia

Puertos alemanes

ALEMANIA

Renania

Baviera

Viena

Frente italiano

AUSTRIA-HUNGRÍA

CROATAS

SERBIOS

Sofía

BULGARIA

Frente balcánico

GRIEGOS

TURQUÍA

ÁRABES

0   480
Kilómetros

Controlado por las Potencias Centrales en junio de 1918.

⊙ Motines entre las tropas de las Potencias Centrales.

▨ Actividad revolucionaria de izquierda que demandaba un inmediato final de la guerra.

■ Grupos nacionales que veían su mejor oportunidad para la independencia en la derrota de las Potencias Centrales, pero que se negaron a tomar parte en la guerra.

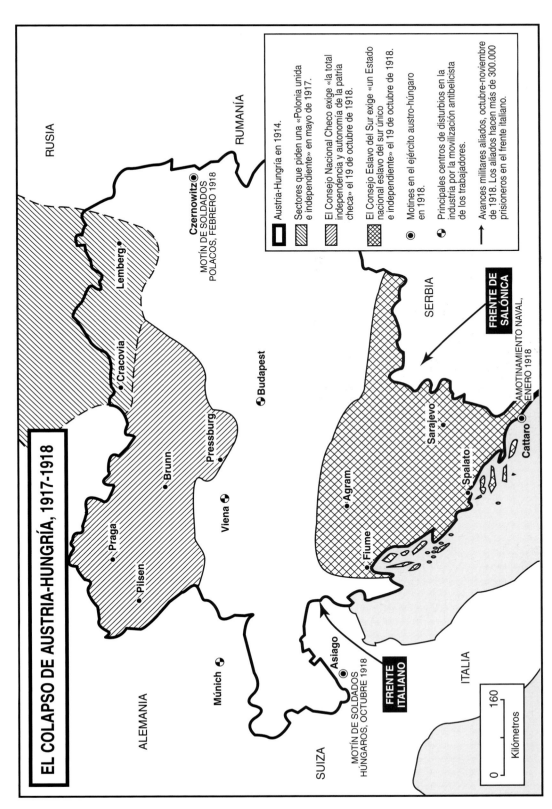

EL COLAPSO DE AUSTRIA-HUNGRÍA, 1917-1918

ALEMANIA

RUSIA

RUMANÍA

SUIZA

ITALIA

SERBIA

Múnich

MOTÍN DE SOLDADOS
HÚNGAROS, OCTUBRE 1918

Asiago

**FRENTE
ITALIANO**

Viena

Praga

Pilsen

Brunn

Pressburg

Budapest

Cracovia

Lemberg

Czernowitz

MOTÍN DE SOLDADOS
POLACOS, FEBRERO 1918

Agram

Fiume

Sarajevo

Spalato

Cattaro

AMOTINAMIENTO NAVAL,
ENERO 1918

**FRENTE DE
SALÓNICA**

Austria-Hungría en 1914.

Sectores que piden una «Polonia unida
e independiente» en mayo de 1917.

El Consejo Nacional Checo exige «la total
independencia y autonomía de la patria
checa» el 19 de octubre de 1918.

El Consejo Eslavo del Sur exige «un Estado
nacional eslavo del sur único
e independiente» el 19 de octubre de 1918.

Motines en el ejército austro-húngaro
en 1918.

Principales centros de disturbios en la
industria por la movilización antibelicista
de los trabajadores.

Avances militares aliados, octubre-noviembre
de 1918. Los aliados hacen más de 300.000
prisioneros en el frente italiano.

160

0

Kilómetros

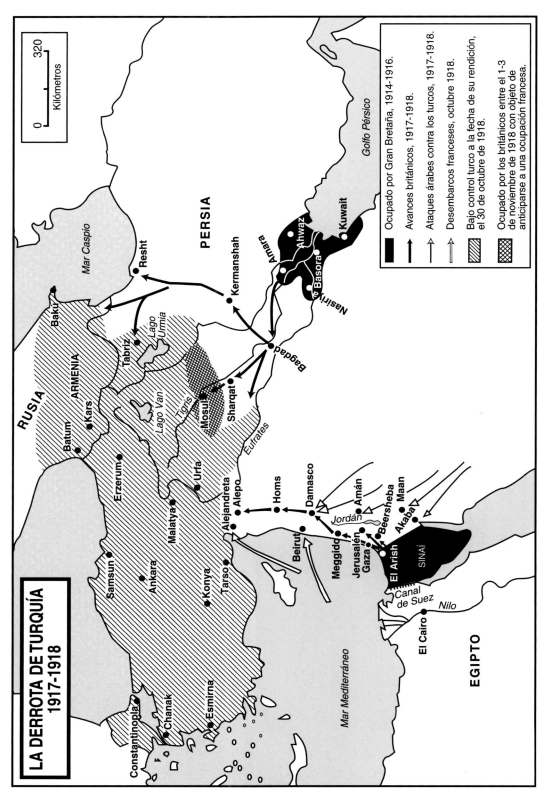

LA DERROTA DE TURQUÍA 1917-1918

320

Kilómetros

0

RUSIA

Mar Caspio

ARMENIA

Lago Urmia

Lago Van

PERSIA

Baku

Resht

Kermanshah

Tabriz

Batum

Kars

Erzerum

Tigris

Mosul

Sharqat

Eufrates

Urfa

Amara

Ahwaz

Kuwait

Basora

Nasiriya

Golfo Pérsico

Bagdad

Samsun

Ankara

Konya

Tarso

Malatya

Alejandreta

Alepo

Homs

Damasco

Amán

Beersheba

Maan

Jordán

Akaba

Beirut

Meggido

Jerusalén

Gaza

El Arish

SINAÍ

Canal de Suez

Nilo

El Cairo

EGIPTO

Mar Mediterráneo

Constantinopla

Chanak

Esmirna

Ocupado por Gran Bretaña, 1914-1916.

Avances británicos, 1917-1918.

Ataques árabes contra los turcos, 1917-1918.

Desembarcos franceses, octubre 1918.

Bajo control turco a la fecha de su rendición, el 30 de octubre de 1918.

Ocupado por los británicos entre el 1-3 de noviembre de 1918 con objeto de anticiparse a una ocupación francesa.

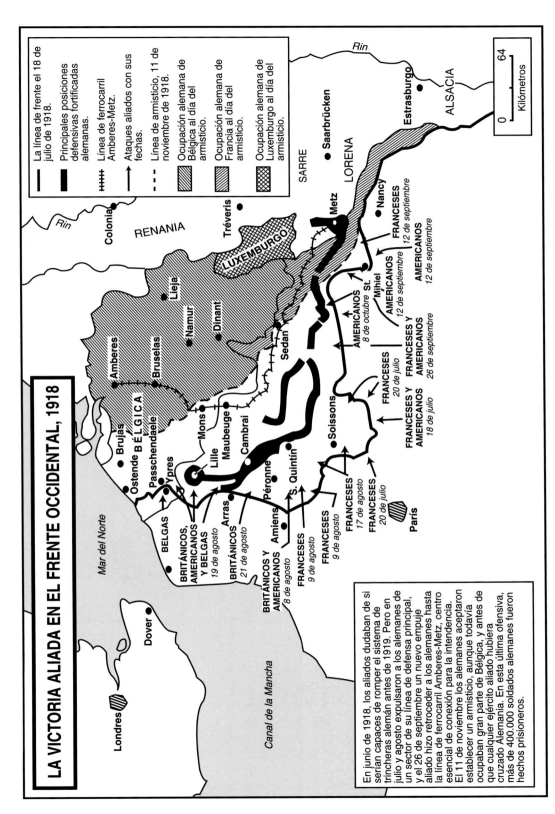

LA VICTORIA ALIADA EN EL FRENTE OCCIDENTAL, 1918

La línea de frente el 18 de julio de 1918.

Principales posiciones defensivas fortificadas alemanas.

Línea de ferrocarril Amberes-Metz.

Ataques aliados con sus fechas.

Línea de armisticio, 11 de noviembre de 1918.

Ocupación alemana de Bélgica al día del armisticio.

Ocupación alemana de Francia al día del armisticio.

Ocupación alemana de Luxemburgo al día del armisticio.

Rin

Rin

RENANIA

Colonia

Tréveris

SARRE

LUXEMBURGO

Metz

Saarbrücken

LORENA

Nancy

FRANCESES
12 de septiembre

AMERICANOS
12 de septiembre

AMERICANOS
12 de septiembre

Estrasburgo

ALSACIA

0   64

Kilómetros

Mar del Norte

Londres

Dover

Canal de la Mancha

Brujas

Ostende   BÉLGICA

Amberes

Bruselas

Lieja

Namur

Dinant

Passchendaele

Ypres

BELGAS

Lille

Mons

Maubeuge

Cambrai

Péronne

S. Quintín

Sedan

St. Mihiel

AMERICANOS
8 de octubre

AMERICANOS
12 de septiembre

FRANCESES Y
AMERICANOS
26 de septiembre

FRANCESES Y
AMERICANOS
18 de julio

FRANCESES
20 de julio

FRANCESES
20 de julio

Soissons

Amiens

Arras

BRITÁNICOS,
AMERICANOS
Y BELGAS
19 de agosto

BRITÁNICOS
21 de agosto

BRITÁNICOS Y
AMERICANOS
8 de agosto

FRANCESES
9 de agosto

FRANCESES
9 de agosto

FRANCESES
17 de agosto

FRANCESES
20 de julio

París

En junio de 1918, los aliados dudaban de si serían capaces de romper el sistema de trincheras alemán antes de 1919. Pero en julio y agosto expulsaron a los alemanes de un sector de su línea de defensa principal, y el 26 de septiembre un nuevo empuje aliado hizo retroceder a los alemanes hasta la línea de ferrocarril Amberes-Metz, centro esencial de conexión para la intendencia. El 11 de noviembre los alemanes aceptaron establecer un armisticio, aunque todavía ocupaban gran parte de Bélgica, y antes de que cualquier ejército aliado hubiera cruzado Alemania. En esta última ofensiva, más de 400.000 soldados alemanes fueron hechos prisioneros.

117

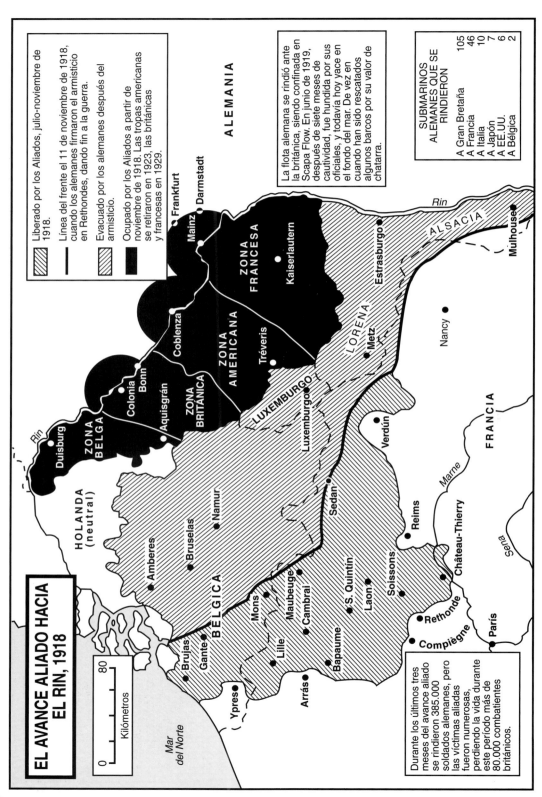

EL AVANCE ALIADO HACIA EL RIN, 1918

Mar del Norte

0 — 80
Kilómetros

Liberado por los Aliados, julio-noviembre de 1918.

Línea del frente el 11 de noviembre de 1918, cuando los alemanes firmaron el armisticio en Rethondes, dando fin a la guerra.

Evacuado por los alemanes después del armisticio.

Ocupado por los Aliados a partir de noviembre de 1918. Las tropas americanas se retiraron en 1923, las británicas y francesas en 1929.

La flota alemana se rindió ante la británica, siendo confinada en Scapa Flow. En junio de 1919, después de siete meses de cautividad, fue hundida por sus oficiales, y todavía hoy yace en el fondo del mar. De vez en cuando han sido rescatados algunos barcos por su valor de chatarra.

SUBMARINOS ALEMANES QUE SE RINDIERON

A Gran Bretaña	105
A Francia	46
A Italia	10
A Japón	7
A EE.UU.	6
A Bélgica	2

Durante los últimos tres meses del avance aliado se rindieron 385.000 soldados alemanes, pero las víctimas aliadas fueron numerosas, perdiendo la vida durante este período más de 80.000 combatientes británicos.

ALEMANIA

Rin

Frankfurt
Darmstadt
Mainz

ZONA FRANCESA
Kaiserlautern

ALSACIA
Mulhouse

Estrasburgo

ZONA AMERICANA
Tréveris

LORENA
Metz
Nancy

Coblenza

Bonn
ZONA BRITÁNICA
Colonia
Aquisgrán

LUXEMBURGO
Luxemburgo

FRANCIA

Duisburg
ZONA BELGA
Rin

Verdún

Marne

HOLANDA (neutral)

Namur
Sedan

Amberes
Bruselas

BÉLGICA
Mons
Maubeuge
Cambrai
S. Quintín
Laon
Soissons
Reims
Château-Thierry

Sena

Brujas
Gante
Lille
Bapaume
Rethonde
París
Compiègne

Ypres
Arrás

Mar del Norte

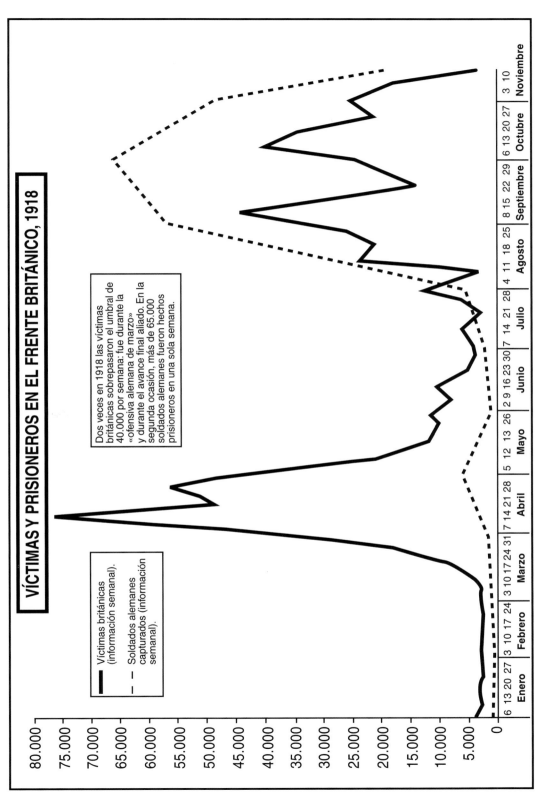

VÍCTIMAS Y PRISIONEROS EN EL FRENTE BRITÁNICO, 1918

Dos veces en 1918 las víctimas británicas sobrepasaron el umbral de 40.000 por semana: fue durante la «ofensiva alemana de marzo» y durante el avance final aliado. En la segunda ocasión, más de 65.000 soldados alemanes fueron hechos prisioneros en una sola semana.

— Víctimas británicas (información semanal).

– – Soldados alemanes capturados (información semanal).

En 1917 los búlgaros, tras conquistar Serbia, Macedonia y Dobruja, iniciaron negociaciones secretas con los aliados para poner fin a la guerra, pero sin éxito. En junio de 1918, Alemania cortó su subsidio anual de 50 millones de francos e interrumpió el envío de municiones. Los búlgaros protestaron por el modo en que les trataban los alemanes, como si fueran un pueblo conquistado, requisando suministros y alimentos. Ante esto, el 20 de septiembre empezaron los motines entre las tropas, y el 29 de septiembre Bulgaria se rindió incondicionalmente a los aliados.

LA GUERRA EN LOS BALCANES, SEPTIEMBRE-OCTUBRE 1918

0   96
Kilómetros

RUSIA
(Bajo control alemán)

•Viena

•Budapest

Lago Balatón

A U S T R I A - H U N G R Í A

•Arad

Pécs•

•Temesvar

Zadar

Belgrado

R U M A N Í A
(Bajo ocupación alemana)

Sarajevo•

BOSNIA   S E R B I A

•Vidin

Nis

(Bajo ocupación BÚLGARA)

Mostar•

MONTENEGRO

•Pleven

Cattaro

•Sofía

•Skopje

B U L G A R I A

MACEDONIA

•Ochrid

•Adrianópolis

Constantinopla•

ITALIA

Salónica•

•Chanak
Dardanelos

Flota aliada 10 de noviembre de 1918

G R E C I A

T U R Q U Í A

A L B A N I A

— Los ejércitos aliados el 14 de septiembre de 1918.

■ Liberado por los Aliados del 14 al 29 de septiembre.

▨ Serbios, bosnios y montenegrinos se levantan contra los austríacos en las dos últimas semanas de septiembre.

▧ Área en la que 30.000 soldados búlgaros amotinados se negaron a continuar por más tiempo la guerra, marchando sobre Sofía los días 20-29 de septiembre.

→ Avances aliados del 29 de septiembre al 30 de octubre.

MUERTOS EN LOS BALCANES EN 1918	
Búlgaros	63.000
Serbios	45.000
Franceses	20.000
Británicos	10.000
Griegos	5.000
Italianos	3.000

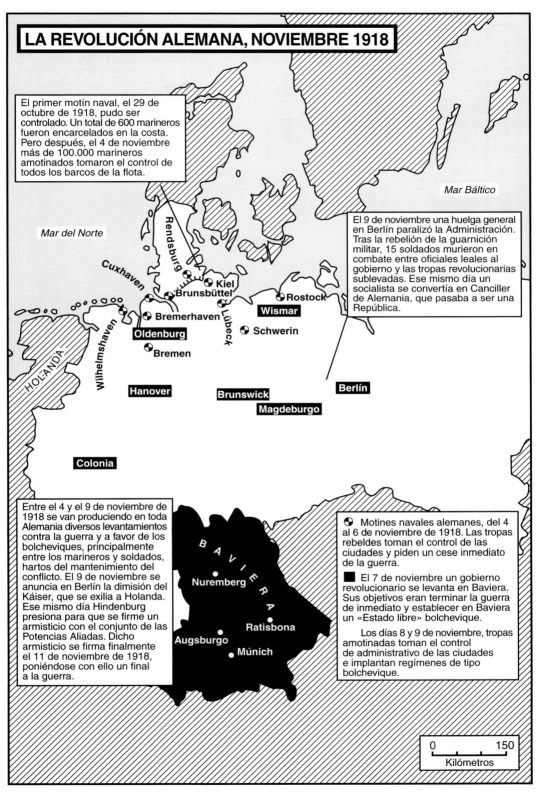

LA REVOLUCIÓN ALEMANA, NOVIEMBRE 1918

El primer motín naval, el 29 de octubre de 1918, pudo ser controlado. Un total de 600 marineros fueron encarcelados en la costa. Pero después, el 4 de noviembre más de 100.000 marineros amotinados tomaron el control de todos los barcos de la flota.

Mar Báltico

Mar del Norte

El 9 de noviembre una huelga general en Berlín paralizó la Administración. Tras la rebelión de la guarnición militar, 15 soldados murieron en combate entre oficiales leales al gobierno y las tropas revolucionarias sublevadas. Ese mismo día un socialista se convertía en Canciller de Alemania, que pasaba a ser una República.

Rendsburg

Cuxhaven

Kiel

Brunsbüttel

Rostock

Bremerhaven

Wismar

Lübeck

Schwerin

Wilhelmshaven

HOLANDA

Oldenburg

Bremen

Hanover

Brunswick

Berlín

Magdeburgo

Colonia

Entre el 4 y el 9 de noviembre de 1918 se van produciendo en toda Alemania diversos levantamientos contra la guerra y a favor de los bolcheviques, principalmente entre los marineros y soldados, hartos del mantenimiento del conflicto. El 9 de noviembre se anuncia en Berlín la dimisión del Káiser, que se exilia a Holanda. Ese mismo día Hindenburg presiona para que se firme un armisticio con el conjunto de las Potencias Aliadas. Dicho armisticio se firma finalmente el 11 de noviembre de 1918, poniéndose con ello un final a la guerra.

B A V I E R A

Nuremberg

Ratisbona

Augsburgo

Múnich

⊕ Motines navales alemanes, del 4 al 6 de noviembre de 1918. Las tropas rebeldes toman el control de las ciudades y piden un cese inmediato de la guerra.

■ El 7 de noviembre un gobierno revolucionario se levanta en Baviera. Sus objetivos eran terminar la guerra de inmediato y establecer en Baviera un «Estado libre» bolchevique.

Los días 8 y 9 de noviembre, tropas amotinadas toman el control de administrativo de las ciudades e implantan regímenes de tipo bolchevique.

0   150

Kilómetros

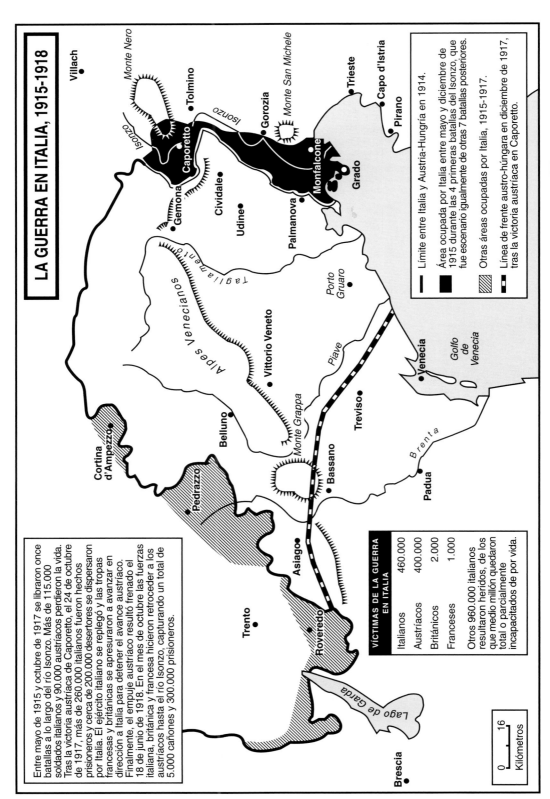

LA GUERRA EN ITALIA, 1915-1918

Entre mayo de 1915 y octubre de 1917 se libraron once batallas a lo largo del río Isonzo. Más de 115.000 soldados italianos y 90.000 austríacos perdieron la vida. Tras la victoria austríaca de Caporetto, el 24 de octubre de 1917, más de 260.000 italianos fueron hechos prisioneros y cerca de 200.000 desertores se dispersaron por Italia. El ejército italiano se replegó y las tropas francesas y británicas se apresuraron a avanzar en dirección a Italia para detener el avance austríaco. Finalmente, el empuje austríaco resultó frenado el 18 de junio de 1918. En el mes de octubre las fuerzas italiana, británica y francesa hicieron retroceder a los austríacos hasta el río Isonzo, capturando un total de 5.000 cañones y 300.000 prisioneros.

VÍCTIMAS DE LA GUERRA EN ITALIA	
Italianos	460.000
Austríacos	400.000
Británicos	2.000
Franceses	1.000

Otros 960.000 italianos resultaron heridos, de los que medio millón quedaron total o parcialmente incapacitados de por vida.

Límite entre Italia y Austria-Hungría en 1914.

Área ocupada por Italia entre mayo y diciembre de 1915 durante las 4 primeras batallas del Isonzo, que fue escenario igualmente de otras 7 batallas posteriores.

Otras áreas ocupadas por Italia, 1915-1917.

Línea de frente austro-húngara en diciembre de 1917, tras la victoria austríaca en Caporetto.

0 16 Kilómetros

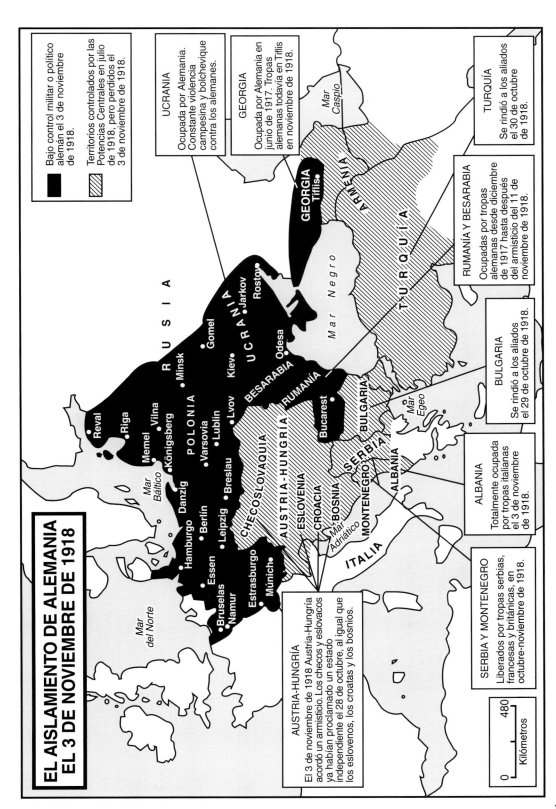

EL AISLAMIENTO DE ALEMANIA EL 3 DE NOVIEMBRE DE 1918

Bajo control militar o político alemán el 3 de noviembre de 1918.

Territorios controlados por las Potencias Centrales en julio de 1918, pero perdidos el 3 de noviembre de 1918.

UCRANIA

Ocupada por Alemania. Constante violencia campesina y bolchevique contra los alemanes.

GEORGIA

Ocupada por Alemania en junio de 1917. Tropas alemanas todavía en Tiflis en noviembre de 1918.

TURQUÍA

Se rindió a los aliados el 30 de octubre de 1918.

RUMANÍA Y BESARABIA

Ocupadas por tropas alemanas desde diciembre de 1917 hasta después del armisticio del 11 de noviembre de 1918.

BULGARIA

Se rindió a los aliados el 29 de octubre de 1918.

ALBANIA

Totalmente ocupada por tropas italianas el 3 de noviembre de 1918.

SERBIA Y MONTENEGRO

Liberados por tropas serbias, francesas y británicas, en octubre-noviembre de 1918.

AUSTRIA-HUNGRÍA

El 3 de noviembre de 1918 Austria-Hungría acordó un armisticio. Los checos y eslovacos ya habían proclamado un estado independiente el 28 de octubre, al igual que los eslovenos, los croatas y los bosnios.

Mar Caspio

Mar del Norte

Mar Báltico

Mar Negro

Mar Egeo

Mar Adriático

RUSIA

POLONIA

UCRANIA

ARMENIA

TURQUÍA

GEORGIA · Tiflis

BESARABIA

RUMANÍA

CHECOSLOVAQUIA

AUSTRIA-HUNGRIA

ESLOVENIA

CROACIA

BOSNIA

SERBIA

MONTENEGRO

BULGARIA

ALBANIA

ITALIA

· Reval
· Riga
· Vilna
· Memel
· Königsberg
· Minsk
· Gomel
· Kiev
· Jarkov
· Rostov
· Odesa
· Varsovia
· Lublin
· Lvov
· Danzig
· Breslau
· Leipzig
· Berlín
· Hamburgo
· Essen
· Estrasburgo
· Múnich
· Bruselas
· Namur
· Bucarest

0   480

Kilómetros

123

Sección 9

EL MUNDO EN GUERRA

¡Oh, oh, oh, qué bonita guerra!
¿Quién no querría ser soldado?
¡Oh, qué vergüenza cobrar la paga!
En cuanto suena la diana
nos sentimos pesados como el plomo,
pero nunca nos levantamos hasta que el sargento
nos trae a la cama el desayuno.
¡Oh, oh, oh, qué bonita guerra!...

¿Quién no se uniría al ejército?
Es lo que todos nos preguntamos.
No hay que tener pena de los pobres civiles
sentados tras el fuego
¡Oh, oh, oh, qué bonita guerra!...

CANCIÓN POPULAR

OBJETIVOS DE GUERRA ALEMANES EN EL OESTE, 1914-1918

0   80
Kilómetros

GRAN BRETAÑA

Mar del Norte

HOLANDA

Amsterdam
La Haya
Rotterdam
Arnhem

Rin

Düsseldorf
Colonia

Zeebrugge
Ostende
Brujas
Amberes

Dover
Dunkerque
Calais
Ypres
Boulogne
Lille
Montreuil

Escalda

Bruselas

ALEMANIA

BÉLGICA
Lieja
Namur

Arras
Cambrai

LUXEMBURGO
Tréveris

Somme

Sedan

Rin

Espira
Saarbrücken

FRANCIA
Verdún

Nancy
Toul

ALSACIA-LORENA
Estrasburgo

París

Epinal

Mulhouse

Belfort

■   Territorio que sería completamente anexionado en caso de victoria alemana.

▨   Anexiones futuras que se pensaban conseguir en la Conferencia de Paz.

▢   «Estado Tributario» de Flandes-Valonia, que quedaría bajo la supervisión política y económica de Alemania.

⊙   «Puntos fuertes» o ciudades fortificadas que quedarían puestos bajo control alemán.

▨   Área que quedaría dentro de la Unión Aduanera alemana, subordinando su vida económica a Alemania.

---   Límite occidental del control estratégico de Alemania, en cuyo interior se desmantelarían las fortalezas francesas existentes.

OBJETIVOS DE GUERRA FRANCESES EN EL OESTE, 1914-1918

0   80
Kilómetros

HOLANDA

Rin

RUHR

Düsseldorf

Ostende   Amberes

Calais

Ypres   Bruselas

Colonia

Aquisgrán

Lieja

BÉLGICA

Namur

Coblenza

ALEMANIA

Arrás

Cambrai

LUXEMBURGO

Tréveris

FRANCIA

Sedán

SARRE

Espira

Soissons

Reims

Verdún   Metz

ALSACIA-LORENA

París

Estrasburgo

Rin

Mulhouse

Belfort

SUIZA

Se garantizaría la neutralidad belga.

El territorio se separaría de la Unión Aduanera alemana para entrar en la órbita económica francesa.

Pasaría a formar parte de Francia (territorio anexionado por Alemania en la guerra de 1871).

Zonas carboníferas que pasarían a estar bajo control político y económico francés.

El territorio de Renania-Palatinado sería separado de Alemania para quedar bajo la influencia política francesa.

– – Zona de guerra a la que Alemania pagaría indemnizaciones financieras por los daños causados.

Principal zona industrial alemana que sería ocupada por Francia en caso de que Alemania se negase a pagar las indemnizaciones de guerra.

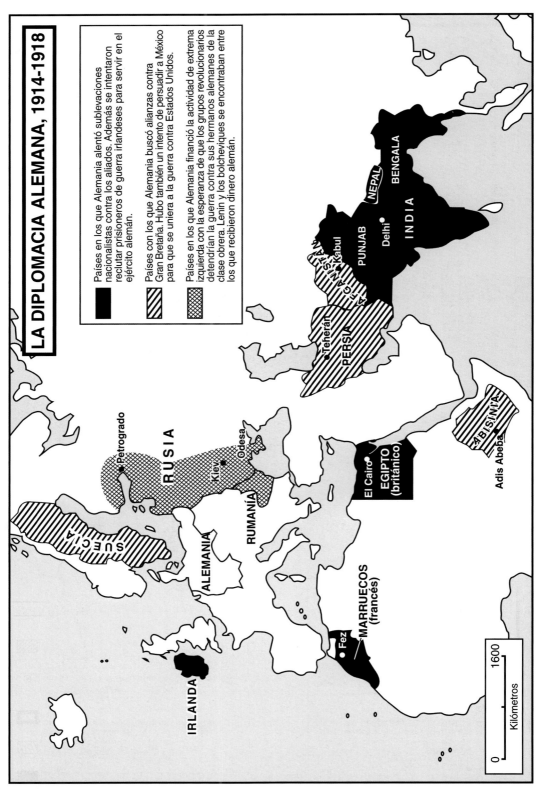

LA DIPLOMACIA ALEMANA, 1914-1918

Países en los que Alemania alentó sublevaciones nacionalistas contra los aliados. Además se intentaron reclutar prisioneros de guerra irlandeses para servir en el ejército alemán.

Países con los que Alemania buscó alianzas contra Gran Bretaña. Hubo también un intento de persuadir a México para que se uniera a la guerra contra Estados Unidos.

Países en los que Alemania financió la actividad de extrema izquierda con la esperanza de que los grupos revolucionarios detendrían la guerra contra sus hermanos alemanes de la clase obrera. Lenin y los bolcheviques se encontraban entre los que recibieron dinero alemán.

BENGALA

NEPAL

INDIA

PUNJAB

Delhi

Kabul

Teherán

PERSIA

ABISINIA

Petrogrado

RUSIA

Odesa

Kiev

EGIPTO
(británico)

El Cairo

Adis Abeba

SUECIA

ALEMANIA

RUMANÍA

MARRUECOS
(francés)

Fez

IRLANDA

1600

0

Kilómetros

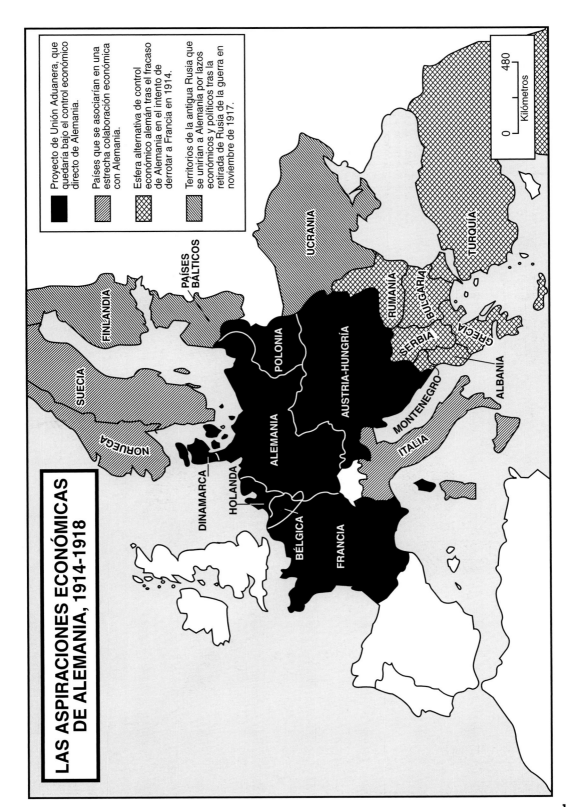

LAS ASPIRACIONES ECONÓMICAS DE ALEMANIA, 1914-1918

Proyecto de Unión Aduanera, que quedaría bajo el control económico directo de Alemania.

Países que se asociarían en una estrecha colaboración económica con Alemania.

Esfera alternativa de control económico alemán tras el fracaso de Alemania en el intento de derrotar a Francia en 1914.

Territorios de la antigua Rusia que se unirían a Alemania por lazos económicos y políticos tras la retirada de Rusia de la guerra en noviembre de 1917.

0   480
Kilómetros

NORUEGA
SUECIA
FINLANDIA
PAÍSES BÁLTICOS
DINAMARCA
HOLANDA
BÉLGICA
FRANCIA
ALEMANIA
POLONIA
AUSTRIA-HUNGRÍA
UCRANIA
RUMANIA
BULGARIA
SERBIA
MONTENEGRO
ALBANIA
GRECIA
ITALIA
TURQUÍA

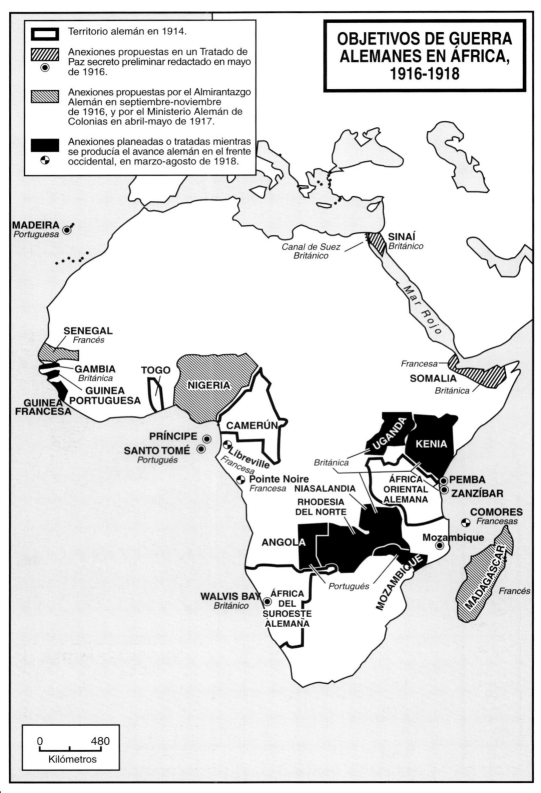

OBJETIVOS DE GUERRA ALEMANES EN ÁFRICA, 1916-1918

Territorio alemán en 1914.

Anexiones propuestas en un Tratado de Paz secreto preliminar redactado en mayo de 1916.

Anexiones propuestas por el Almirantazgo Alemán en septiembre-noviembre de 1916, y por el Ministerio Alemán de Colonias en abril-mayo de 1917.

Anexiones planeadas o tratadas mientras se producía el avance alemán en el frente occidental, en marzo-agosto de 1918.

MADEIRA
Portuguesa

SINAÍ
Británico

Canal de Suez
Británico

Mar Rojo

SENEGAL
Francés

GAMBIA
Británica

TOGO

NIGERIA

Francesa
SOMALIA
Británica

GUINEA
PORTUGUESA

GUINEA
FRANCESA

CAMERÚN

PRÍNCIPE

SANTO TOMÉ
Portugués

Libreville
Francesa

Pointe Noire
Francesa

UGANDA

KENIA

Británica

ÁFRICA
ORIENTAL
ALEMANA

PEMBA

ZANZÍBAR

NIASALANDIA

RHODESIA
DEL NORTE

COMORES
Francesas

ANGOLA

Mozambique

MOZAMBIQUE

MADAGASCAR

Francés

Portugués

WALVIS BAY
Británico

ÁFRICA
DEL
SUROESTE
ALEMANA

0   480
Kilómetros

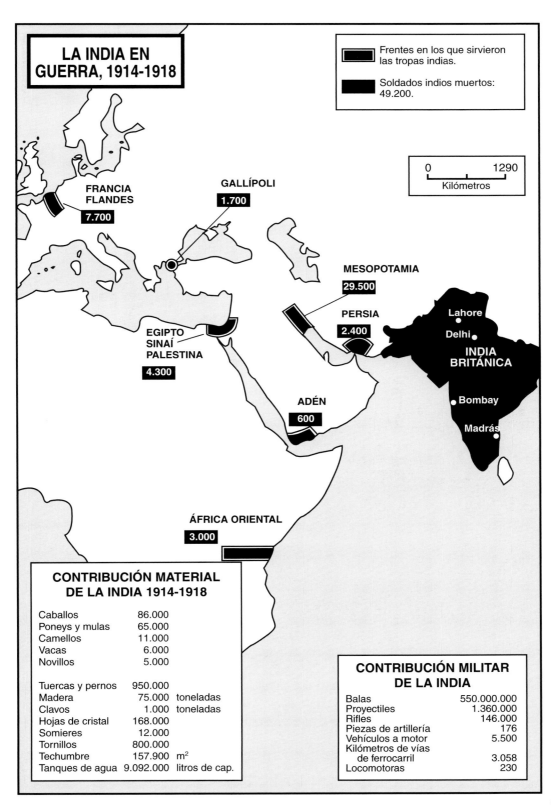

LA INDIA EN GUERRA, 1914-1918

Frentes en los que sirvieron las tropas indias.

Soldados indios muertos: 49.200.

0   1290
Kilómetros

GALLÍPOLI
1.700

FRANCIA FLANDES
7.700

MESOPOTAMIA
29.500

PERSIA
2.400

EGIPTO SINAÍ PALESTINA
4.300

INDIA BRITÁNICA

Lahore
Delhi
Bombay
Madrás

ADÉN
600

ÁFRICA ORIENTAL
3.000

CONTRIBUCIÓN MATERIAL DE LA INDIA 1914-1918

Caballos	86.000	
Poneys y mulas	65.000	
Camellos	11.000	
Vacas	6.000	
Novillos	5.000	
Tuercas y pernos	950.000	
Madera	75.000	toneladas
Clavos	1.000	toneladas
Hojas de cristal	168.000	
Somieres	12.000	
Tornillos	800.000	
Techumbre	157.900	m²
Tanques de agua	9.092.000	litros de cap.

CONTRIBUCIÓN MILITAR DE LA INDIA

Balas	550.000.000
Proyectiles	1.360.000
Rifles	146.000
Piezas de artillería	176
Vehículos a motor	5.500
Kilómetros de vías de ferrocarril	3.058
Locomotoras	230

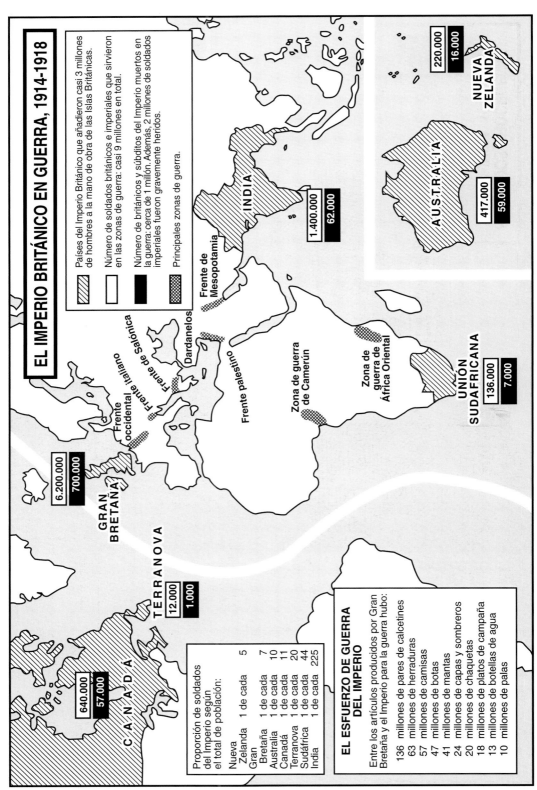

EL IMPERIO BRITÁNICO EN GUERRA, 1914-1918

Países del Imperio Británico que añadieron casi 3 millones de hombres a la mano de obra de las Islas Británicas.

Número de soldados británicos e imperiales que sirvieron en las zonas de guerra: casi 9 millones en total.

Número de británicos y súbditos del Imperio muertos en la guerra: cerca de 1 millón. Además, 2 millones de soldados imperiales fueron gravemente heridos.

Principales zonas de guerra.

Frente Occidental

Frente italiano

Frente de Salónica

Dardanelos

Frente de Mesopotamia

Frente palestino

Zona de guerra de Camerún

Zona de guerra de África Oriental

GRAN BRETAÑA — 6.200.000 / 700.000

INDIA — 1.400.000 / 62.000

UNIÓN SUDAFRICANA — 136.000 / 7.000

AUSTRALIA — 417.000 / 59.000

NUEVA ZELANDA — 220.000 / 16.000

CANADÁ — 640.000 / 57.000

TERRANOVA — 12.000 / 1.000

Proporción de soldados del Imperio según el total de población:

Nueva Zelanda	1 de cada 5
Gran Bretaña	1 de cada 7
Australia	1 de cada 10
Canadá	1 de cada 11
Terranova	1 de cada 20
Sudáfrica	1 de cada 44
India	1 de cada 225

EL ESFUERZO DE GUERRA DEL IMPERIO

Entre los artículos producidos por Gran Bretaña y el Imperio para la guerra hubo:

136	millones de pares de calcetines
63	millones de herraduras
57	millones de camisas
47	millones de botas
41	millones de mantas
24	millones de capas y sombreros
20	millones de chaquetas
18	millones de platos de campaña
13	millones de botellas de agua
10	millones de palas

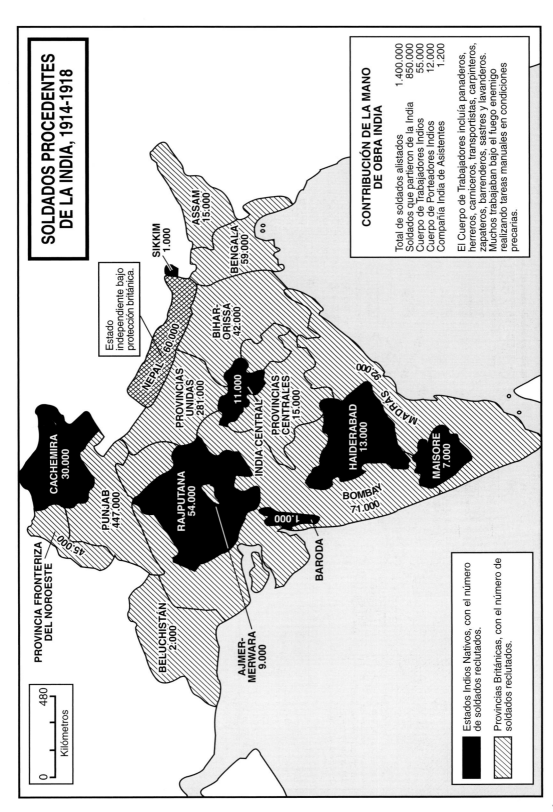

SOLDADOS PROCEDENTES DE LA INDIA, 1914-1918

CONTRIBUCIÓN DE LA MANO DE OBRA INDIA

Total de soldados alistados	1.400.000
Soldados que partieron de la India	850.000
Cuerpo de Trabajadores Indios	55.000
Cuerpo de Porteadores Indios	12.000
Compañía India de Asistentes	1.200

El Cuerpo de Trabajadores incluía panaderos, herreros, carniceros, transportistas, carpinteros, zapateros, barrenderos, sastres y lavanderos. Muchos trabajaban bajo el fuego enemigo realizando tareas manuales en condiciones precarias.

Estado independiente bajo protección británica.

ASSAM 15.000

SIKKIM 1.000

BENGALA 59.000

BIHAR-ORISSA 42.000

NEPAL 60.000

PROVINCIAS UNIDAS 281.000

MADRAS 92.000

PROVINCIAS CENTRALES 15.000

INDIA CENTRAL 11.000

CACHEMIRA 30.000

HAIDERABAD 13.000

MAISORE 7.000

PUNJAB 447.000

RAJPUTANA 54.000

BOMBAY 71.000

BARODA 1.000

PROVINCIA FRONTERIZA DEL NOROESTE 45.000

BELUCHISTÁN 2.000

AJMER-MERWARA 9.000

PROVINCIA FRONTERIZA DEL NOROESTE

0 480 Kilómetros

Estados Indios Nativos, con el número de soldados reclutados.

Provincias Británicas, con el número de soldados reclutados.

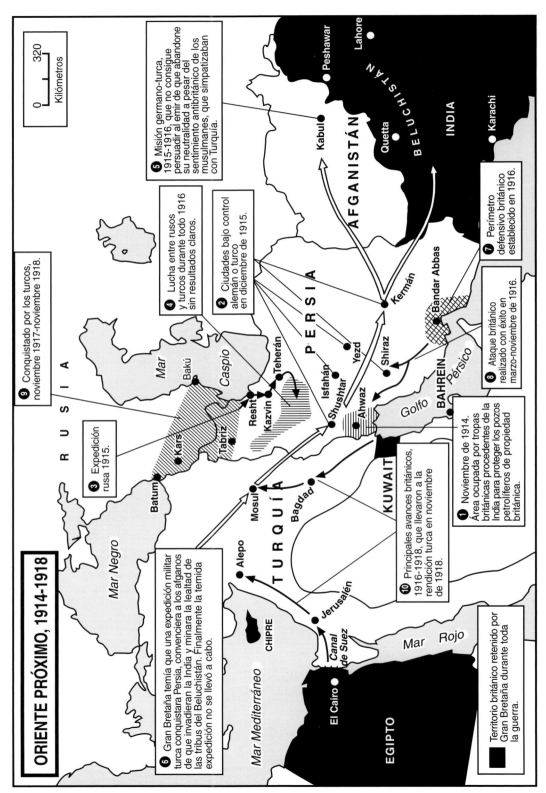

ORIENTE PRÓXIMO, 1914-1918

5 Misión germano-turca, 1915-1916, que no consigue persuadir al emir de que abandone su neutralidad a pesar del sentimiento antibritánico de los musulmanes, que simpatizaban con Turquía.

4 Lucha entre rusos y turcos durante todo 1916 sin resultados claros.

2 Ciudades bajo control alemán o turco en diciembre de 1915.

7 Perímetro defensivo británico establecido en 1916.

9 Conquistado por los turcos, noviembre 1917-noviembre 1918.

3 Expedición rusa 1915.

8 Ataque británico realizado con éxito en marzo-noviembre de 1916.

6 Gran Bretaña temía que una expedición militar turca conquistara Persia, convenciera a los afganos de que invadieran la India y minara la lealtad de las tribus del Beluchistán. Finalmente la temida expedición no se llevó a cabo.

1 Noviembre de 1914. Área ocupada por tropas británicas procedentes de la India para proteger los pozos petrolíferos de propiedad británica.

10 Principales avances británicos, 1916-1918, que llevaron a la rendición turca en noviembre de 1918.

Territorio británico retenido por Gran Bretaña durante toda la guerra.

0 — 320 Kilómetros

Peshawar
Lahore
Kabul
Quetta
Karachi
AFGANISTÁN
BELUCHISTÁN
INDIA
Bandar Abbas
Kermán
PERSIA
Yezd
Shiraz
BAHREIN
Golfo Pérsico
Istahán
Shushtar
Ahwaz
KUWAIT
Mar Caspio
Bakú
Teherán
Resht
Kazvin
Tabriz
Kars
Batum
RUSIA
Mar Negro
Mosul
Bagdad
TURQUÍA
Alepo
Jerusalén
CHIPRE
Canal de Suez
Mar Mediterráneo
El Cairo
EGIPTO
Mar Rojo

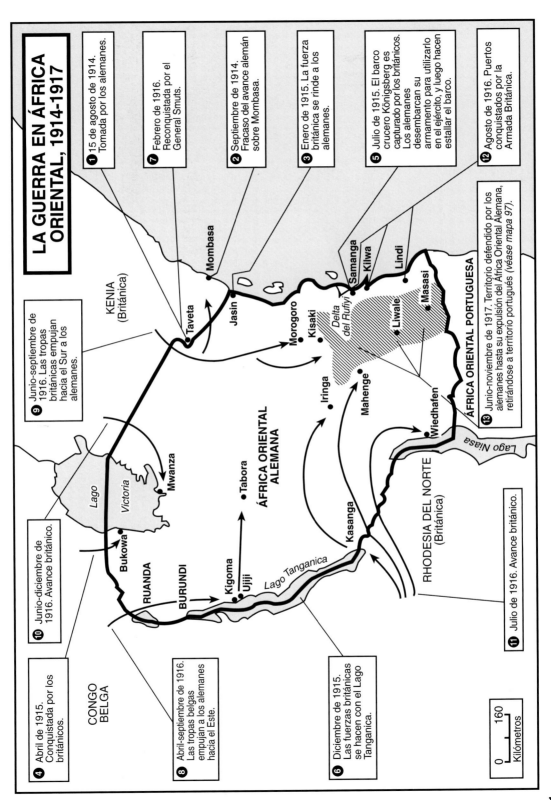

LA GUERRA EN ÁFRICA ORIENTAL, 1914-1917

❶ 15 de agosto de 1914. Tomada por los alemanes.

❼ Febrero de 1916. Reconquistada por el General Smuts.

❷ Septiembre de 1914. Fracaso del avance alemán sobre Mombasa.

❸ Enero de 1915. La fuerza británica se rinde a los alemanes.

❺ Julio de 1915. El barco crucero Königsberg es capturado por los británicos. Los alemanes desembarcan su armamento para utilizarlo en el ejército, y luego hacen estallar el barco.

❿ Agosto de 1916. Puertos conquistados por la Armada Británica.

❾ Junio-septiembre de 1916. Las tropas británicas empujan hacia el Sur a los alemanes.

❿ Junio-diciembre de 1916. Avance británico.

❹ Abril de 1915. Conquistada por los británicos.

❽ Abril-septiembre de 1916. Las tropas belgas empujan a los alemanes hacia el Este.

❻ Diciembre de 1915. Las fuerzas británicas se hacen con el Lago Tanganica.

⓫ Julio de 1916. Avance británico.

⓭ Junio-noviembre de 1917. Territorio defendido por los alemanes hasta su expulsión del África Oriental Alemana, retirándose a territorio portugués (*véase mapa 97*).

KENIA (Británica)

Mombasa

Taveta

Jasin

Morogoro

Kisaki

Samanga

Kilwa

Lindi

Masasi

Delta del Rufiyi

Liwale

Iringa

Mahenge

Wiedhafen

ÁFRICA ORIENTAL ALEMANA

ÁFRICA ORIENTAL PORTUGUESA

Lago Niasa

Mwanza

Lago Victoria

Bukowa

Tabora

RUANDA

BURUNDI

Kigoma

Ujiji

Lago Tanganica

Kasanga

RHODESIA DEL NORTE (Británica)

CONGO BELGA

0 — 160
Kilómetros

133

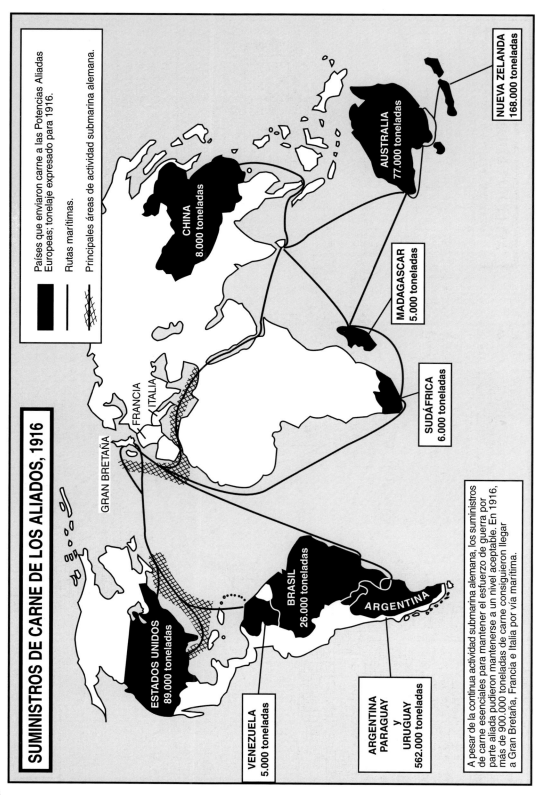

SUMINISTROS DE CARNE DE LOS ALIADOS, 1916

Países que enviaron carne a las Potencias Aliadas
Europeas; tonelaje expresado para 1916.

Rutas marítimas.

Principales áreas de actividad submarina alemana.

NUEVA ZELANDA
168.000 toneladas

AUSTRALIA
77.000 toneladas

CHINA
8.000 toneladas

MADAGASCAR
5.000 toneladas

SUDÁFRICA
6.000 toneladas

GRAN BRETAÑA

FRANCIA

ITALIA

ESTADOS UNIDOS
89.000 toneladas

VENEZUELA
5.000 toneladas

BRASIL
26.000 toneladas

ARGENTINA

ARGENTINA
PARAGUAY
y
URUGUAY
562.000 toneladas

A pesar de la continua actividad submarina alemana, los suministros
de carne esenciales para mantener el esfuerzo de guerra por
parte aliada pudieron mantenerse a un nivel aceptable. En 1916,
más de 900.000 toneladas de carne consiguieron llegar
a Gran Bretaña, Francia e Italia por vía marítima.

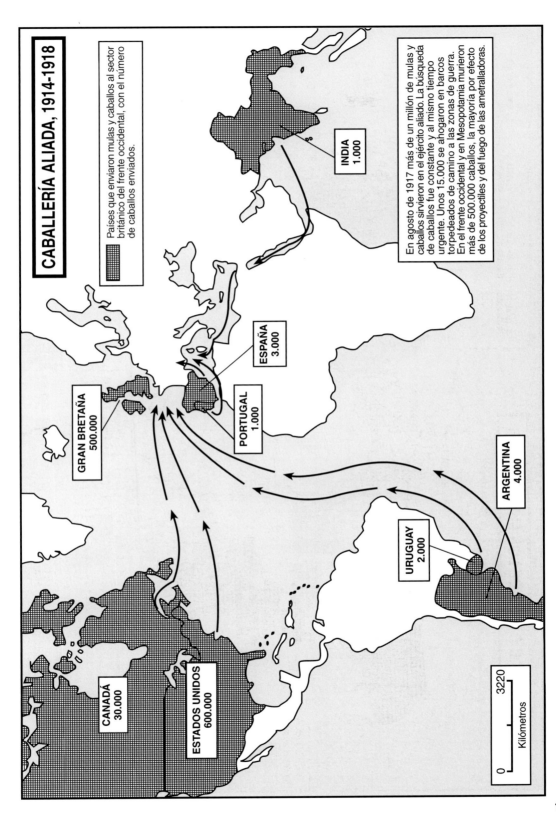

CABALLERÍA ALIADA, 1914-1918

Países que enviaron mulas y caballos al sector británico del frente occidental, con el número de caballos enviados.

INDIA
1.000

En agosto de 1917 más de un millón de mulas y caballos sirvieron en el ejército aliado. La búsqueda de caballos fue constante y al mismo tiempo urgente. Unos 15.000 se ahogaron en barcos torpedeados de camino a las zonas de guerra. En el frente occidental y en Mesopotamia murieron más de 500.000 caballos, la mayoría por efecto de los proyectiles y del fuego de las ametralladoras.

ESPAÑA
3.000

PORTUGAL
1.000

GRAN BRETAÑA
500.000

ARGENTINA
4.000

URUGUAY
2.000

CANADÁ
30.000

ESTADOS UNIDOS
600.000

0   3220
Kilómetros

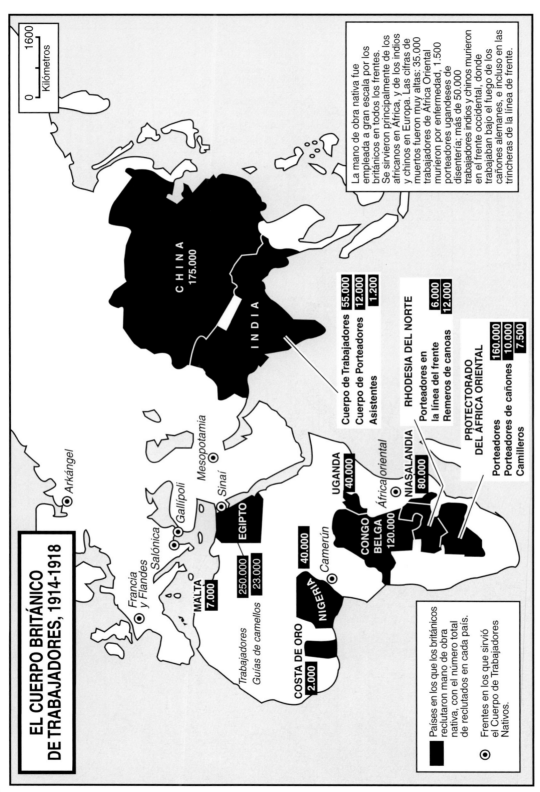

EL CUERPO BRITÁNICO DE TRABAJADORES, 1914-1918

La mano de obra nativa fue empleada a gran escala por los británicos en todos los frentes. Se sirvieron principalmente de los africanos en África, y de los indios y chinos en Europa. Las cifras de muertos fueron muy altas: 35.000 trabajadores de África Oriental murieron por enfermedad, 1.500 porteadores ugandeses de disentería; más de 50.000 trabajadores indios y chinos murieron en el frente occidental, donde trabajaban bajo el fuego de los cañones alemanes, e incluso en las trincheras de la línea de frente.

CHINA 175.000

INDIA

Cuerpo de Trabajadores 55.000
Cuerpo de Porteadores 12.000
Asistentes 1.200

RHODESIA DEL NORTE

Porteadores en la línea del frente 6.000
Remeros de canoas 12.000

PROTECTORADO DEL ÁFRICA ORIENTAL

Porteadores 160.000
Porteadores de cañones 10.000
Camilleros 7.500

Arkángel

Mesopotamia
Sinaí
Gallípoli
Salónica
Francia y Flandes

*Trabajadores
Guías de camellos*

MALTA 7.000

EGIPTO 250.000 / 23.000

África oriental

UGANDA 40.000

NIASALANDIA 80.000

CONGO BELGA 120.000

Camerún

NIGERIA 40.000

COSTA DE ORO 2.000

Países en los que los británicos reclutaron mano de obra nativa, con el número total de reclutados en cada país.

⊙ Frentes en los que sirvió el Cuerpo de Trabajadores Nativos.

0 — 1600
Kilómetros

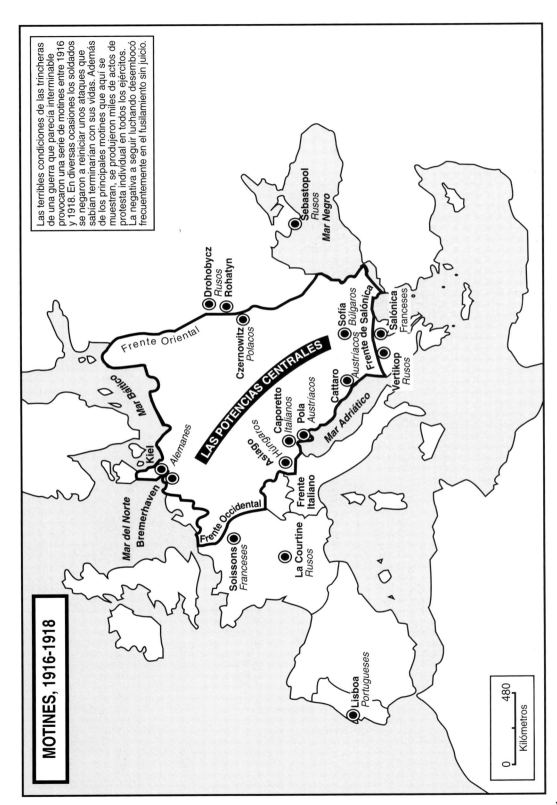

MOTINES, 1916-1918

Las terribles condiciones de las trincheras de una guerra que parecía interminable provocaron una serie de motines entre 1916 y 1918. En diversas ocasiones los soldados se negaron a reiniciar unos ataques que sabían terminarían con sus vidas. Además de los principales motines que aquí se muestran, se produjeron miles de actos de protesta individual en todos los ejércitos. La negativa a seguir luchando desembocó frecuentemente en el fusilamiento sin juicio.

Sebastopol
Rusos
Mar Negro

Drohobycz
Rusos
Rohatyn

Czernowitz
Polacos

Frente Oriental

LAS POTENCIAS CENTRALES

Mar Báltico

Sofía
Búlgaros

Austríacos **Frente de Salónica**

Salónica
Franceses

Vertikop
Rusos

Cattaro
Austríacos

Mar Adriático

Pola
Austríacos

Caporetto
Italianos

Astiago
Húngaros

Kiel
Alemanes

Bremerhaven
Mar del Norte

Frente Occidental

Frente Italiano

Soissons
Franceses

La Courtine
Rusos

Lisboa
Portugueses

0   480
Kilómetros

137

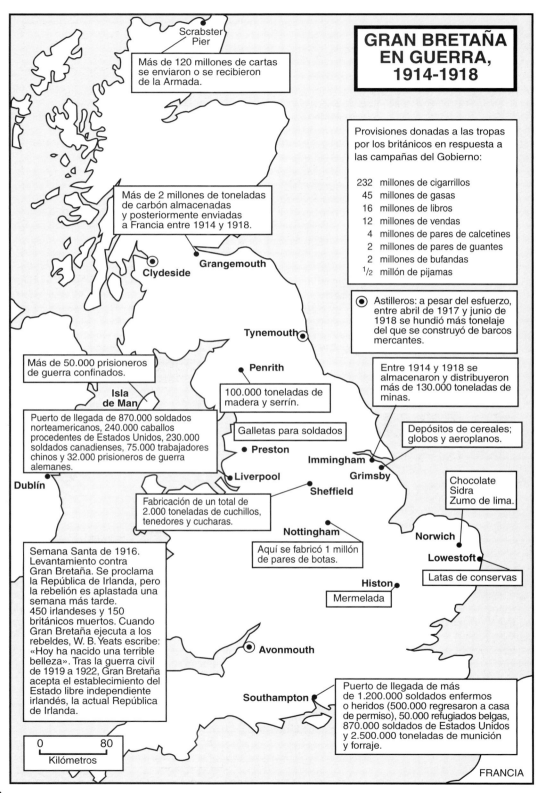

Scrabster
Pier

Más de 120 millones de cartas
se enviaron o se recibieron
de la Armada.

GRAN BRETAÑA EN GUERRA, 1914-1918

Más de 2 millones de toneladas
de carbón almacenadas
y posteriormente enviadas
a Francia entre 1914 y 1918.

Provisiones donadas a las tropas
por los británicos en respuesta a
las campañas del Gobierno:

232 millones de cigarrillos
45 millones de gasas
16 millones de libros
12 millones de vendas
4 millones de pares de calcetines
2 millones de pares de guantes
2 millones de bufandas
$1/2$ millón de pijamas

Grangemouth

Clydeside

Astilleros: a pesar del esfuerzo,
entre abril de 1917 y junio de
1918 se hundió más tonelaje
del que se construyó de barcos
mercantes.

Tynemouth

Más de 50.000 prisioneros
de guerra confinados.

Penrith

Entre 1914 y 1918 se
almacenaron y distribuyeron
más de 130.000 toneladas de
minas.

Isla
de Man

100.000 toneladas de
madera y serrín.

Puerto de llegada de 870.000 soldados
norteamericanos, 240.000 caballos
procedentes de Estados Unidos, 230.000
soldados canadienses, 75.000 trabajadores
chinos y 32.000 prisioneros de guerra
alemanes.

Galletas para soldados

Depósitos de cereales;
globos y aeroplanos.

Preston

Immingham

Grimsby

Liverpool

Sheffield

Chocolate
Sidra
Zumo de lima.

Dublín

Fabricación de un total de
2.000 toneladas de cuchillos,
tenedores y cucharas.

Nottingham

Norwich

Semana Santa de 1916.
Levantamiento contra
Gran Bretaña. Se proclama
la República de Irlanda, pero
la rebelión es aplastada una
semana más tarde.
450 irlandeses y 150
británicos muertos. Cuando
Gran Bretaña ejecuta a los
rebeldes, W. B. Yeats escribe:
«Hoy ha nacido una terrible
belleza». Tras la guerra civil
de 1919 a 1922, Gran Bretaña
acepta el establecimiento del
Estado libre independiente
irlandés, la actual República
de Irlanda.

Aquí se fabricó 1 millón
de pares de botas.

Lowestoft

Latas de conservas

Histon

Mermelada

Avonmouth

Southampton

Puerto de llegada de más
de 1.200.000 soldados enfermos
o heridos (500.000 regresaron a casa
de permiso), 50.000 refugiados belgas,
870.000 soldados de Estados Unidos
y 2.500.000 toneladas de munición
y forraje.

0   80
Kilómetros

FRANCIA

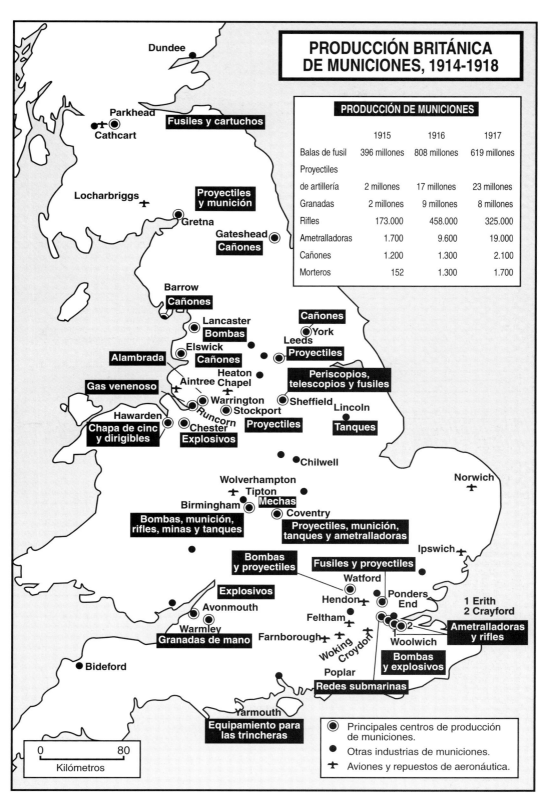

PRODUCCIÓN BRITÁNICA DE MUNICIONES, 1914-1918

Dundee

Parkhead
Cathcart
Fusiles y cartuchos

Locharbriggs

Proyectiles y munición
Gretna

Gateshead
Cañones

Barrow
Cañones

Lancaster
Bombas
Elswick
Alambrada
Cañones
Heaton
Aintree Chapel
Gas venenoso

Cañones
York
Leeds
Proyectiles

Periscopios, telescopios y fusiles

Hawarden
Chapa de cinc y dirigibles
Chester
Explosivos
Warrington
Runcorn
Stockport
Proyectiles
Sheffield
Lincoln
Tanques

Chilwell

Norwich

Wolverhampton
Tipton
Mechas
Birmingham
Coventry
Bombas, munición, rifles, minas y tanques
Proyectiles, munición, tanques y ametralladoras

Ipswich

Bombas y proyectiles
Fusiles y proyectiles
Watford

Explosivos
Avonmouth
Hendon
Feltham
Ponders End
1 Erith
2 Crayford
Warmley
Granadas de mano
Farnborough
Woking
Croydon
Woolwich
Ametralladoras y rifles

Bideford
Bombas y explosivos
Poplar
Redes submarinas

0 ——— 80
Kilómetros

Yarmouth
Equipamiento para las trincheras

PRODUCCIÓN DE MUNICIONES

	1915	1916	1917
Balas de fusil	396 millones	808 millones	619 millones
Proyectiles de artillería	2 millones	17 millones	23 millones
Granadas	2 millones	9 millones	8 millones
Rifles	173.000	458.000	325.000
Ametralladoras	1.700	9.600	19.000
Cañones	1.200	1.300	2.100
Morteros	152	1.300	1.700

◉ Principales centros de producción de municiones.

● Otras industrias de municiones.

✛ Aviones y repuestos de aeronáutica.

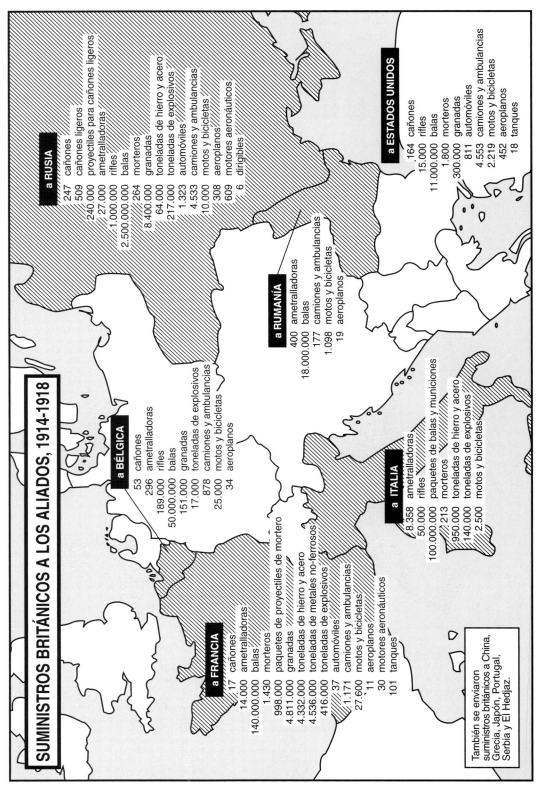

SUMINISTROS BRITÁNICOS A LOS ALIADOS, 1914-1918

a RUSIA

247	cañones
509	cañones ligeros
240.000	proyectiles para cañones ligeros
27.000	ametralladoras
1.000.000	rifles
2.500.000.000	balas
264	morteros
8.400.000	granadas
64.000	toneladas de hierro y acero
217.000	toneladas de explosivos
1.323	automóviles
4.533	camiones y ambulancias
10.000	motos y bicicletas
308	aeroplanos
609	motores aeronáuticos
6	dirigibles

a ESTADOS UNIDOS

164	cañones
15.000	rifles
11.000.000	balas
1.800	morteros
300.000	granadas
811	automóviles
4.553	camiones y ambulancias
2.219	motos y bicicletas
452	aeroplanos
18	tanques

a RUMANÍA

400	ametralladoras
18.000.000	balas
177	camiones y ambulancias
1.098	motos y bicicletas
19	aeroplanos

a BÉLGICA

53	cañones
296	ametralladoras
189.000	rifles
50.000.000	balas
151.000	granadas
17.000	toneladas de explosivos
878	camiones y ambulancias
25.000	motos y bicicletas
34	aeroplanos

a ITALIA

8.358	ametralladoras
50.000	rifles
100.000.000	paquetes de balas y municiones
213	morteros
950.000	toneladas de hierro y acero
140.000	toneladas de explosivos
2.500	motos y bicicletas

a FRANCIA

17	cañones
14.000	ametralladoras
140.000.000	balas
1.430	morteros
998.000	paquetes de proyectiles de mortero
4.811.000	granadas
4.332.000	toneladas de hierro y acero
4.536.000	toneladas de metales no-ferrosos
416.000	toneladas de explosivos
37	automóviles
1.171	camiones y ambulancias
27.600	motos y bicicletas
11	aeroplanos
30	motores aeronáuticos
101	tanques

También se enviaron
suministros británicos a China,
Grecia, Japón, Portugal,
Serbia y El Hedjaz.

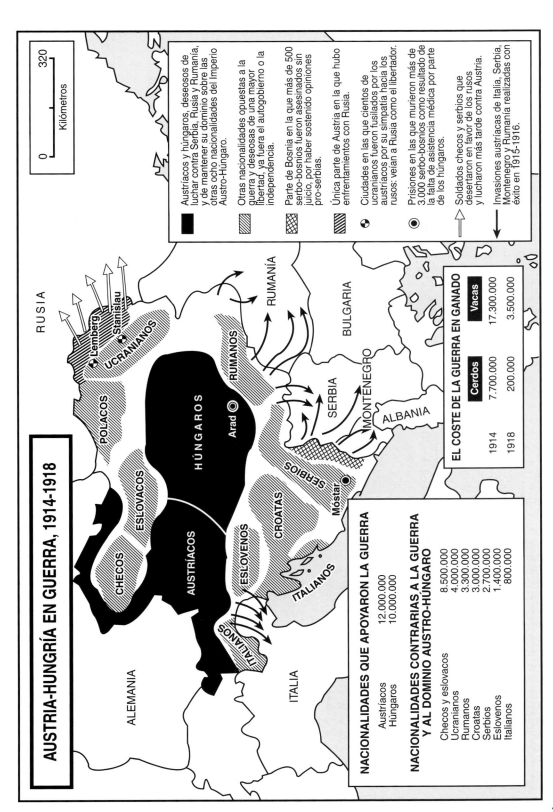

AUSTRIA-HUNGRÍA EN GUERRA, 1914-1918

Austríacos y húngaros, deseosos de luchar contra Serbia, Rusia y Rumanía, y de mantener su dominio sobre las otras ocho nacionalidades del Imperio Austro-Húngaro.

Otras nacionalidades opuestas a la guerra y deseosas de una mayor libertad, ya fuera el autogobierno o la independencia.

Parte de Bosnia en la que más de 500 serbo-bosnios fueron asesinados sin juicio, por haber sostenido opiniones pro-serbias.

Única parte de Austria en la que hubo enfrentamientos con Rusia.

Ciudades en las que cientos de ucranianos fueron fusilados por los austríacos por su simpatía hacia los rusos: veían a Rusia como el libertador.

Prisiones en las que murieron más de 3.000 serbo-bosnios como resultado de la falta de asistencia médica por parte de los húngaros.

Soldados checos y serbios que desertaron en favor de los rusos y lucharon más tarde contra Austria.

Invasiones austríacas de Italia, Serbia, Montenegro y Rumanía realizadas con éxito en 1915-1916.

NACIONALIDADES QUE APOYARON LA GUERRA

| Austríacos | 12.000.000 |
| Húngaros | 10.000.000 |

NACIONALIDADES CONTRARIAS A LA GUERRA Y AL DOMINIO AUSTRO-HÚNGARO

Checos y eslovacos	8.500.000
Ucranianos	4.000.000
Rumanos	3.300.000
Croatas	3.000.000
Serbios	2.700.000
Eslovenos	1.400.000
Italianos	800.000

EL COSTE DE LA GUERRA EN GANADO

	Cerdos	Vacas
1914	7.700.000	17.300.000
1918	200.000	3.500.000

0   320
Kilómetros

RUSIA

ALEMANIA

ITALIA

RUMANÍA

BULGARIA

ALBANIA

MONTENEGRO

SERBIA

UCRANIANOS

POLACOS

CHECOS

ESLOVACOS

HÚNGAROS

AUSTRÍACOS

ESLOVENOS

CROATAS

SERBIOS

ITALIANOS

RUMANOS

Lemberg

Stanislau

Arad

Móstar

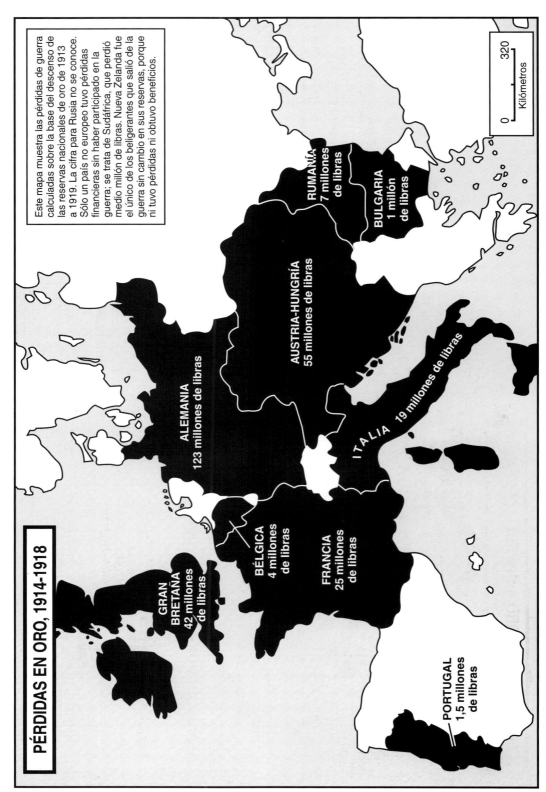

PÉRDIDAS EN ORO, 1914-1918

Este mapa muestra las pérdidas de guerra calculadas sobre la base del descenso de las reservas nacionales de oro de 1913 a 1919. La cifra para Rusia no se conoce. Sólo un país no europeo tuvo pérdidas financieras sin haber participado en la guerra; se trata de Sudáfrica, que perdió medio millón de libras. Nueva Zelanda fue el único de los beligerantes que salió de la guerra sin cambio en sus reservas, porque ni tuvo pérdidas ni obtuvo beneficios.

GRAN BRETAÑA
42 millones de libras

ALEMANIA
123 millones de libras

BÉLGICA
4 millones de libras

FRANCIA
25 millones de libras

PORTUGAL
1,5 millones de libras

AUSTRIA-HUNGRÍA
55 millones de libras

ITALIA 19 millones de libras

RUMANÍA
7 millones de libras

BULGARIA
1 millón de libras

0   320

Kilómetros

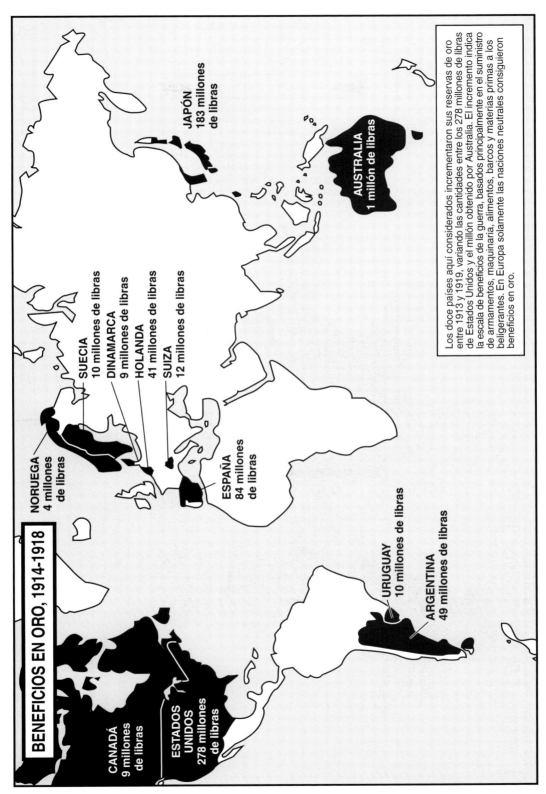

BENEFICIOS EN ORO, 1914-1918

CANADÁ
9 millones
de libras

ESTADOS UNIDOS
278 millones
de libras

NORUEGA
4 millones
de libras

SUECIA
10 millones de libras

DINAMARCA
9 millones de libras

HOLANDA
41 millones de libras

SUIZA
12 millones de libras

ESPAÑA
84 millones
de libras

JAPÓN
183 millones
de libras

AUSTRALIA
1 millón de libras

URUGUAY
10 millones de libras

ARGENTINA
49 millones de libras

Los doce países aquí considerados incrementaron sus reservas de oro entre 1913 y 1919, variando las cantidades entre los 278 millones de libras de Estados Unidos y el millón obtenido por Australia. El incremento indica la escala de beneficios de la guerra, basados principalmente en el suministro de armamentos, maquinaria, alimentos, barcos y materias primas a los beligerantes. En Europa solamente las naciones neutrales consiguieron beneficios en oro.

Sección 10

LAS CONSECUENCIAS

Se derramó demasiada sangre. Se consumieron demasiadas vidas. Los vacíos en cada hogar fueron demasiado grandes y profundos. El choque del despertar y el sentimiento de desilusión siguieron rápidamente a las escasas alegrías con que cientos de millones de hombres saludaban la realización de sus deseos. Entre ellos se encontraban la satisfacción de la seguridad, la restauración de la paz, la salvaguarda del honor, el florecimiento de la industria y el regreso al hogar de los soldados; pero todo eso se mezclaba con el dolor por los que nunca regresarían a casa.

WINSTON S. CHURCHILL
La crisis mundial: consecuencias

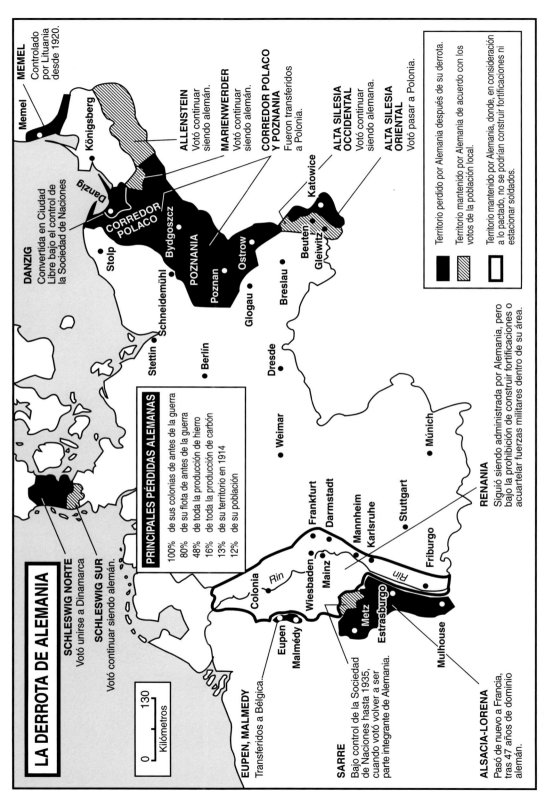

LA DERROTA DE ALEMANIA

SCHLESWIG NORTE
Votó unirse a Dinamarca.

SCHLESWIG SUR
Votó continuar siendo alemán.

MEMEL
Controlado por Lituania desde 1920.

ALLENSTEIN
Votó continuar siendo alemán.

MARIENWERDER
Votó continuar siendo alemán.

CORREDOR POLACO Y POZNANIA
Fueron transferidos a Polonia.

ALTA SILESIA OCCIDENTAL
Votó continuar siendo alemana.

ALTA SILESIA ORIENTAL
Votó pasar a Polonia.

DANZIG
Convertida en Ciudad Libre bajo el control de la Sociedad de Naciones

Memel

Königsberg

Danzig

CORREDOR POLACO

Bydgoszcz

Stolp

Schneidemühl

POZNANIA

Poznan

Ostrow

Glogau

Beuten
Gleiwitz

Katowice

Breslau

Stettin

Berlin

Dresde

Weimar

Múnich

■ Territorio perdido por Alemania después de su derrota.

▨ Territorio mantenido por Alemania de acuerdo con los votos de la población local.

□ Territorio mantenido por Alemania, donde, en consideración a lo pactado, no se podrían construir fortificaciones ni estacionar soldados.

PRINCIPALES PÉRDIDAS ALEMANAS

100%	de sus colonias de antes de la guerra
80%	de su flota de antes de la guerra
48%	de toda la producción de hierro
16%	de toda la producción de carbón
13%	de su territorio en 1914
12%	de su población

RENANIA
Siguió siendo administrada por Alemania, pero bajo la prohibición de construir fortificaciones o acuartelar fuerzas militares dentro de su área.

Frankfurt
Darmstadt

Mannheim
Karlsruhe

Stuttgart

Friburgo

Colonia

Rin

Wiesbaden
Mainz

Metz
Estrasburgo

Rin

Mulhouse

EUPEN, MALMEDY
Transferidos a Bélgica.

Eupen
Malmédy

SARRE
Bajo control de la Sociedad de Naciones hasta 1935, cuando votó volver a ser parte integrante de Alemania.

ALSACIA-LORENA
Pasó de nuevo a Francia, tras 47 años de dominio alemán.

0 — 130
Kilómetros

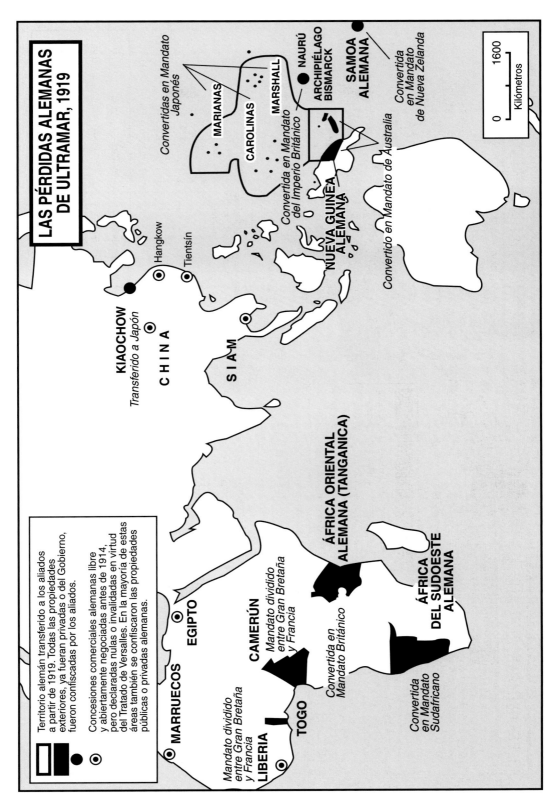

LAS PÉRDIDAS ALEMANAS DE ULTRAMAR, 1919

Territorio alemán transferido a los aliados a partir de 1919. Todas las propiedades exteriores, ya fueran privadas o del Gobierno, fueron confiscadas por los aliados.

Concesiones comerciales alemanas libre y abiertamente negociadas antes de 1914, pero declaradas nulas o invalidadas en virtud del Tratado de Versalles. En la mayoría de estas áreas también se confiscaron las propiedades públicas o privadas alemanas.

Convertidas en Mandato Japonés

MARIANAS

CAROLINAS

MARSHALL

NAURÚ

Convertida en Mandato del Imperio Británico

ARCHIPIÉLAGO BISMARCK

SAMOA ALEMANA

Convertida en Mandato de Nueva Zelanda

NUEVA GUINEA ALEMANA

Convertida en Mandato de Australia

Hangkow

Tientsín

KIAOCHOW
Transferido a Japón

CHINA

SIAM

0   1600
Kilómetros

MARRUECOS

Mandato dividido entre Gran Bretaña y Francia

LIBERIA

EGIPTO

TOGO

CAMERÚN

Mandato dividido entre Gran Bretaña y Francia

Convertida en Mandato Británico

ÁFRICA ORIENTAL ALEMANA (TANGANICA)

ÁFRICA DEL SUDOESTE ALEMANA

Convertida en Mandato Sudafricano

145

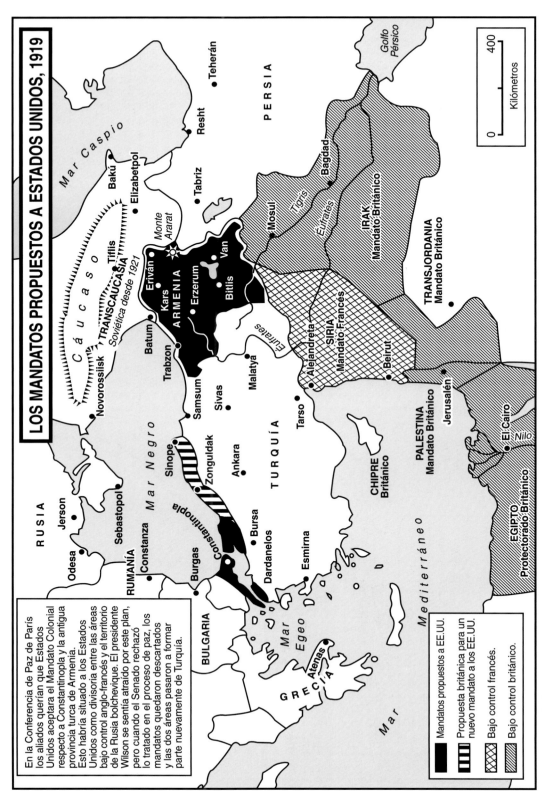

LOS MANDATOS PROPUESTOS A ESTADOS UNIDOS, 1919

En la Conferencia de Paz de París los aliados querían que Estados Unidos aceptara el Mandato Colonial respecto a Constantinopla y la antigua provincia turca de Armenia.

Esto habría situado a los Estados Unidos como divisoria entre las áreas bajo control anglo-francés y el territorio de la Rusia bolchevique. El presidente Wilson se sentía atraído por este plan, pero cuando el Senado rechazó lo el tratado en el proceso de paz, los mandatos quedaron descartados y las dos áreas pasaron a formar parte nuevamente de Turquía.

PERSIA

Teherán

Mar Caspio

Resht

Bakú

Elizabetpol

Tabriz

Mosul

Bagdad

IRAK
Mandato Británico

TRANSJORDANIA
Mandato Británico

Golfo
Pérsico

400

0   Kilómetros

Tigris

Éufrates

Monte
Ararat

Cáucaso

Tiflis

TRANSCAUCASIA
Soviética desde 1921

Novorossiisk

Eriván

Kars

ARMENIA

Erzerum

Van

Bitlis

Alejandreta

SIRIA
Mandato Francés

Beirut

Jerusalén

El Cairo

Nilo

PALESTINA
Mandato Británico

CHIPRE
Británico

EGIPTO
Protectorado Británico

Batum

Trabzon

Samsum

Sivas

Malatya

Éufrates

Tarso

Mediterráneo

Sebastopol

RUSIA

Jerson

Odesa

RUMANÍA

Constanza

Burgas

Sinope

Zonguldak

Constantinopla

Dardanelos

Bursa

Ankara

TURQUÍA

Esmirna

Mar Negro

BULGARIA

Mar
Egeo

Atenas

GRECIA

Mar

Mandatos propuestos a EE.UU.

Propuesta británica para un nuevo mandato a los EE.UU.

Bajo control francés.

Bajo control británico.

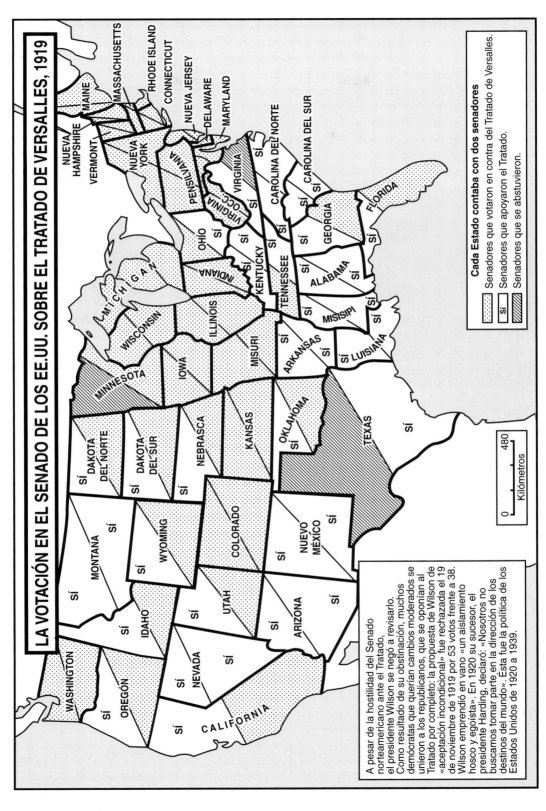

LA VOTACIÓN EN EL SENADO DE LOS EE.UU. SOBRE EL TRATADO DE VERSALLES, 1919

LA VOTACIÓN EN EL SENADO DE LOS EE.UU. SOBRE EL TRATADO DE VERSALLES, 1919

WASHINGTON Sí

OREGÓN Sí

NEVADA Sí

CALIFORNIA Sí

IDAHO Sí

MONTANA Sí

UTAH Sí

ARIZONA Sí

WYOMING Sí

COLORADO Sí

NUEVO MÉXICO Sí

DAKOTA DEL NORTE Sí

DAKOTA DEL SUR Sí

NEBRASKA Sí

KANSAS Sí

OKLAHOMA Sí

TEXAS Sí

MINNESOTA

IOWA Sí

MISURI Sí

ARKANSAS Sí

LUISIANA Sí

WISCONSIN Sí

ILLINOIS Sí

MICHIGAN

INDIANA Sí

OHIO Sí

KENTUCKY Sí

TENNESSEE Sí

MISISIPI Sí

ALABAMA Sí

GEORGIA Sí

FLORIDA Sí

CAROLINA DEL NORTE Sí

CAROLINA DEL SUR Sí

VIRGINIA Sí

VIRGINIA OCC. Sí

PENSILVANIA Sí

NUEVA YORK Sí

VERMONT

NUEVA HAMPSHIRE

MAINE

MASSACHUSETTS

RHODE ISLAND

CONNECTICUT

NUEVA JERSEY

DELAWARE

MARYLAND

Cada Estado contaba con dos senadores

- Senadores que votaron en contra del Tratado de Versalles.
- **Sí** Senadores que apoyaron el Tratado.
- Senadores que se abstuvieron.

0 — 480
Kilómetros

A pesar de la hostilidad del Senado norteamericano ante el Tratado, el presidente Wilson se negó a revisarlo. Como resultado de su obstinación, muchos demócratas que querían cambios moderados se unieron a los republicanos, que se oponían al Tratado por completo: la propuesta de Wilson de «aceptación incondicional» fue rechazada el 19 de noviembre de 1919 por 53 votos frente a 38. Wilson emprendió en vano «un aislamiento hosco y egoísta». En 1920 su sucesor, el presidente Harding, declaró: «Nosotros no buscamos tomar parte en la dirección de los destinos del mundo». Ésta fue la política de los Estados Unidos de 1920 a 1939.

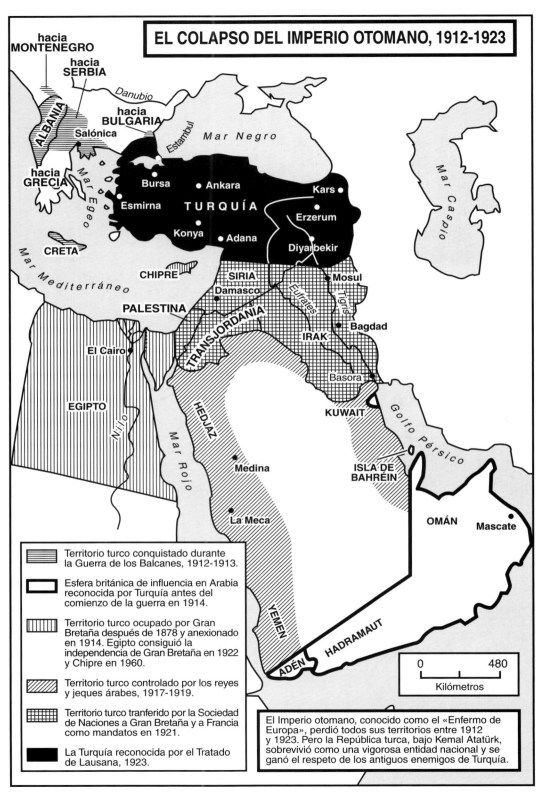

EL COLAPSO DEL IMPERIO OTOMANO, 1912-1923

hacia
MONTENEGRO

hacia
SERBIA

Danubio

hacia
BULGARIA

Salónica

ALBANIA

Estambul

Mar Negro

hacia
GRECIA

Mar Egeo

Bursa • • Ankara

Kars •

Esmirna

T U R Q U Í A

Erzerum

Konya • • Adana

Diyarbekir

Mar Caspio

CRETA

Mar Mediterráneo

CHIPRE

SIRIA • Mosul

Damasco

Éufrates

Tigris

PALESTINA

TRANSJORDANIA

IRAK • Bagdad

El Cairo

Basora •

EGIPTO

HEDJAZ

KUWAIT

Golfo Pérsico

Nilo

Mar Rojo

ISLA DE
BAHRÉIN

Medina •

La Meca •

OMÁN   Mascate •

YEMEN

HADRAMAUT

ADÉN

0	480

Kilómetros

Territorio turco conquistado durante
la Guerra de los Balcanes, 1912-1913.

Esfera británica de influencia en Arabia
reconocida por Turquía antes del
comienzo de la guerra en 1914.

Territorio turco ocupado por Gran
Bretaña después de 1878 y anexionado
en 1914. Egipto consiguió la
independencia de Gran Bretaña en 1922
y Chipre en 1960.

Territorio turco controlado por los reyes
y jeques árabes, 1917-1919.

Territorio turco tranferido por la Sociedad
de Naciones a Gran Bretaña y a Francia
como mandatos en 1921.

La Turquía reconocida por el Tratado
de Lausana, 1923.

El Imperio otomano, conocido como el «Enfermo de
Europa», perdió todos sus territorios entre 1912
y 1923. Pero la República turca, bajo Kemal Atatürk,
sobrevivió como una vigorosa entidad nacional y se
ganó el respeto de los antiguos enemigos de Turquía.

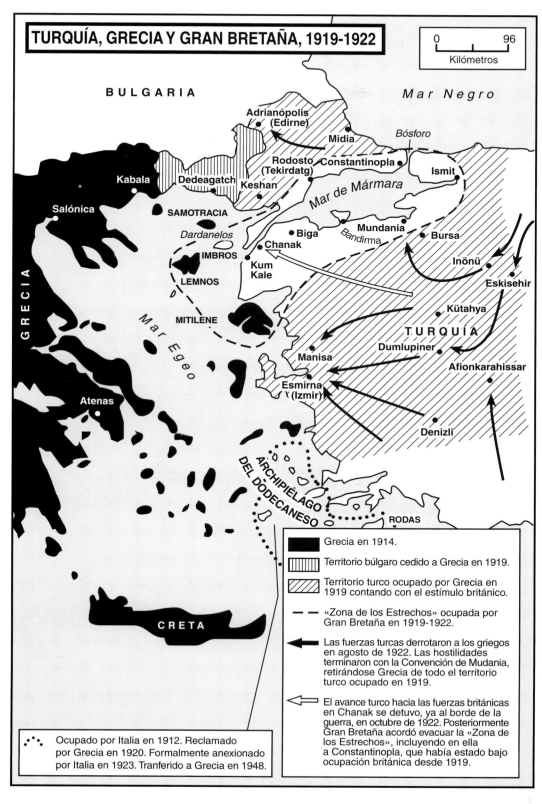

TURQUÍA, GRECIA Y GRAN BRETAÑA, 1919-1922

0   96
Kilómetros

BULGARIA

Mar Negro

Adrianópolis (Edirne)

Midia

Bósforo

Rodosto (Tekirdatg)

Constantinopla

Ismit

Kabala

Dedeagatch

Keshan

Salónica

SAMOTRACIA

Mar de Mármara

Biga

Mundania

Bandirma

Bursa

Dardanelos

Chanak

IMBROS

Kum Kale

Inönü

Eskisehir

LEMNOS

G R E C I A

MITILENE

Mar Egeo

Kütahya

TURQUÍA

Dumlupiner

Manisa

Afionkarahissar

Atenas

Esmirna (Izmir)

Denizli

ARCHIPIÉLAGO DEL DODECANESO

RODAS

CRETA

Grecia en 1914.

Territorio búlgaro cedido a Grecia en 1919.

Territorio turco ocupado por Grecia en 1919 contando con el estímulo británico.

«Zona de los Estrechos» ocupada por Gran Bretaña en 1919-1922.

Las fuerzas turcas derrotaron a los griegos en agosto de 1922. Las hostilidades terminaron con la Convención de Mudania, retirándose Grecia de todo el territorio turco ocupado en 1919.

El avance turco hacia las fuerzas británicas en Chanak se detuvo, ya al borde de la guerra, en octubre de 1922. Posteriormente Gran Bretaña acordó evacuar la «Zona de los Estrechos», incluyendo en ella a Constantinopla, que había estado bajo ocupación británica desde 1919.

Ocupado por Italia en 1912. Reclamado por Grecia en 1920. Formalmente anexionado por Italia en 1923. Tranferido a Grecia en 1948.

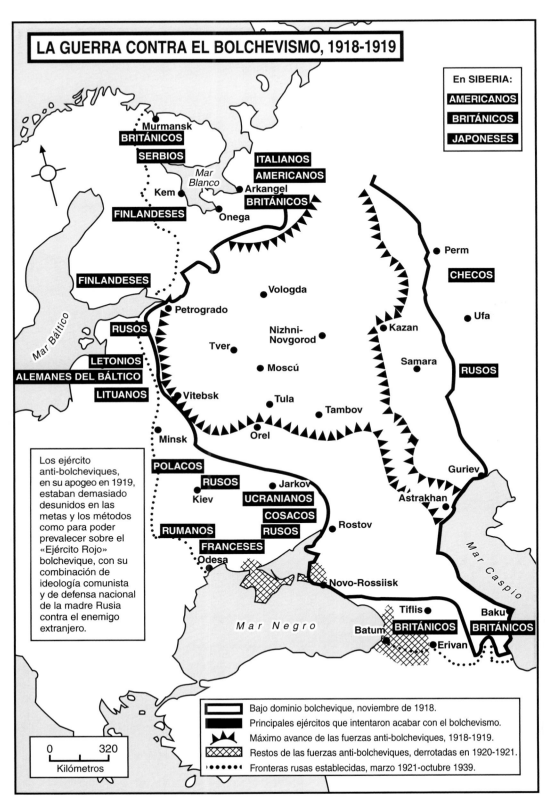

LA GUERRA CONTRA EL BOLCHEVISMO, 1918-1919

En SIBERIA:

AMERICANOS

BRITÁNICOS

JAPONESES

BRITÁNICOS

SERBIOS

Mar Blanco

FINLANDESES

ITALIANOS

AMERICANOS

BRITÁNICOS

FINLANDESES

CHECOS

RUSOS

LETONIOS

ALEMANES DEL BÁLTICO

LITUANOS

Mar Báltico

RUSOS

POLACOS

RUSOS

UCRANIANOS

COSACOS

RUMANOS

RUSOS

FRANCESES

BRITÁNICOS

BRITÁNICOS

Mar Negro

Mar Caspio

Murmansk

Kem

Onega

Arkangel

Vologda

Petrogrado

Nizhni-Novgorod

Tver

Moscú

Vitebsk

Tula

Minsk

Orel

Tambov

Perm

Kazan

Ufa

Samara

Guriev

Astrakhan

Jarkov

Kiev

Rostov

Odesa

Novo-Rossiisk

Tiflis

Baku

Batum

Erivan

Los ejército anti-bolcheviques, en su apogeo en 1919, estaban demasiado desunidos en las metas y los métodos como para poder prevalecer sobre el «Ejército Rojo» bolchevique, con su combinación de ideología comunista y de defensa nacional de la madre Rusia contra el enemigo extranjero.

Bajo dominio bolchevique, noviembre de 1918.

Principales ejércitos que intentaron acabar con el bolchevismo.

Máximo avance de las fuerzas anti-bolcheviques, 1918-1919.

Restos de las fuerzas anti-bolcheviques, derrotadas en 1920-1921.

Fronteras rusas establecidas, marzo 1921-octubre 1939.

0   320

Kilómetros

LA GUERRA RUSO-POLACA, 1920

Fronteras establecidas de Polonia, junio de 1920.

Extensión oriental de las conquistas polacas, abril, mayo y junio de 1920.

Ataques rusos que siguieron a la ocupación polaca de Kiev en junio de 1920.

Líneas de defensa polacas, agosto de 1920.

El «Milagro del Vístula»: los ejércitos rusos fueron derrotados y se retiraron a Rusia.

Tomado por Polonia de Lituania, octubre de 1920.

Anexionado por Polonia de Rusia, Tratado de Riga, marzo de 1921.

Frontera oriental de Polonia de 1921 a 1939.

ESTONIA

LETONIA

Mar Báltico

DANZIG

LITUANIA

Vilna

RUSIA

Minsk

PRUSIA ORIENTAL

Grodno

Bialystok

Pinsk

Plotzk

Poznán

Varsovia

P O L O N I A

Radom

Lublin

Kholm

Kiev

Vístula

Vístula

Lvov

ALEMANIA

ALEMANIA

Cracovia

Kamenets Podolsk

0   160

Kilómetros

CHECOSLOVAQUIA

HUNGRÍA

RUMANÍA

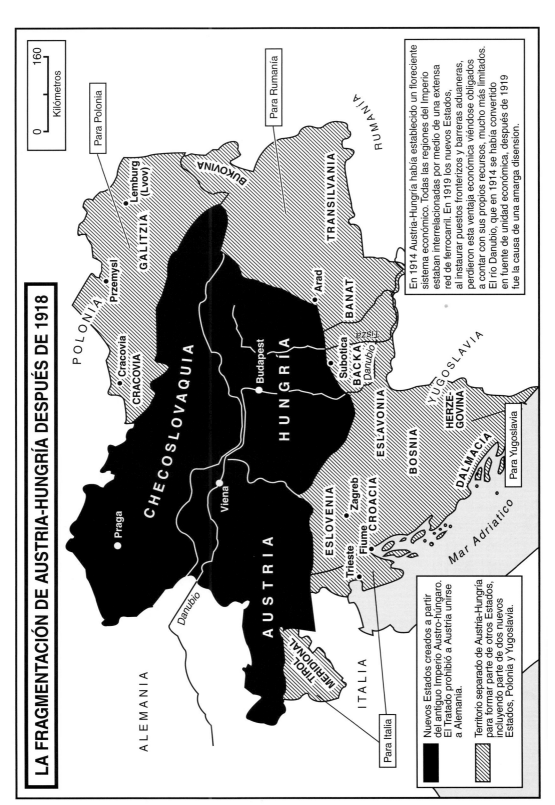

LA FRAGMENTACIÓN DE AUSTRIA-HUNGRÍA DESPUÉS DE 1918

En 1914 Austria-Hungría había establecido un floreciente sistema económico. Todas las regiones del Imperio estaban interrelacionadas por medio de una extensa red de ferrocarril. En 1919 los nuevos Estados, al instaurar puestos fronterizos y barreras aduaneras, perdieron esta ventaja económica viéndose obligados a contar con sus propios recursos, mucho más limitados. El río Danubio, que en 1914 se había convertido en fuente de unidad económica, después de 1919 fue la causa de una amarga disensión.

Nuevos Estados creados a partir del antiguo Imperio Austro-húngaro. El Tratado prohibió a Austria unirse a Alemania.

Territorio separado de Austria-Hungría para formar parte de otros Estados, incluyendo parte de dos nuevos Estados, Polonia y Yugoslavia.

0   160
Kilómetros

Para Polonia

Para Rumanía

Para Italia

Para Yugoslavia

ALEMANIA

POLONIA

Para Polonia

Cracovia
CRACOVIA

Przemysl

GALITZIA

Lemburg (Lvov)

BUKOVINA

RUMANIA

TRANSILVANIA

CHECOSLOVAQUIA

Praga

Danubio

Viena

AUSTRIA

TIROL MERIDIONAL

ITALIA

Budapest

HUNGRÍA

Arad

BANAT

Subotica

BACKA

Tisza

Danubio

ESLOVENIA

Zagreb

Trieste

Fiume

CROACIA

ESLAVONIA

BOSNIA

HERZE-GOVINA

YUGOSLAVIA

DALMACIA

Mar Adriático

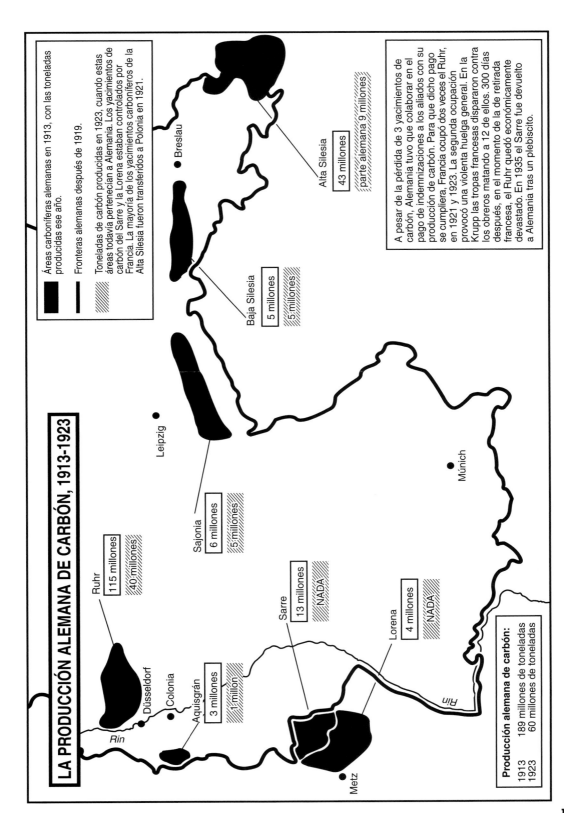

LA PRODUCCIÓN ALEMANA DE CARBÓN, 1913-1923

Áreas carboníferas alemanas en 1913, con las toneladas producidas ese año.

Fronteras alemanas después de 1919.

Toneladas de carbón producidas en 1923, cuando estas áreas todavía pertenecían a Alemania. Los yacimientos de carbón del Sarre y la Lorena estaban controlados por Francia. La mayoría de los yacimientos carboníferos de la Alta Silesia fueron transferidos a Polonia en 1921.

A pesar de la pérdida de 3 yacimientos de carbón, Alemania tuvo que colaborar en el pago de indemnizaciones a los aliados con su producción de carbón. Para que dicho pago se cumpliera, Francia ocupó dos veces el Ruhr, en 1921 y 1923. La segunda ocupación provocó una violenta huelga general. En la Krupp las tropas francesas dispararon contra los obreros matando a 12 de ellos. 300 días después, en el momento de la retirada francesa, el Ruhr quedó económicamente devastado. En 1935 el Sarre fue devuelto a Alemania tras un plebiscito.

Alta Silesia
43 millones
parte alemana 9 millones

Breslau

Baja Silesia
5 millones
5 millones

Leipzig

Sajonia
6 millones
5 millones

Múnich

Ruhr
115 millones
40 millones

Sarre
13 millones
NADA

Lorena
4 millones
NADA

Düsseldorf

Colonia

Aquisgrán
3 millones
1 millón

Rin

Rin

Metz

Producción alemana de carbón:

1913   189 millones de toneladas
1923   60 millones de toneladas

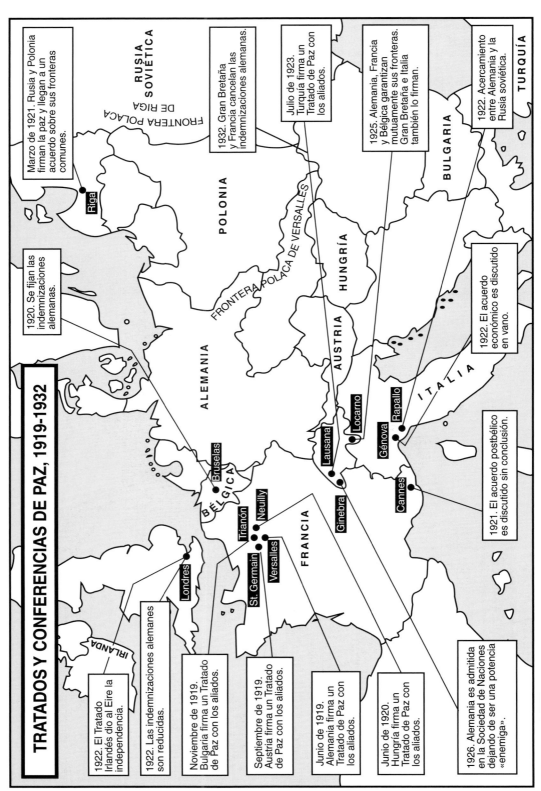

TRATADOS Y CONFERENCIAS DE PAZ, 1919-1932

Marzo de 1921. Rusia y Polonia firman la paz y llegan a un acuerdo sobre sus fronteras comunes.

1932. Gran Bretaña y Francia cancelan las indemnizaciones alemanas.

Julio de 1923. Turquía firma un Tratado de Paz con los aliados.

1925. Alemania, Francia y Bélgica garantizan mutuamente sus fronteras. Gran Bretaña e Italia también lo firman.

1922. Acercamiento entre Alemania y la Rusia soviética.

1920. Se fijan las indemnizaciones alemanas.

1922. El acuerdo económico es discutido en vano.

1921. El acuerdo postbélico es discutido sin conclusión.

1922. El Tratado Irlandés dio al Eire la independencia.

1922. Las indemnizaciones alemanes son reducidas.

Noviembre de 1919. Bulgaria firma un Tratado de Paz con los aliados.

Septiembre de 1919. Austria firma un Tratado de Paz con los aliados.

Junio de 1919. Alemania firma un Tratado de Paz con los aliados.

Junio de 1920. Hungría firma un Tratado de Paz con los aliados.

1926. Alemania es admitida en la Sociedad de Naciones dejando de ser una potencia «enemiga».

RUSIA SOVIÉTICA

FRONTERA POLACA DE RIGA

POLONIA

FRONTERA POLACA DE VERSALLES

ALEMANIA

HUNGRÍA

AUSTRIA

BULGARIA

TURQUÍA

ITALIA

Riga

Bruselas

BÉLGICA

Londres

IRLANDA

Trianon

Neuilly

St. Germain

Versalles

FRANCIA

Ginebra

Lausana

Locarno

Génova

Rapallo

Cannes

LOS NUEVOS ESTADOS DE EUROPA CENTRAL, 1920

Nuevos Estados establecidos en 1920 con el apoyo de las Potencias Aliadas.

Restos de Austria-Hungría, dos Estados independientes y separados instaurados por las Potencias Aliadas.

Territorio austro-húngaro anexionado a Rumanía y Serbia por las Potencias Aliadas. La extensa Serbia se convirtió en el reino serbo-croata-esloveno, posteriormente llamado Yugoslavia.

Antiguo territorio ruso unido a Rumanía.

POBLACIÓN EN 1920

Polonia	27.000.000
Rumanía	17.400.000
Checoslovaquia	14.600.000
Yugoslavia	12.000.000
Hungría	8.700.000
Austria	6.500.000
Finlandia	3.600.000
Lituania	2.400.000
Letonia	1.800.000
Estonia	1.000.000
Danzig	400.000
Fiume	50.000

FINLANDIA

ESTONIA

LETONIA

LITUANIA

RUSIA

Mar Báltico

CIUDAD LIBRE DE DANZIG

PRUSIA ORIENTAL

POLONIA

ALEMANIA

CHECOSLOVAQUIA

AUSTRIA

HUNGRÍA

RUMANÍA

BESARABIA

CIUDAD LIBRE DE FIUME

YUGOSLAVIA

ITALIA

Mar Adriático

ALBANIA

GRECIA

BULGARIA

Mar Negro

TURQUÍA

0 — 480
Kilómetros

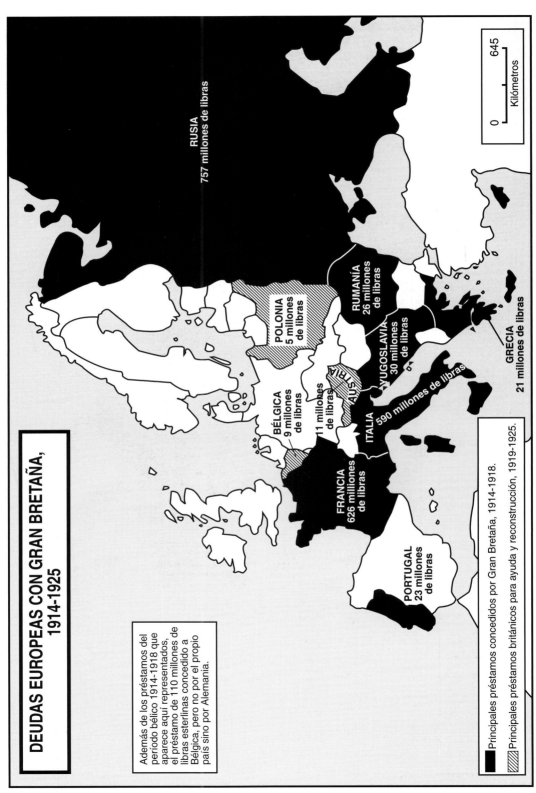

DEUDAS EUROPEAS CON GRAN BRETAÑA, 1914-1925

Además de los préstamos del
periodo bélico 1914-1918 que
aparece aquí representados,
el préstamo de 110 millones de
libras esterlinas concedido a
Bélgica, pero no por el propio
país sino por Alemania.

RUSIA
757 millones de libras

POLONIA
5 millones
de libras

RUMANÍA
26 millones
de libras

YUGOSLAVIA
30 millones
de libras

GRECIA
21 millones de libras

BÉLGICA
9 millones
de libras

11 millones
de libras

AUSTRIA

ITALIA
590 millones de libras

FRANCIA
626 millones
de libras

PORTUGAL
23 millones
de libras

0   645
Kilómetros

■ Principales préstamos concedidos por Gran Bretaña, 1914-1918.

▨ Principales préstamos británicos para ayuda y reconstrucción, 1919-1925.

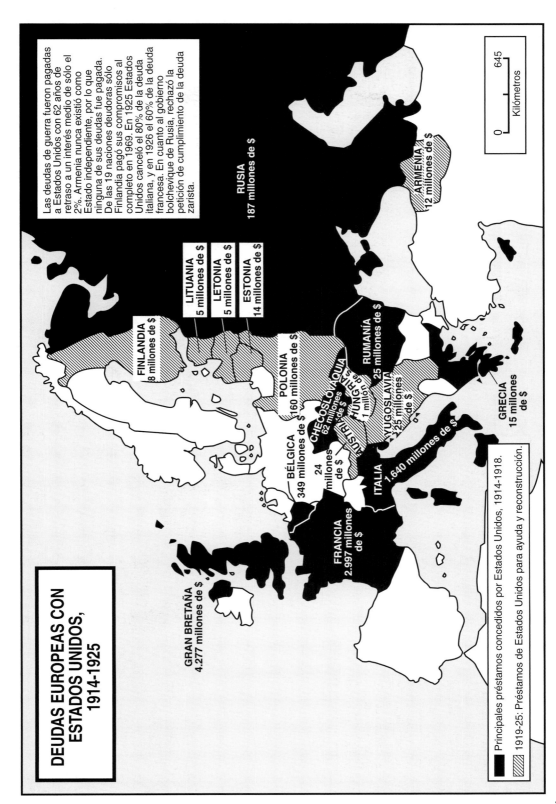

DEUDAS EUROPEAS CON ESTADOS UNIDOS, 1914-1925

Las deudas de guerra fueron pagadas a Estados Unidos con 62 años de retraso a un interés medio de sólo el 2%. Armenia nunca existió como Estado independiente, por lo que ninguna de sus deudas fue pagada. De las 19 naciones deudoras sólo Finlandia pagó sus compromisos al completo en 1969. En 1925 Estados Unidos canceló el 80% de la deuda italiana, y en 1926 el 60% de la deuda francesa. En cuanto al gobierno bolchevique de Rusia, rechazó la petición de cumplimiento de la deuda zarista.

RUSIA
187 millones de $

ARMENIA
12 millones de $

LITUANIA
5 millones de $

LETONIA
5 millones de $

ESTONIA
14 millones de $

FINLANDIA
8 millones de $

POLONIA
160 millones de $

RUMANÍA
25 millones de $

CHECOSLOVAQUIA
62 millones de $

AUSTRIA
24 millones de $

HUNGRÍA
1 millón de $

YUGOSLAVIA
25 millones de $

GRECIA
15 millones de $

BÉLGICA
349 millones de $

ITALIA
1.640 millones de $

FRANCIA
2.997 millones de $

GRAN BRETAÑA
4.277 millones de $

0   645
Kilómetros

Principales préstamos concedidos por Estados Unidos, 1914-1918.

1919-25: Préstamos de Estados Unidos para ayuda y reconstrucción.

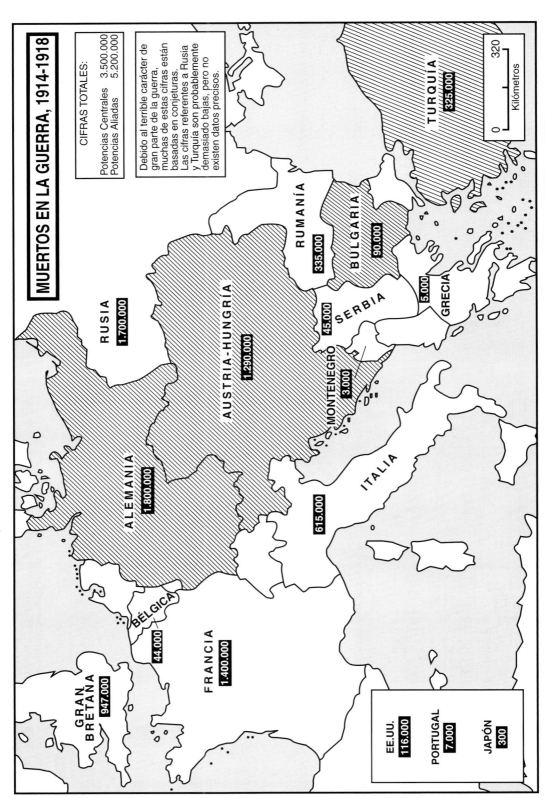

MUERTOS EN LA GUERRA, 1914-1918

CIFRAS TOTALES:

Potencias Centrales   3.500.000
Potencias Aliadas   5.200.000

Debido al terrible carácter de gran parte de la guerra, muchas de estas cifras están basadas en conjeturas. Las cifras referentes a Rusia y Turquía son probablemente demasiado bajas, pero no existen datos precisos.

0   320
Kilómetros

TURQUÍA
325.000

RUSIA
1.700.000

RUMANÍA
335.000

BULGARIA
90.000

SERBIA
45.000

GRECIA
5.000

AUSTRIA-HUNGRÍA
1.290.000

MONTENEGRO
3.000

ALEMANIA
1.800.000

ITALIA
615.000

BÉLGICA
44.000

FRANCIA
1.400.000

GRAN BRETAÑA
947.000

EE.UU.
116.000

PORTUGAL
7.000

JAPÓN
300

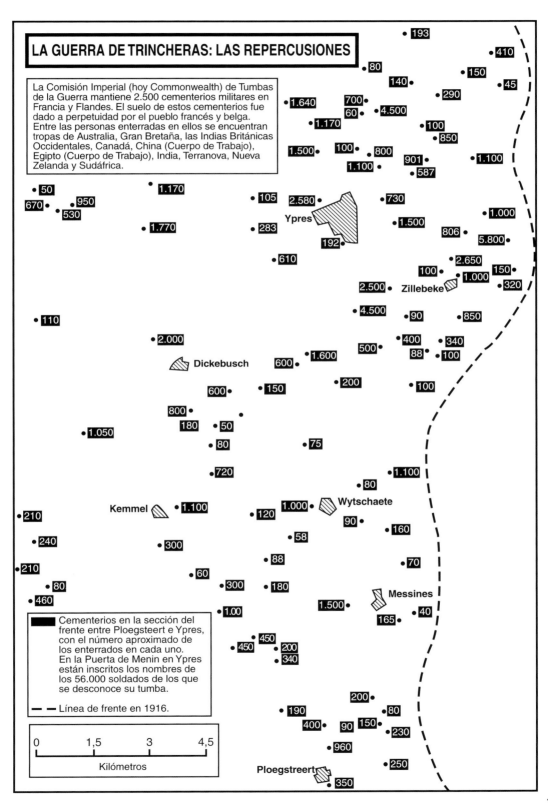

LA GUERRA DE TRINCHERAS: LAS REPERCUSIONES

La Comisión Imperial (hoy Commonwealth) de Tumbas de la Guerra mantiene 2.500 cementerios militares en Francia y Flandes. El suelo de estos cementerios fue dado a perpetuidad por el pueblo francés y belga. Entre las personas enterradas en ellos se encuentran tropas de Australia, Gran Bretaña, las Indias Británicas Occidentales, Canadá, China (Cuerpo de Trabajo), Egipto (Cuerpo de Trabajo), India, Terranova, Nueva Zelanda y Sudáfrica.

Ypres

Zillebeke

Dickebusch

Kemmel

Wytschaete

Messines

Ploegstreert

Cementerios en la sección del frente entre Ploegsteert e Ypres, con el número aproximado de los enterrados en cada uno.
En la Puerta de Menin en Ypres están inscritos los nombres de los 56.000 soldados de los que se desconoce su tumba.

— — Línea de frente en 1916.

0   1,5   3   4,5

Kilómetros

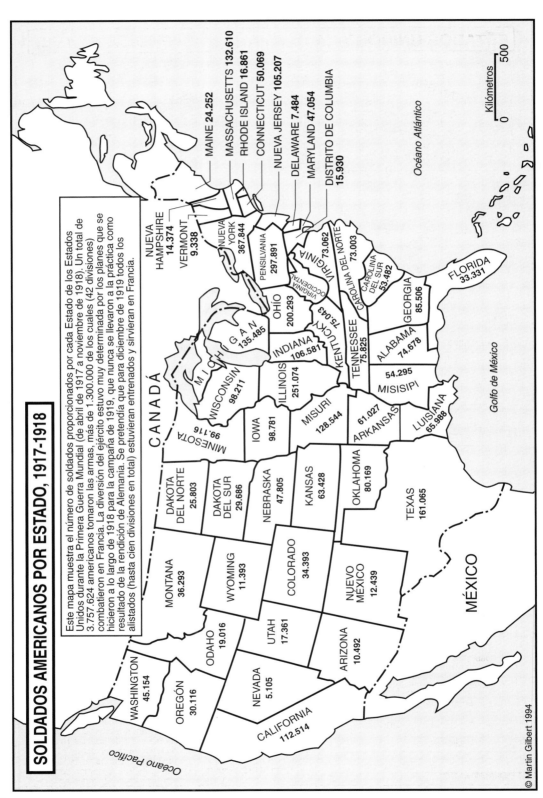

SOLDADOS AMERICANOS POR ESTADO, 1917-1918

Este mapa muestra el número de soldados proporcionados por cada Estado de los Estados Unidos durante la Primera Guerra Mundial (de abril de 1917 a noviembre de 1918). Un total de 3.757.624 americanos tomaron las armas, más de 1.300.000 de los cuales (42 divisiones) combatieron en Francia. La diversión del ejército estuvo muy determinada por los planes que se hicieron a lo largo de 1918 para la campaña de 1919, que nunca se llevaron a la práctica como resultado de la rendición de Alemania. Se pretendía que para diciembre de 1919 todos los alistados (hasta cien divisiones en total) estuvieran entrenados y sirvieran en Francia.

MAINE 24.252
MASSACHUSETTS 132.610
RHODE ISLAND 16.861
CONNECTICUT 50.069
NUEVA JERSEY 105.207
DELAWARE 7.484
MARYLAND 47.054
DISTRITO DE COLUMBIA 15.930

NUEVA HAMPSHIRE 14.374
VERMONT 9.338
NUEVA YORK 367.844
PENSILVANIA 297.891
VIRGINIA 73.062
VIRGINIA OCCIDENTAL 75.043
CAROLINA DEL NORTE 73.003
CAROLINA DEL SUR 53.482
GEORGIA 85.506
FLORIDA 33.331

OHIO 200.293
MICHIGAN 135.485
INDIANA 106.581
ILLINOIS 251.074
KENTUCKY
TENNESSEE 75.825
ALABAMA 74.678
54.295
MISISIPI

WISCONSIN 98.211
MINNESOTA 99.116
IOWA 98.781
MISURI 128.544
ARKANSAS 61.027
LUISIANA 65.988

CANADÁ

DAKOTA DEL NORTE 25.803
DAKOTA DEL SUR 29.686
NEBRASKA 47.805
KANSAS 63.428
OKLAHOMA 80.169
TEXAS 161.065

MONTANA 36.293
WYOMING 11.393
COLORADO 34.393
NUEVO MÉXICO 12.439

ODAHO 19.016
UTAH 17.361
ARIZONA 10.492

WASHINGTON 45.154
OREGÓN 30.116
NEVADA 5.105
CALIFORNIA 112.514

MÉXICO

Océano Atlántico

Golfo de México

Océano Pacífico

Kilómetros
0   500

© Martin Gilbert 1994

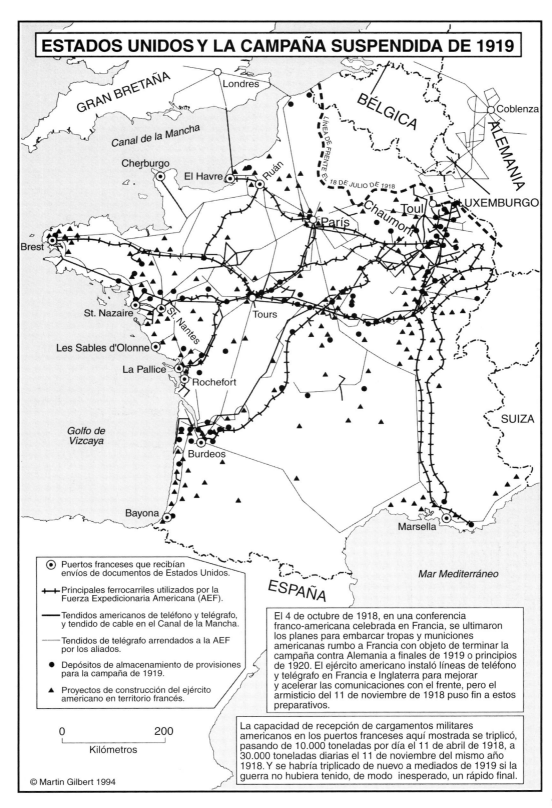

ESTADOS UNIDOS Y LA CAMPAÑA SUSPENDIDA DE 1919

GRAN BRETAÑA

Londres

BÉLGICA

Coblenza

ALEMANIA

Canal de la Mancha

Cherburgo

El Havre

Ruán

LÍNEA DE FRENTE EL 18 DE JULIO DE 1918

Chaumont

Toul

LUXEMBURGO

Brest

París

St. Nazaire

St. Nantes

Tours

Les Sables d'Olonne

La Pallice

Rochefort

SUIZA

Golfo de
Vizcaya

Burdeos

Bayona

Marsella

Mar Mediterráneo

ESPAÑA

⊙ Puertos franceses que recibían
 envíos de documentos de Estados Unidos.

┼┼ Principales ferrocarriles utilizados por la
 Fuerza Expedicionaria Americana (AEF).

── Tendidos americanos de teléfono y telégrafo,
 y tendido de cable en el Canal de la Mancha.

── Tendidos de telégrafo arrendados a la AEF
 por los aliados.

● Depósitos de almacenamiento de provisiones
 para la campaña de 1919.

▲ Proyectos de construcción del ejército
 americano en territorio francés.

El 4 de octubre de 1918, en una conferencia
franco-americana celebrada en Francia, se ultimaron
los planes para embarcar tropas y municiones
americanas rumbo a Francia con objeto de terminar la
campaña contra Alemania a finales de 1919 o principios
de 1920. El ejército americano instaló líneas de teléfono
y telégrafo en Francia e Inglaterra para mejorar
y acelerar las comunicaciones con el frente, pero el
armisticio del 11 de noviembre de 1918 puso fin a estos
preparativos.

0 ──── 200

Kilómetros

© Martin Gilbert 1994

La capacidad de recepción de cargamentos militares
americanos en los puertos franceses aquí mostrada se triplicó,
pasando de 10.000 toneladas por día el 11 de abril de 1918, a
30.000 toneladas diarias el 11 de noviembre del mismo año
1918. Y se habría triplicado de nuevo a mediados de 1919 si la
guerra no hubiera tenido, de modo inesperado, un rápido final.

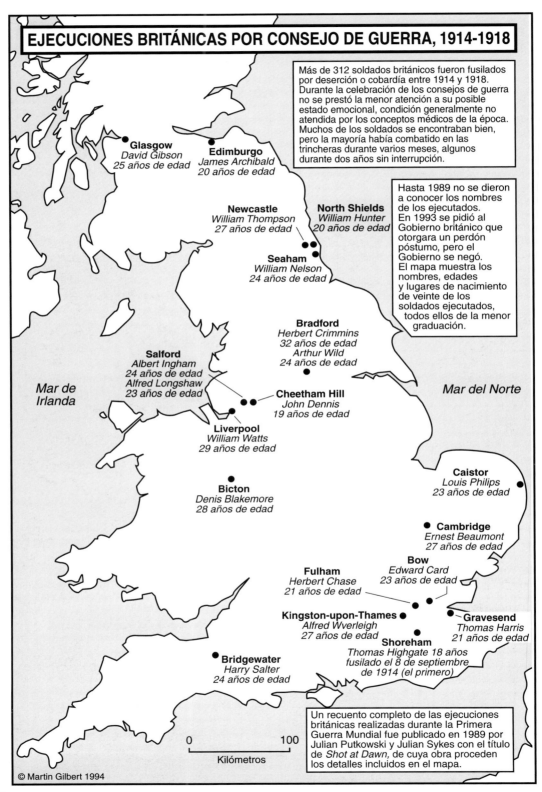

EJECUCIONES BRITÁNICAS POR CONSEJO DE GUERRA, 1914-1918

Más de 312 soldados británicos fueron fusilados por deserción o cobardía entre 1914 y 1918. Durante la celebración de los consejos de guerra no se prestó la menor atención a su posible estado emocional, condición generalmente no atendida por los conceptos médicos de la época. Muchos de los soldados se encontraban bien, pero la mayoría había combatido en las trincheras durante varios meses, algunos durante dos años sin interrupción.

Hasta 1989 no se dieron a conocer los nombres de los ejecutados. En 1993 se pidió al Gobierno británico que otorgara un perdón póstumo, pero el Gobierno se negó. El mapa muestra los nombres, edades y lugares de nacimiento de veinte de los soldados ejecutados, todos ellos de la menor graduación.

Glasgow
David Gibson
25 años de edad

Edimburgo
James Archibald
20 años de edad

Newcastle
William Thompson
27 años de edad

North Shields
William Hunter
20 años de edad

Seaham
William Nelson
24 años de edad

Bradford
Herbert Crimmins
32 años de edad
Arthur Wild
24 años de edad

Salford
Albert Ingham
24 años de edad
Alfred Longshaw
23 años de edad

Mar de Irlanda

Cheetham Hill
John Dennis
19 años de edad

Liverpool
William Watts
29 años de edad

Mar del Norte

Bicton
Denis Blakemore
28 años de edad

Caistor
Louis Philips
23 años de edad

Cambridge
Ernest Beaumont
27 años de edad

Bow
Edward Card
23 años de edad

Fulham
Herbert Chase
21 años de edad

Kingston-upon-Thames
Alfred Wverleigh
27 años de edad

Gravesend
Thomas Harris
21 años de edad

Shoreham
Thomas Highgate 18 años fusilado el 8 de septiembre de 1914 (el primero)

Bridgewater
Harry Salter
24 años de edad

Un recuento completo de las ejecuciones británicas realizadas durante la Primera Guerra Mundial fue publicado en 1989 por Julian Putkowski y Julian Sykes con el título de *Shot at Dawn,* de cuya obra proceden los detalles incluidos en el mapa.

0   100
Kilómetros

© Martin Gilbert 1994

LA CREACIÓN DE YUGOSLAVIA, 1919

AUSTRIA HUNGRÍA

ITALIA

— MEDJUMURJE

ESLOVENIA

Fiume

ISTRIA

CROACIA

BARANYA

BACKA

BANAT

Vrsac · Bela Crka

Belgrado ·

RUMANÍA

Mar Adriático

ZARA

DALMACIA

BOSNIA

SERVIA

BULGARIA

HERZEGOVINA

Caribrod

MONTENEGRO

LUSSIN

CHERSO

MACEDONIA

Strumnica

ALBANIA

ITALIA

GRECIA

Tomado de Rumanía.

Tomado de Bulgaria.

Tomado de Hungría.

Antiguos territorios austríacos.

● Islas y puertos retenidos por Italia.

--- Fronteras internacionales, 1919-1939.

— Yugoslavia, 1919-1941.

POBLACIÓN DE YUGOSLAVIA, 1921

Serbios	5,5 millones
Croatas	3,25 millones
Eslovenos	1,02 millones
Musulmanes	700.000
(Bosnia y Herzegovina)	
Macedonios	600.000
Alemanes	513.472
Húngaros	472.409
Rumanos	229.398
Albaneses	441.740
Turcos	90.000
Judíos	64.159
Italianos	12.825

La Primera Guerra Mundial comenzó cuando Austria-Hungría declaró la guerra a Serbia, en julio de 1914. Al finalizar el conflicto y tras la derrota austro-húngara, Serbia, aunque era una de las potencias vencedoras, no participó en la Conferencia de Paz. El 3 de enero de 1919 su capital, Belgrado, anunció que Serbia había «completado su reorganización» para convertirse en el «reino de los serbios, croatas y eslovenos», en adelante denominado «Yugoslavia». No se hacía mención sobre la amplia serie de minorías no eslavas: alemanes, húngaros, albaneses, italianos y griegos, que vivirá en el mismo territorio.

Yugoslavia sobrevivió como un solo Estado desde 1919 hasta 1941, cuando los alemanes e italianos conquistaron y dividieron el país, convirtiéndose Croacia en un nuevo Estado independiente. En 1945 Yugoslavia fue de nuevo unificada bajo la doctrina comunista, y sobrevivió hasta 1991, cuando primero Eslovenia, Croacia, y después Bosnia y Macedonia declararon su independencia unilateral.

© Martin Gilbert 1994

0 150
Kilómetros

LOS PROCESOS POR CRÍMENES DE GUERRA EN LEIPZIG, 1921

Océano Atlántico

Mar del Norte

Mar Báltico

GRAN BRETAÑA

Grammount
actos de crueldad contra niños belgas

◉ Fastnet Rock

H. M. S. Llandovery Castle
barco hospital torpedeado al suroeste de Fastnet
234 ahogados

S. S. Torrington
barco mercante hundido al suroeste de las Scillys
34 muertos

◉ Scilly Isles

BÉLGICA

Herne
◉ *mina de carbón asistencia médica denegada a prisioneros de guerra británicos y rusos*

● Leipzig

ALEMANIA

RUSIA

● París

Flavy-le-Martel
campo de prisioneros de guerra asistencia médica

◉ Saarburg
asesinato de prisioneros de guerra franceses

FRANCIA

AUSTRIA-HUNGRÍA

Cuando se dieron a conocer los detalles del asesinato de civiles serbios por soldados austríacos en Sabac el 12 de agosto de 1914, se produjo una gran conmoción en Serbia. Atrocidades alemanas similares corroboradas contra civiles se dieron en Bélgica en 1914.

Sabac
● Belgrado

SERBIA

ITALIA

Mar Adriático

Mar Tirreno

◉ **H. M. S. Dover Castle**
barco hospital torpedeado

Desde los primeros días de la guerra se cometieron atrocidades contra civiles en todas las zonas de combate. El 5 de octubre de 1918 el gobierno francés declaró que «actos tan contrarios al Derecho Internacional y a los principios fundamentales de la civilización humana no deberían quedar impunes». Cuando cesaron las hostilidades el 11 de noviembre de 1918, se creó un comité legal británico para garantizar que «los criminales de guerra» fueran llevados ante la justicia.

El 7 de febrero de 1919, la Conferencia de Paz de París creó una Comision para examinar el método de los procesos. Los juicios tuvieron lugar en Leipzig entre el 23 de mayo y el 16 de julio de 1921. Cuarenta y cinco casos fueron juzgados por jueces alemanes. Hubo once juicios y 6 condenas para los crímenes mostrados en este mapa. La sentencia más dura impuesta fue de diez meses de prisión.

Mar Mediterráneo

0   500

Kilómetros

© Martin Gilbert 1994

La siguiente bibliografía es estrictamente selectiva, y consiste principalmente en aquellos libros que personalmente encuentro más útiles, tanto para preparar mapas concretos como para el conocimiento básico de los diversos aspectos de la guerra: sus campañas, la diplomacia, los hombres y sus estados de ánimo. Incluye desde historias oficiales de dimensiones diversas, repletas de documentos y de mapas, hasta breves narraciones de acontecimientos puntuales. Espero que estos libros proporcionen una útil y variada introducción a la historia de la guerra.

OBRAS GENERALES

Como guía introductoria he consultado frecuentemente varias obras de referencia y enciclopedias contemporáneas, entre las que destacan las siguientes: *The Annual Register*, 5 vols. que cubren los años de 1914 a 1919 (Londres, 1915-1920); *The Times History of the War*, 21 vols., que cubren los años 1914 a 1920 (Londres, 1914-1920) y contienen, por ejemplo, la descripción más completa que conozco de la cruzada americana por la construcción de barcos (mapa 87), y abundantes artículos informativos sobre todos los escenarios de la guerra y sobre cada aspecto del conflicto (social, político, sanitario, el papel de la mujer, etc.); y por fin la decimotercera edición de la *Encyclopaedia Britannica*, que contiene tres volúmenes extra, números 29, 30 y 31, y que trata de los años de la guerra y del inmediato período de posguerra (Londres y Nueva York, 1926).

EL PRELUDIO DE LA GUERRA

Una estimulante investigación sobre los orígenes inmediatos y a largo plazo de la guerra, junto con una amplia bibliografía, la encontramos en la obra de A. J. P. Taylor, *The struggle for mastery in Europe* (Oxford, 1954). También destacan las de Luigi Albertini, *The origins of the war of 1914*, 3 vols. (Oxford, 1952-1957), y F. H. Hinsley, *Power and the pursuit of peace* (Cambridge, 1963).

Sobre la actividad diplomática en Berlín al inicio del conflicto, así como una visión elaborada de los acontecimientos que llevaron a la guerra, es de interés la obra de Sir Horace Rumbold *The War Crisis in Berlin July to August 1914* (Londres, 1940). El trabajo de Gerhard Georg B. Ritter, *The Schlieffen Plan: Critique of a Myth* (Londres, 1958), es una visión alemana de la responsabilidad en el conflicto. En cuanto al análisis de los pasos finales que llevaron a la guerra, destaca la obra de R. W. Seton-Watson, *Sarajevo: a study in the origin of the Great War* (Londres, 1926).

LA DESCRIPCIÓN DE LA GUERRA

Entre las muchas historias generales de la guerra, tres de las más leídas son: *The First World War, An Illustrated History* (Londres, 1963) de A. J. P. Taylor, que tiene el valor añadido de presentar excelentes imágenes; *A History of the Great War, 1914 to 1918* (Oxford, 1934) de C. R. M. F. Cruttwell; y *A Concise History of World War One* (Londres, 1964) de Vincent J. Esposito (ed). A pesar de su punto de vista, británico y a veces personal, Winston Churchill presenta en su obra *The World Crisis*, 6 vols. (Londres, 1923-1931) un magnífico primer capítulo sobre el inicio de la guerra, y numerosas ideas correspondientes a las distintas fases de la guerra; su penúltimo volumen, *The Aftermath*, se ocupa del tema de los tratados de paz y de otros problemas de posguerra.

LA GUERRA EN EL AIRE

Un buen análisis general lo podemos encontrar en la obra de R. H. Kiernan *The First War in the Air* (Londres, 1934). La Historia Británica Oficial, extremadamente rica en mapas, ha sido realizado por Walter Raleigh y H. A. Jones, en *The War in the Air*, 6 vols. de texto (que incluyen muchos mapas) y otros 2 vols. de mapas (Oxford, 1922-1937). La historia alemana es abordada por Georg Paul Neumann en *The German Airforce in the Great War* (Londres, 1921); y los efectos de las acciones alemanas quedan reflejadas en las obras de Joseph Morris, *The German Air Raids on Great Britain 1914-1918* (Londres, 1926), y de Kenneth Poolman, *Zeppelins over England* (Londres, 1960).

Dos obras recientes de gran interés son las de Douglas H. Robinson, *The Zeppelin in Combat* (Londres, 1962), y Arch Whitehouse, *The Zeppelin Fighters* (Londres, 1968). Un estudio importante de la fase más seria de la guerra aérea es el de Raymond H. Fredette, *The First Battle of Britain 1917-1918 and the birth of the Royal Air Force* (Londres, 1966). Los primeros ensayos de este nuevo método militar han sido descritos por E. B. Ashmore en *Air Defence* (Londres, 1929).

LA GUERRA EN EL MAR

Una buena introducción la podemos encontrar en la obra de Thomas G. Frothingham, *The Naval History of the World War*, 3 vols. (Cambridge Mass., 1924, 1925, 1926). La historia británica ha sido estudiada por primera vez, con abundante documentación y buenos mapas, por Sir Julian S. Corbett y Henry Newbolt, en la obra titulada *Naval Operations*, 5 vols. de texto y otros 5 vols. de mapas (Londres, 1920-1931). Un trabajo de gran calidad que combina este material con los resultados de una paciente investigación en los archivos navales británicos y alemanes es el de Arthur J. Marder, *From the Dreadnought to Scapa Flow*, 5 vols. (Londres, 1961-1970).

La historia de los barcos de mercancías y las rutas comerciales oceánicas resulta tan dramática e interesante como los mismos enfrentamientos navales, y se puede consultar en las obras de C. Ernest Fayle *Seaborne Trade*, 4 vols. (Londres 1920, 1920 (mapas), 1923, 1924), y de Archibald Hurd *The Merchant Navy*, 3 vols. (Londres, 1921, 1924, 1929).

La bibliografía es tan voluminosa en cuanto a las actividades submarinas como sobre el conflicto en superficie. Dos importantes libros introductorios sobre estos aspectos de la guerra son los de R. H. Gibson y Maurice Prendergast, *The German Submarine War 1914-1918* (Londres, 1931), y el de Robert M. Grant, *U-Boats Destroyed* (Londres, 1964).

Los temas que se tratan en este atlas pueden ampliarse leyendo las obras de Richard Hough *The Pursuit of Admiral von Spee* (Londres, 1969) y de Edwin P. Hoyt *The Last Cruise of the Emden* (Londres, 1967). Un miembro de la familia real imperial que estuvo a bordo del *Emden*, el príncipe José de Hohenzollern, contó también su historia: *Emden* (Londres, 1928). En cuanto a los aspectos navales y diplomáticos de la guerra en las zonas adriática e italiana he consultado las obras de Archibald Hurd *Italian Sea-Power and the Great War* (Londres, 1918) y de P. H. Michel, *La Question de l'Adriatique 1914-1918* (París, 1938).

Uno de los aspectos más significativos de la guerra en el mar fue el bloqueo naval aliado de Alemania, que puede estudiarse con detalle en las obras de H. W. C. Davis *A History of the Blockade* (Londres, 1920), M. W. W. P. Consett *The Triumph of Unarmed Force* (Londres, 1928), A. C. Bell *The blockade of Germany* (Londres, 1937) y Marion C.Siney *The Allied Blockade of Germany 1914-1916* (Ann Arbor, 1957). Un aspecto menos conocido del bloqueo se presenta en el estudio detallado de S. L. Bane y R.H.Lutz (eds.), *The Blockade of Germany After the Armistice* (Standford, 1942).

ESTRATEGIA MILITAR

Hay muchas obras interesantes sobre los diferentes métodos estratégicos empleados durante la guerra por los ejércitos en conflicto. Las nuevas técnicas de los ingenieros, técnicos en explosivos y zapadores están muy bien descritas en los trabajos de W. Grant Grieve y Bernard Newman, *Tunnellers* (Londres, 1936), y de Alexander Barrie *War Underground* (Londres, 1962). El intento de romper las alambradas por medios mecánicos es analizado por J. F. C. Fuller en *Tanks in the Great War 1914-1918* (Londres, 1920), y por B. H. Liddell Hart en *The Tanks* (Londres, 1959).

Algunas ideas sobre la dependencia de los beligerantes respecto del transporte y las comunicaciones pueden encontrarse en la Historia Oficial Británica de A.M.Henniker, *Transportation on the Western Front 1914-1918* (Londres, 1937), y en la obra de W. J. K. Davies *Light Railways of the First World War* (Londres, 1967).

GRAN BRETAÑA

Una buena historia introductoria de la política británica durante la guerra la podemos encontrar en la obra de Sir Llewellyn Woodward, *Great Britain and the War of 1914-1918* (Londres, 1967). Un voluminoso compendio de estadísticas en las que el lector curioso podría pasar muchas horas es la publicación de la Oficina de Guerra, editada por la Oficina de Imprenta de Su Majestad, *Statistics of the Military Effort of the British Empire During the Great War 1914-1920* (Londres, 1922). Entre las muchas y fascinantes historias militares hay una de particular interés por la calidad de su autor, que perdió a su hijo en la guerra: Rudyard Kipling, titulada *The Irish Guards in the Great War* (Londres, 1923).

La historia de la munición, de las más fascinantes entre los problemas bélicos cotidianos, puede ser seguida con detalle en la publicación del Ministerio para las Municiones titulada *The History of the Ministry of Munitions*, 12 vols. (Londres, 1920-1924). Un aspecto más personal de la lucha por la munición, junto con una interesante narración de sus dos años como Primer Ministro, lo encontramos en *War Memoirs of David Lloyd George*, 6 vols. (Londres, 1933-1936).

El predecesor de Lloyd George también dejó unas memorias que tratan de la política de guerra: H. H. Asquith, *Memories and Reflections*, 2 vols. (Londres, 1928). Dos columnistas contemporáneos con estrechos contactos con el núcleo de los acontecimientos fueron Christopher Addison, autor de *Politics from Within* (Londres, 1924), y Lord Riddell, autor de un *Lord Riddell's War Diary* (Londres, 1933). Una narración política muy gráfica de este período aparece en las obras de Lord Beaverbrook tituladas *Politicians and the War 1914-1916*, 2 vols. (Londres, 1928, 1932) y *Men and Power 1917-1918* (Londres, 1956). Un análisis bien documentado de la decisión de entrar guerra de Gran Bretaña y los nueve meses siguientes de la política bélica británica lo podemos encontrar en la obra de Cameron Hazlehurst *Politicians at War* (Londres, 1971). La estrategia británica es examinada de forma crítica por Paul Guinn en *British Strategy and Politics 1914-1918* (Oxford, 1965). Tanto Hazlehurst como Guinn incluyen excelentes bibliografías.

Escenas sociales y cotidianas de la guerra han sido seriamente presentadas en el fascinante volumen de Mrs. C. S. Peel titulado *How We Lived Then 1914-1918* (Londres, 1929).

EL IMPERIO BRITÁNICO

Los aspectos imperiales de la guerra son analizados a grandes rasgos por Sir Charles Lucas (ed) en *The Empire at War*, 5 vols. (Oxford, 1921-1926). La historia australiana es narrada en detalle y con cierta pasión por C. E. W. Bean y otros en *Official History of Australia in the War of 1914-1918*, 12 vols. (Canberra, 1921-1934). Una rica base estadística es la publicación del gobierno indio publicado bajo el título de *India's contribution to the Great War* (Calcuta, 1923). Un futuro Lord Canciller fue co-autor del volumen oficial, muy bien ilustrado con mapas, de J. W. B. Merewether y Sir Frederick Smith, *The Indian Corps in France* (Londres, 1917). El primer volumen de la historia oficial de la Fuerza Expedicionaria Canadiense es un pequeño pero fascinante libro del futuro Lord Beaverbrook: Sir Max Aitken, *Canada in Flanders* (Londres, 1916).

Dos Historias Oficiales Británicas que cubren aspectos de la guerra en África son obra de C. Hordern en *Military operations, East Africa* (Londres, 1941), y F. J. Moberly en *Military operations, Togoland and the Cameroons 1914-1916* (Londres, 1931). Otras historias útiles sobre el esfuerzo de guerra del Imperio son las obras de H. T. B. Drew (ed) *The war effort of New Zealand* (Auckland, 1924), G. W. L. Nicholson *Official History of the Canadian Army* (Ottawa, 1962), y John Buchan *The History of the South African Forces in France* (Londres, 1920).

FRANCIA, BÉLGICA Y EL FRENTE OCCIDENTAL

Un convincente análisis de la fase de inicio de la guerra es el del Teniente General Sir Edward Spears, *Liaison 1914* (Londres, 1930). La historia del avance alemán fue contada por su comandante, Alexander von Kluck, en *The March on Paris and the Battle of the Marne 1914* (Londres, 1920). Entre las memorias militares francesas más interesantes se encuentran las del Mariscal Foch, *Memories pour servir à l'histoire de la guerre de 1914-1918* (París, 1931). Un suplemento adicional de gran utilidad a estas memorias es la obra de Liddell Hart, *Foch* (Londres, 1931). Georges Clemenceau dio su propia visión tanto sobre el período de guerra como sobre la posguerra en *Grandeur and Misery of Victory* (Londres, 1930). Una visión más humilde pero muy entretenida de la guerra de un joven pintor francés que sirvió en el ejército inglés la encontramos en *A Frenchman in Khaki* de Paul Maze (Londres, 1934).

Una de las batallas más terribles de la guerra fue descrita por Alistair Horne en *The Price of Glory: Verdun 1916* (Londres, 1962). Las municiones francesas han sido objeto de frecuentes estudios, entre los que destacan los siguientes: *Dare Call It Treason* (Londres, 1953) de Richard M. Watt, y *Munity 1917* (Londres, 1962) de John Williams. La destrucción causada por la guerra en la zona del frente occidental fue reflejada por Charles Gide (ed) en *Effects of the War Upon French Economic Life* (Oxford, 1923), mientras que algunos de los esfuerzos para restaurar los daños fueron considerados por William MacDonald en *Reconstruction in France* (Londres, 1922).

La rápida conquista de Bélgica fue analizada en una breve publicación belga y realizada en Inglaterra bajo el título de *Military Operations of Belgium* (Londres, 1915). La naturaleza de la ocupación alemana fue descrita por Jean Massart en dos libros distintos: *Belgians Under the German Eagle* (Londres, 1916) y *The Secret Press in Belgium* (Londres 1918). Además, encontramos datos inquietantes en Arnold J. Toynbee, *The German Terror in Belgium* (Londres, 1917).

Las operaciones militares en el frente occidental son tratadas exhaustivamente y con copiosa cartografía por J. E. Edmonds (y otros) en *France and Belgium*, con varios volúmenes de texto y mapas para cada año de la guerra (Londres, 1922-1947). Sería tedioso seleccionar libros sobre campañas particulares, de las que hay varios millares; pero tampoco existe una buena y selecta bibliografía que incluya las obras más recientes. Una introducción a esta enorme literatura puede hacerse a través de dos buenos estudios, el de A. H. Farrar-Hockley titulado *The Somme* (Londres, 1964) y el del Teniente General Sir Edward Spears *Prelude to Victory* (Londres, 1939), que trata la ofensiva francesa de 1917. Una crítica estimulante de los jefes militares alemanes, británicos y franceses la encontramos en la obra de Corelli Barnett titulada *The Swordbearers* (Londres, 1963).

LOS COMBATIENTES

Fueron las experiencias de los soldados rasos, más que las deci-siones de sus comandantes, lo que hizo que la Primera Guerra Mundial influyera en las mentes de los hombres largo tiempo después del armisticio. Diversas ideas sobre esta experiencia pueden obtenerse en *Bullets&Billets* (Londres, 1917) y *From Mud to Mufti* (Londres, 1919) de Bruce Bairnsfather; *Realities of War* (Londres, 1930) de Philip Gibbs; *Undertones of War* (Londres, 1930) de Edmund Blunden; *Up the Line to Death: The War Poets 1914-1918* (Londres, 1964) de Brian Gardner; *Goodbye to All That* (Londres, 1929) de Robert Graves; *Im Westen nichts Neues (Sin novedad en el frente,* 1929) de Erich Maria Remarque; *Counterattack* (Londres, 1917) de Siegfried Sassoon, que quizá contiene los poemas más amargos de la guerra; y *Memoirs of an Infantry Officer* (Londres, 1930) de Siegfried Sasson.

Las canciones de guerra, con su terrorífico paso de lo alegre a lo grotesco, pueden ser escuchadas en la grabación de Decca *Oh What a Lovely War* (Londres, 1963; mono LK 4542). Otro disco de poesía y letras contemporáneas es el de *Wilfred Owen (1893-1918)* (Londres, 1968), publicado por Argo Record Company en mono RG 593.

Un conmovedor informe de los cementerios británicos, cuyo suelo fue otorgado a Gran Bretaña a perpetuidad por los gobiernos respectivos de Bélgica y Francia, y que es una guía indispensable para visitar el frente occidental, lo encontramos en una publicación de la Comisión Imperial de las Tumbas de la Guerra a cargo de Sidney C. Hurst y presentada bajo el título de *The Silent Cities* (Londres, 1929).

ITALIA Y EL FRENTE ITALIANO

Una introducción bastante útil la suministra la obra de Thomas Nelson Page titulada *Italy and the World War* (Londres, 1921). Sobre aspectos de historia militar existe un informe fascinante de un historiador italiano que sirvió en el ejército, Luigi Villari, *The War on the Italian Front* (Londres, 1932). Hay también un historiador británico que escribió un informe interesante sobre las incidencias en el frente italiano, en donde sirvió en la unidad de ambulancias; se trata de G. M. Trevelyan, en sus *Scenes From Italy's War* (Londres, 1919).

Las operaciones militares británicas en Italia son descritas de forma detallada por Sir James E. Edmonds y H. R. Davies en *Military Operations, Italy 1915-1919* (Londres, 1949). Existe una descripción interesante de un testigo ocular que sería después Ministro de Hacienda: Hugh Dalton, *With British Guns in Italy* (Londres, 1919). Entre las novelas más famosas de todas las existentes sobre la Primera Guerra Mundial se encuentra una escrita sobre el frente italiano: Ernest Hemingway, *A Farewell to Arms* [*Adiós a las armas*] (Nueva York y Londres, 1929).

Para aspectos más amplios de la política militar italiana se puede consultar la obra de M. H. H. Macartney y P. Cremona, *Italy's Foreign and Colonial Policy 1914-1937* (Nueva York, 1938). Datos interesantes sobre el Primer Ministro italiano aparecen en *Memoirs of My Life* de Giovanni Giolitti (Londres, 1923).

EL FRENTE DE SALÓNICA

Uno de los análisis más leídos y recientes, que contiene una extensa bibliografía, es el de Alan Palmer, *The gardeners of Salonika* (Londres, 1965). El representante italiano de las fuerzas aliadas, que dejó un vivo informe de esta zona de guerra, fue Luigi Villari, publicando su obra bajo el título de *The Macedonian Campaign* (Londres, 1922). Por lo demás, la Historia Oficial Británica combina investigaciones detalladas con un estilo vivo y mapas abundantes: C. Falls, *Military Operations, Macedonia*, 2 vols. (Londres, 1933, 1935).

RUSIA Y EL FRENTE ORIENTAL

Una buena introducción al período se puede encontrar en la obra de Sir Bernard Pares *The Fall of the Russian Monarchy* (Londres, 1939). La derrota rusa en Prusia Oriental es descrita en detalle y con una serie de mapas excelente por Sir Edmund Ironside en su obra *Tannenberg* (Edimburgo y Londres, 1925). El más famoso de todos los generales rusos, A. A. Brussilov, dejó su propia historia en *A Soldier's Note-Book 1914-1918* (Londres, 1930). Otro general, cuyas memorias tienen gran valor informativo, fue el general N. M. Golovin: *The Russian Army in the World War* (Londres, 1931). Un oficial británico enrolado en el ejército ruso que también nos dejó sus propias vivencias fue el general Sir A. Knox: *With the Russian Army 1914-1917*, 2 vols. (Londres, 1921).

Una investigación muy útil sobre la política rusa y las aspiraciones exteriores desde el inicio de la guerra hasta su revolución la encontramos en la obra de C. Jay Smith, *The Russian Struggle for Power 1914-1917* (Atenas, Georgia, 1956). Sobre la propia revolución y la posterior guerra civil e intervención aliada, el informe más útil sigue siendo el de W. H. Chamberlin, *The Russian Revolution*, 2 vols. (Nueva York, 1935). Una fascinante narración de la Revolución de Febrero es la de George Katkov, *Russia 1917* (Londres, 1967).

El tratado firmado entre bolcheviques y alemanes con una enorme desventaja para Rusia es descrito con detalle por John W.Wheeler-Bennett en su *Brest-Litovsk* (Londres, 1938). Sobre la política británica respecto a Rusia después de la revolución, y el análisis documental del intento aliado de aplastar el nuevo Estado bolchevique, véase la obra de Richard H. Ullman, *Intervention and the War* (Princeton y Londres, 1961). Dos obras más recientes también de gran valor son las de George F. Kennan *Russia Leaves the War* (Londres, 1956) y *Decision to Intervene* (Londres, 1956).

ALEMANIA

Un sutil análisis de los propósitos de guerra de Alemania es *Germany's Aims in the First World War* (Londres, 1967) de Fritz Fischer. En *Fall of the Germany Empire 1914-1918*, 2 vols. (Standford, 1932), de Ralph Haswell Lutz (ed) encontramos un buen fondo documental sobre la desintegración de Alemania durante la guerra. Un reciente estudio sobre los asuntos internos alemanes basado en una detallada investigación es el de Gerald D. Feldman, *Army, Industry and Labor in Germany 1914-1918* (Princeton, 1966).

Entre los personajes contemporáneos que dejaron escritos sobre sus actividades destaca el general Ludendorff y su libro *My War memories 1914-1918*, 2 vols. (Londres, 1933). También son de interés sobre la visión alemana las obras de Th. Von Bethmann Hollweg *Reflections on the World War* (Londres, 1920), y la del Príncipe von Bülow *Memoirs of Prince von Bülow* (Boston, 1932); el volumen 3, «The World War and Germany's Collapse», cubre el período que va de 1909 a 1919. La historia de Hindenburg fue narrada con éxito por J. W. Wheeler-Bennett en *Hindenburg: The Wooden Titan* (Londres, 1936).

Uno de los trabajos históricos más estimulantes sobre el tema, basado en un estudio cuidadoso de los archivos británicos disponibles, es el de Wm. Roger Louis, *Great Britain and Germany's Lost Colonies 1914-1919* (Oxford, 1967). El Dr. Louis recuerda que E. S. Montagu cuando era Secretario de Estado para la India, declaró que sería muy difícil encontrar «un argumento convincente para no anexionar la totalidad de los territorios del mundo». Su libro es tanto una introducción esencial a la política imperial británica, como un buen modelo de investigación histórica.

RUMANÍA

El mejor estudio introductorio es el de R. W. Seton-Watson, *A history of the Roumanians* (Cambridge, 1934).

Dos narraciones pro-rumanas producidas durante la Primera Guerra Mundial son las de R. W. Seton-Watson *Roumania and the Great War* (Londres 1915), y la de D. Mitrany titulada *Greater Rumania: a Study in National Ideals* (Londres, 1917). El esfuerzo de guerra y la diplomacia rumana son examinados detalladamente por Pamfil Seicaru en *La Roumania dans la Grande Guerre* (París, 1968).

El Ministro rumano de Asuntos Exteriores, Take Jonescu, publicó sus memorias al acabar la guerra bajo el título general de *Souvenirs* (París, 1919).

TURQUÍA, MESOPOTAMIA Y ORIENTE MEDIO

Podemos encontrar un análisis de la influencia alemana anterior a la guerra sobre Turquía en la obra de Morris Jastrow, *The War and the Bagdad Railway* (Filadelfia, 1918). El Primer Ministro turco nos dejó un documento sobre los asuntos militares y políticos; se trata de la obra de Djemal Pasha titulada *Memories of a Turkish Statesman 1913-1919* (Londres, 1922).

La campaña de Mesopotamia se encuentra muy bien documentada. Un trabajo reciente y general, pero con gran fascinación por el detalle, es la obra de A. J. Barker *The neglected war: Mesopotamia 1914-1918* (Londres, 1967). La Historia Oficial

Británica es una vez más un modelo de detalle y exposición en F. J. Moberly, *The Campaign in Mesopotamia 1914-1918*, 4 vols. (Londres, 1923-1927).

Para la guerra en Arabia y Palestina, el trabajo de T. E. Lawrence *The Revolt in the Desert* (Londres, 1927) es un informe gráfico y personal. La derrota de Turquía en Palestina es tratada por Cyrill Falls en un breve volumen titulado *Armageddon 1918* (Londres, 1964). Cyrill Falls es además uno de los autores de la Historia Oficial más larga de esta campaña titulada *Egypt and Palestine*, 3 vols. y 2 vols. de mapas (Londres, 1928-1930), escrita en colaboración con Sir G. Macmunn.

Existe una buena biografía sobre el líder nacional turco realizada por Lord Kinross: se trata de *Atatürk* (Londres, 1964). Para una reflexión sobre algunos de los planes para derrotar al Imperio turco véase un reciente pero muy informativo trabajo de H. N. Howard, *The Partition of Turkey 1913-1923* (Norman, Oklahoma, 1931); sin embargo, este tema todavía espera a su historiador. El mejor trabajo general sobre la política británica en Oriente Medio es el de Elizabeth Monroe, *Britain's Moment in the Middle East 1914-1956* (Londres, 1963). Pero la cuestión palestina se sigue mejor en las obras de Leonard Stein *The Balfour Declaration* (Londres, 1961), y de Christopher Sykes *Cross Roads to Israel* (Londres, 1965).

LOS DARDANELOS Y GALLÍPOLI

El intento de derrotar a Turquía con un ataque sobre Constantinopla duró sólo diez meses, pero ha originado más bibliografía que ninguna otra campaña de la guerra. Dos buenos trabajos introductorios son el de Robert Rhodes James *Gallipoli* (Londres, 1965) y el de John North *Gallipoli: the Fading Vision* (Londres, 1936). La Historia Oficial Británica es la más leída y la más crítica de todas las producidas después de la guerra: C. F. Aspinall-Oglander, *Military Operations, Gallipoli*, 2 vols. (Londres, 1929, 1932). También hay comentarios en la Historia Oficial de Australia de C. E. W. Bean, que ya ha sido citada.

La campaña naval es bien descrita en la Historia Naval Oficial Británica ya citada también anteriormente, y en la obra del almirante de Marina Lord Wester-Wemyss, *The Navy in the Dardanelles Campaign* (Londres, 1924). Podemos encontrar un útil informe francés en el libro de A. Thomazi, *La Guerre navale aux Dardanelles* (París, 1926). También existe un interesante documento alemán escrito por uno de sus generales. Hans Kannengiesser Pasha, publicado bajo el título de *The Campaign in Gallipoli* (Londres, 1927).

Un documento conmovedor sobre la campaña vista desde las trincheras es la novela de A. P. Herbert, *The Secret Battle* (Londres, 1919), sobre la que escribió Winston Churchill: «Fue uno de aquellos ataques de dolor sufridos por las tropas combatientes por el tormento prolongado y desmedido por el que tuvieron que pasar; por todo ello los poemas de Siegfried Sasson deberían ser conocidos y leídos por todas las futuras generaciones, para que en adelante hombres y mujeres no alberguen ninguna clase de ilusión sobre lo que significa una guerra».

AUSTRIA-HUNGRÍA

Las mejores investigaciones generales son las de A. J. P. Taylor. *The Habsburg monarchy 1815-1918* (Londres, 1949), y A. J. May *The Habsburg monarchy 1867-1914* (Cambridge Mass., 1951). Podemos encontrar una narración impregnada de la actitud británica hacia la monarquía de los Habsburgo en un estudio reciente que tiene el mérito añadido de presentar una bibliografía extensa y exhaustiva: es el de Harry Hanak, *Great Britain and Austria-Hungary During the First World War* (Londres, 1962). Las memorias del Ministro de Asuntos Exteriores austríaco también son de interés: Count Ottokar Czernin, *In the World War* (Londres, 1919); pero de mayor importancia histórica es el magnífico informe de la década final de la política exterior de los Habsburgo, *Austrian Foreign Policy 1908-1918* (Londres, 1923), escrito por A. F. Pribram.

Sobre la desintegración del Imperio, son dos trabajos clásicos los de Oskar Jászi *The Dissolution of the Habsburg Monarchy* (Chicago, 1929), y J. Andrássy *The Collapse of the Austro-Hungarian Empire* (Londres, 1930). Un informe reciente y erudito que sustituye a éstos en más de un aspecto es el de Z. A. B. Zeman, *The Break-up of the Habsburg Empire 1914-1918* (Londres, 1961).

EUROPA ORIENTAL Y LOS BALCANES

La mejor investigación general que cubre ambas guerras mundiales, y que además presenta una excelente bibliografía, es la de C. A. Macartney y A. W. Palmer titulada *Independent Eastern Europe* (Londres, 1962). Un interesante estudio sobre la política americana hacia Europa Central lo encontramos en la obra de V. S. Mamatey, *The United Stated and the East Central Europe 1914-1918* (Oxford, 1958).

Una evaluación contemporánea a la época de la guerra sobre el potencial nacional de la Europa del Este realizada por un historiador diplomático británico la podemos encontrar en *The Races of Austria-Hungary* (Londres, 1917), escrita por G. P. Gooch. Sobre los Balcanes, la obra de R.W.Seton-Watson *The Rise of Nationality in the Balkans* (Londres, 1917) es un alegato en favor del nacionalismo balcánico, particularmente de Serbia; mientras M-E. Durham, en *Twenty years of Balkan Tangle* (Londres, 1920) hace menos referencia al caso serbio concreto.

La historia de la guerra en Montenegro puede leerse en la obra de Alexander Devine titulada *Montenegro* (Londres, 1918). Un rincón oscuro representativo de cualquier región de los Balcanes es tratado en detalle por Edith P. Stickney en *Southern Albania or Northern Epirus in International Affairs 1912-1923* (Standford, 1926).

SERBIA Y YUGOSLAVIA

Una útil investigación general sobre el esfuerzo de guerra de Serbia es el libro de W. H. Crawfurd Price *Serbia's part in the war* (Londres, 1918). Dos mujeres británicas nos han dejado informes presenciales: Lady Ralph Paget en su obra *With Our Serbian Allies*, 2 vols. (Londres, 1915, 1916), y Caroline Matthews en *Experiences of a Woman Doctor in Serbia* (Londres, 1918). El historiador de Cambridge G. M. Trevelyan contribuyó a la polémica pro-serbia con un panfleto titulado *The Serbians and Austrians* (Londres, 1915)

El Comité Yugoslavo en Londres produjo además una serie de folletos en favor del Estado eslavo del sur, el primero de los cuales fue *Appeal to the British Nation and Parliament* (Londres, 1915). El mejor informe de la formación de Yugoslavia es el de Henry Baerlein titulado *The Birth of Yugoslavia*, 2 vols. (Londres, 1922).

GRECIA

Dos libros escritos desde puntos de vista opuestos reflejan las complejidades y antagonismos de la política griega durante la Primera Guerra Mundial: P. N. Ure y su obra *Venizelos and his Fellow-Countrymen* (Londres, 1917), y George M. Melas en su *Ex-King Constantine and the War* (Londres, 1920). Un perspicaz estudio sobre los problemas nacionales greco-turcos lo encontramos en la obra de A. J. Toynbee *The Western Question in Greece and Turkey* (Londres, 1922).

CHECOSLOVAQUIA

Dos alegatos contemporáneos a la guerra sobre la cuestión del Estado realizadas por dos futuros presidentes son las obras de T. G. Masaryk *Austrian Terrorism in Bohemia* (Londres, 1916), y de E. Benes *Bohemia's Case for Independence* (Londres, 1917). Un futuro y distinguido historiador británico, L. B. Namier, expuso sus argumentos en favor de las pequeñas naciones en dos folletos titulados *The Czecho-Slovaks, an Oppressed Nationality* (Londres, 1917), y *The Case for Bohemia* (Londres, 1917).

Un trabajo más elaborado realizado por los mismos estadistas checoslovacos lo encontramos en los libros de T. G. Masaryk *The Making of a State* (Londres, 1927), y E. Benes *My War Memoirs* (Londres, 1928). La historia general más completa sobre el tema es la *History of the Czechs and Slovaks* (Londres, 1943) de R. W. Seton-Watson.

BULGARIA

Un intento de ganar el apoyo británico para la causa búlgara fue el realizado por Stojan Protic en *The Aspirations of Bulgaria* (Londres, 1915). Una investigación más general sobre la historia y reivindicaciones búlgaras, que intentó influir en la posicion de Bulgaria como potencia enemiga en la Conferencia de Paz de París, fue publicada por D. Mishew bajo el título de *The Bulgarians in the Past* (Lausana, 1919). Existe un atlas muy útil sobre la historia de Bulgaria realizado por D. Kosev y otros: *Atlas po Bulgarska Istoria* (Sofía, 1963).

POLONIA

Dos panfletos de la época de la guerra que pretendían conseguir el apoyo británico para Polonia son *The Destruction of Poland* (Londres, 1916) de Arnold J. Toynbee, y *Poland and the*

League of Nations (Londres, 1917) de H. N. Brailsford. El documento más completo sobre la emergencia de Polonia como nación a resultas de la guerra puede encontrarse en la obra de T. Komarnicki *The Rebirth of the Polish Republic* (Londres, 1957). Un atlas histórico muy útil es el de W. Czaplinsky y T. Ladogorski, *Atlas Historyczny Polski* (Varsovia, 1968).

ESTADOS UNIDOS

La investigación introductoria de John Bach McMaster *The United States in the World War 1914-1918* (Nueva York y Londres, 1927), es aún de gran utilidad. Hay también un capítulo muy interesante sobre la Primera Guerra Mundial en la obra de George F. Kennan *American Diplomacy 1900-1950* (Londres, 1952). El intento alemán de convencer a México de que declarara la guerra a los Estados Unidos es descrito por Barbara Tuchman en *The Zimmerman Telegram* (Londres, 1957). La política de Woodrow Wilson puede seguirse bien en su biografía en 5 volúmenes escrita por Arthur S. Link, *Wilson* (Princeton, 1960). Un muy útil estudio general es el de E. R. May *The World War and American Isolation* (Cambridge, 1959). Para los aspectos diplomáticos de la guerra y del proceso de paz, el Departamento de Estado publicó, como suplemento a los «Documentos relativos a las relaciones exteriores de los Estados Unidos», dos extensos volúmenes de documentos: *The World War* (Washington, 1933) y *Papers Relating to the Foreign Relations of the United States: The Paris Peace Conference 1919*, 13 vols. (Washington, 1942-1947). El más detallado informe sobre América en la guerra lo encontramos en la obra de F. H. Simonds *History of the World War*, 5 vols. (Nueva York, 1917-1920).

El embajador americano en Londres nos dejó un informe interesante del período de guerra, que forma parte de la obra de Burton J. Hendrick *The Life and Letters of Walter H.Page*, 3 vols. (Londres, 1925). El embajador americano en Berlín dejó también un informe de sus experiencias: James W. Gerard, *My Four Years in Germany* (Londres, 1917); y lo mismo hizo su colega en Constantinopla, Henry Morgenthau: *Secrets of the Bosphorus* (Londres, 1918). El embajador alemán en Washington, Johann H. Von Bernstorff, escribió igualmente su historia en *My Three Years in America* (Nueva York, 1920).

Las negociaciones de paz dominan las investigaciones americanas sobre la guerra. Tres obras de gran utilidad sobre estos aspectos son las siguientes: *The Big Four and Others of the Peace Conference* (Boston, 1921) y *The Peace Negotiations: a Personal Narrative* (Boston, 1921) de Robert Lansing, así como *At the Paris Peace Conference* (Nueva York, 1937), de J. T. Shotwell.

TRATADOS E INDEMNIZACIONES

Los tratados secretos de la guerra fueron hechos públicos por los bolcheviques inmediatamente después de tomar el poder, siendo primero publicados en inglés por F. S. Cocks bajo el título de *The Secret Treaties and Agreements* (Londres, 1918). Existe un estudio de gran calidad tanto sobre los acuerdos de Constantinopla como sobre el Tratado de Londres: *Studies in secret diplomacy* (Londres, 1957) de W. Gottlieb. Sobre los tratados de paz el documento más extenso sigue siendo el de Sir H. W. V. Temperley (ed), *A History of the Peace Conference of Paris*, 6 vols. (Londres, 1920-1924), que contiene un magnífico ensayo de L.B.Namier sobre la desintegración de la monarquía de los Habsburgo.

Para los tratados específicos he consultado las obras de F. Deak. *Hungary at the Paris Peace Conference* (Nueva York, 1942); R. H. Lutz y G.Almond, *The Treaty of Saint Germain* (Standford, 1935); I. F. D.Morrow, *The Peace Settlement in the German-Polish Bordelands* (Oxford, 1936); Sherman David Spector, *Rumania at the Peace Conference* (Nueva York, 1962); y George Louis Beer, *African Questions at the Paris Peace Conference* (Nueva York, 1923). Las complejidades de la política italiana durante las negociaciones de paz son investigados por R. Albrecht-Carrié en *Italy at the Paris Peace Conference* (Nueva York, 1938).

Una obra maestra literaria, que incluye también datos sobre algún diario contemporáneo, es el libro de Harold Nicolson, *Peacemaking 1919* (Londres, 1933). Por otra parte el Primer Ministro británico defendió y explicó su política con su característico vigor en David Loyd George, *The Truth About the Peace Treaties*, 2 vols. (Londres, 1938). Un estudio notable sobre la evolución de la controvertida cláusula de la culpabilidad en el inicio de la guerra, y de la parte que el tratado tuvo en la influencia de la política británica de apaciguamiento entre ambas guerras mundiales, se puede encontrar en la obra de Martin Gilbert *The Roots of Appeasement* (Londres, 1966). El texto del Tratado de Versalles puede consultarse en una pequeña y útil edición de Arthur Berriedale Keith (ed) titulada *Speeches and Documents on the International Affairs 1918-1937* (Londres, 1938).

La historia de las indemnizaciones aún no ha sido objeto de investigaciones profundas. El Primer Ministro británico contó su visión en David Loyd George, *The Truth About Reparations and War Debts* (Londres, 1932). El Ministro de Hacienda británico, que había tomado parte en las negociaciones de París, fue también responsable de la más honesta e influyente crítica de las indemnizaciones en J. M. Keynes, *The economic consequences of the Peace* (Londres, 1919); su opinión fue contestada por Etienne Mantoux en *The Carthaginian Peace* (Londres, 1952). La visión americana la recoge uno de los impulsores americanos del acuerdo, Bernard M. Baruch, en *The Making of Reparations and the Economic Sections of the Treaty* (Nueva York, 1920).

ÍNDICE DE MATERIAS